Jürgen Bungert

101 Mallorca

Geheimtipps und Top-Ziele

IWANOWSKI'S *i* REISEBUCHVERLAG

Im Internet:

www.iwanowski.de

Hier finden Sie aktuelle Infos zu allen Titeln, interessante Links – und vieles mehr!

Einfach anklicken!

Schreiben Sie uns, wenn sich etwas verändert hat. Wir sind bei der Aktualisierung unserer Bücher auf Ihre Mithilfe angewiesen: **info@iwanowski.de**

101 Mallorca – Geheimtipps und Top-Ziele
1. Auflage 2012

© Reisebuchverlag Iwanowski GmbH
Salm-Reifferscheidt-Allee 37 • 41540 Dormagen
Telefon 0 21 33/26 03 11 • Fax 0 21 33/26 03 33
info@iwanowski.de
www.iwanowski.de

Titelfoto: Jörg Bajewski
Alle anderen Farbabbildungen: siehe Bildnachweis Seite 265
Lektorat und Layout: Redaktionsbüro Susanne Völler, Köln
Karten: Kartengrafik Thomas Vogelmann, Mannheim
Titelgestaltung: Studio Schübel, München
Redaktionelles Copyright, Konzeption und deren ständige Überarbeitung: Michael Iwanowski

Gesamtherstellung: Grafisches Centrum Cuno, Calbe
Printed in Germany

ISBN: 978-3-86197-041-5

Inhaltsverzeichnis

KULTUR & EREIGNISSE 188

GESCHICHTE 214

AKTIVITÄTEN 226

Anhang 244

Einleitung

Mein Mallorca

Mallorca ist meine zweite Heimat. Ich weiß nicht, wie oft ich die zweieinhalb Flugstunden von Hamburg nach Palma im Flieger gesessen habe. Mehr als zweihundert Mal bestimmt, in manchen Jahren fast jeden Monat einmal, das erste Mal Ende der Sechzigerjahre – der Massentourismus steckte noch in seinen Kinderschuhen. Irgendwann meldete Mallorca stolz eine Million Besucher im Jahr, heute kommen mehr als neun Millionen jährlich. Und doch ist die Insel mehr als nur ein Mittelmeer-Sonnenparadies für genervte Mitteleuropäer, die alle auf der Flucht vor intensiven Regentiefs sind und sich nach dem Blau des Himmels sehnen.

Eigentlich war die Insel schon immer Ziel anderer Erdbewohner. Die ersten kamen etwa 4000 Jahre vor Christus direkt vom Festland übers Meer und ließen sich in den zahlreichen Höhlen des Eilandes nieder. Ihnen folgten im Laufe der Jahrhunderte friedliche Globetrotter und feindlich gesinnte Eroberer aus der ganzen Welt: Phönizier, Römer, Vandalen, Mauren, Katalanen, Engländer und schließlich Deutsche. Letztere gehören heute zu den treuesten, aber auch zahlungskräftigsten Freunden der Mallorquiner. Viele Deutsche haben sich auf der Insel niedergelassen, arbeiten und wohnen dort das ganze Jahr, ihre Kinder besuchen mallorquinische Schulen, wachsen drei- und viersprachig auf und können sich nicht vorstellen, in Hamburg, Castrop-Rauxel, Heidelberg oder im Bayerischen Wald zu leben.

Ich hatte 17 Jahre eine Finca auf Mallorca, in der Nähe von Porreres im Inselinneren, einem typisch mallorquinischen Dörfchen. Meine Frau und ich lebten dort ein paar Monate im Jahr. Wir lernten schnell, wie Mallorquiner wirklich ticken. Da war Pepe, der uns bei der Gartenarbeit auf dem 5000 Quadratmeter großen Grundstück half. Er sprach nur Mallorquin, einen katalanischen Dialekt, für uns praktisch nicht verständlich. Und doch haben wir uns mit Pepe bestens verstanden.

Pepe weihte uns in die Geheimnisse des Landlebens auf seiner Insel ein. Und: Er entdeckte auf dem Grundstück einen alten, völlig zugewachsenen Brunnen, legte ihn frei und befreite uns so von unserem Wasserproblem. Sein bester Freund wurde Simon, unser Enkelkind. Simon war nicht einmal ein Jahr alt, als er das erste Mal nach Mallorca flog. Er kam regelmäßig mehrere Male im Jahr, verbrachte den größ-

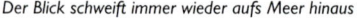

Der Blick schweift immer wieder aufs Meer hinaus

ten Teil seiner Ferien auf der Finca und lernte schließlich die ganze Insel kennen. Simons großes Hobby ist die Fotografie. Viele der Bilder in diesem Buch hat er gemacht. Er begleitete mich auf all meinen Recherchen quer über die Insel.

Wir sprachen mit den Urlaubern an der Platja de Palma, die am Ballermann für ein paar Tage ihren Alltagsfrust vergessen wollten, trafen Wanderer in der Serra de Tramuntana, die in einsamen Klöstern übernachtet hatten und von ihren Erlebnissen in der Natur überwältigt waren, entdeckten einsame Buchten und traumhafte Strände, sahen uns die schönsten Hotels und Fincas an, besuchten einen Bauern, der mit nur einem Gehilfen eine riesige Olivenplantage bewirtschaftet, streiften tagelang und bis spät nachts durch Palma. Ich glaube, wir sind dem Geheimnis der Insel ein wenig nähergekommen. Eine spannende Erfahrung, die wir in „101 Mallorca" mit unseren Reportagen und Bildern wiedergeben möchten.

Dieses Buch soll Sie dazu verführen, mehr von Mallorca zu erfahren. Entdecken Sie nach der Lektüre Ihre Lieblingsinsel aufs Neue. Erkunden Sie Küste, Gebirge oder Hinterland. Finden Sie Ihr Lieblingsrestaurant abseits der Tourismushochburgen. Es gibt so viele nette, kleine Bars und Lokale mit mallorquinischen Spezialitäten und leckeren Tapas in den Dörfern oder irgendwo in einem Hafen.

Natürlich ist Porreres mein Lieblingsdorf. Wenn ich bei Lluís und Claudia in ihrer kleinen Bar „Ca'n Miquel" gleich gegenüber der Kirche sitze, fällt jeder Stress von mir ab. Ein paar Tapas, dazu ein Gläschen gekühlten mallorquinischen Rosé und die Welt erscheint mir in wunderschönen Farben. Aber es gibt auch einen Lieblingshafen: Portopetro im Süden der Insel. In den Fischrestaurants an der kleinen Uferpromenade zu speisen, ist immer ein Genuss. Hier kann ich ewig sitzen, etwas essen und trinken, den Skippern zuschauen, den Blick weit hinaus aufs Meer schicken und den ewigen Traum von meiner Insel tief in der Seele verewigen.

Jürgen Bungert

Widmung

Dieses Buch widme ich meiner Frau Margret, die Mallorca genauso gut kennt wie ich. Sie gab mir viele wertvolle Tipps und redigierte meinen Text.

Die Lieblingsinsel der Deutschen

❶ Ein einmaliges Phänomen: eine Insel für alle

Sie alle sind auf der Suche nach dem Paradies: die Reichen und die weniger Betuchten, Eltern mit ihren Kindern, Paare und Singles. Die meisten kommen mit dem Flugzeug, immer mehr mit dem Kreuzfahrtschiff oder mit der eigenen Yacht und dem Segelboot, einige mit dem Auto, ein paar Weltenbummler mit Zug und Fähre, ein Dutzend Exoten mit dem Fahrrad oder gar zu Fuß. Mallorca wirkt auf alle wie ein Magnet. Neun Millionen Menschen sind es jährlich, unter ihnen vier Millionen Deutsche, die ein- oder zweimal im Jahr in ihrer Heimat aufbrechen, um sich dann auf ihrem 3603 Quadratkilometer großen Sehnsuchtsziel Mallorca wiederzufinden. Die meisten bleiben zwei Wochen im Sommer und kommen für ein paar Tage im Herbst wieder. Andere überwintern und begrüßen zur Mandelblüte schon mal den Frühling.

Beliebtes Fotomotiv: die historischen Windmühlen der Insel

So unterschiedlich die Interessen der Feriengäste auch sind: Mallorca bietet jedem Urlauber sein ganz spezielles Vergnügen. Die einen residieren im Fünf-
Sterne-Hotel mit exklusivem Spa, andere haben all inclusive im Strandhotel gebucht. Manche genießen die Ruhe in der
Finca im Landesinneren oder campieren
im Hotel ohne Stern zum Schnäpp-
chenpreis. Die Jüngeren oder Junggeblie-
benen stürzen sich ins laute Vergnügen
rund um den Ballermann, die Genießer
besuchen das romantische Fischrestaurant in einer stillen Bucht.

Doch alle haben eines gemeinsam: Sie
sprechen von „ihrer" Insel. Sonnenanbe-
ter, die ihre Strandliege nie verlassen,
Golfspieler, die nur die 18 Löcher ihres
Platzes kennen, Surfer und Segler, Radfahrer, die um die Insel jagen, und Wanderer, die schon zum Sonnenaufgang die

Mallorca: weitaus mehr als Bettenburgen und Ballermann

Gipfel in der Serra de Tramuntana erklimmen. Und die vielen Urlauber, die allein
oder gemeinsam mit dem Partner einfach nur die Seele baumeln lassen wollen.
Oder die Familien, deren Kinder das Wasser kaum mehr verlassen, die einfach nur
Ferien vom Alltag machen. Sie alle bezeichnen Mallorca als „ihre" Lieblingsinsel.

Was ist für sie alle so reizvoll an der Baleareninsel? Natürlich die 300 Sonnen-
tage, die gibt es aber auch anderswo im Süden. Mallorca punktet auf anderem Ter-
rain. Die Insel ist schneller erreichbar als jedes andere Feriengebiet im Mittelmeer.
Von mehr als 20 deutschen Flughäfen starten fast täglich Urlaubsjets nach Palma.
Alle Straßen auf der Insel sind im Top-Zustand, die Strände bestens gepflegt und
von Rettungsschwimmern bewacht, das Wasser ist sauber. Hotels und Restaurants
bieten Service auf hohem Niveau. Mallorcas Vergnügungsindustrie gilt in Europa
als Spaßzentrum Nummer eins. Wer krank wird, muss sich keine Sorgen machen.
Hier gibt es mehr deutsche Ärzte als daheim in der Provinz. Und ein ganz wich-
tiger Punkt: Auf der Insel ist Deutsch eine der meistgesprochenen Sprachen.

Kein Wunder also, dass manche Besucher überhaupt nicht mehr weg möchten. Sie
werden Residenten. Die Zahl der Mallorca-Deutschen wird auf 80.000 geschätzt.
Sie leben in ihren Eigentumswohnungen in der Hauptstadt Palma oder direkt an
der Küste. Oder in ihren Fincas im Inselinneren. Für sie ist das Urlaubsparadies zur
neuen Heimat geworden.

Informationen: Die **Balearenregierung** berichtet aktuell und aus-
führlich im Netz über alle Balearen-
inseln, natürlich auch über Mallorca.
Es gibt viele Informationen, Tipps und
Hinweise zu Stränden und Veranstaltungen, zu Gastronomie und Unter-
künften.
Die Website gibt es auch in deutscher
Sprache: **www.illesbalears.es**.

INFO

2   Wie ticken die Mallorquiner? Einblicke in eine eigene Welt

Es gibt noch immer Mallorquiner, die ihre Insel nie verlassen haben. „Warum sollte ich?", fragte kürzlich ein alter Mann aus dem Dörfchen Porreres, als ihn der Reporter einer großen Zeitung fragte, ob er nicht einmal sein Heimatland Spanien oder auch andere Länder Europas besuchen wolle. Er schüttelte den Kopf und befand, was er da im Fernsehen zu sehen bekomme, ermuntere ihn nicht, den Rest der Welt persönlich kennenzulernen. Ein Kommentar, der sich durchaus nachvollziehen lässt …

Für Mallorquiner gibt es außer den Inselbewohnern noch drei Bevölkerungsgruppen: Katalanen, Festlandspanier und Touristen. Zur letzten Gruppe werden alle Ausländer weltweit gezählt. Wie also ticken die Mallorquiner?

Ihre gelassene Lebenseinstellung ist wahrscheinlich ihre prägendste Charaktereigenschaft. Durch nichts sind sie aus der Ruhe zu bringen. Zeit ist für sie ein unerschöpfliches Gut. Eile und Hektik gelten als unziemliches Verhalten. Das Zauberwort heißt tatsächlich „mañana" oder auf Katalanisch „demá". Vieles wird auf morgen verschoben. Morgen ist einfach der bessere Tag. Was zählt, ist der Augenblick. Der Mallorquiner weiß den Moment zu schätzen. Er will ihn genießen. Lebensqualität bedeutet ihm alles.

Mallorquinische Musiker mit traditionellen Instrumenten

So heißt auch ihr kluges Lebensmotto: Es ist wie es ist. Die Mallorquiner bleiben gelassen, wo andere sich aufregen. Sie lassen den Dingen ihren Lauf. Pläne auf lange Sicht werden selten gemacht. Und auch wer Gäste einlädt, sollte sich flexibel zeigen. Pünktlichkeit ist nicht immer das oberste Gebot, und es kommt schon mal einfach ein Freund mit. Auch offizielle Termine werden variabel gehandhabt. Wer freitags zu einer Behörde geladen wird, dem kann es passieren, dass er vor der geschlossenen Tür steht und der Beamte schon unterwegs ins Wochenende ist.

Mallorquiner leben in ihrer eigenen Welt – wie alle Inselbewohner es tun. Sie sprechen ihre eigene Sprache, die für Fremde nur schwer erlernbar ist. Sie haben ihre eigenen Regeln, die oft kaum nachvollziehbar sind. Es gibt Redewendungen, die genau das Gegenteil von dem bedeuten, was die Worte sagen. „Ich gebe Bescheid", heißt schlicht und einfach: „Dein Angebot interessiert mich nicht. Die Sache ist erledigt."

Mallorquinische Kaufleute und Handwerker sind sehr stolz. Wenn sie für ihre Ware oder ihre Leistung einen Preis festgesetzt haben, lassen sie sich nicht mehr herunterhandeln. Lieber verzichten sie auf das Geschäft oder auf den Auftrag.

Fremden begegnet der Mallorquiner immer höflich, aber auch distanziert und oft mit Misstrauen. Ständig wechselnde Eroberer haben ihn über Jahrhunderte gelehrt, vorsichtig zu sein. Er hört den Fremden zu, nickt interessiert mit dem Kopf, äußert sich selbst aber nur vage. Er würde nie etwas Privates über sich, seine Familie oder seine Freunde erzählen. Die Chance, als Fremder zu einer Familienfeier eingeladen zu werden, ist äußerst gering. Doch wem die Ehre einmal zuteil wird, der kann sich glücklich schätzen. Mallorquiner sind im privaten Umfeld ausgesprochen locker, fahren auf lustige Geschichten ab, erzählen gerne Witze, reden und lachen viel. Dabei wird sehr gut gegessen und ausgiebig getrunken. Der Mallorquiner liebt einfach das Leben auf seiner Insel.

Informationen: Den besten Einblick in die mallorquinische Seele bekommt der Tourist, wenn er im Frühjahr oder Herbst einen der vielen **Bauernmärkte** (Fires) in den Dörfern besucht. Hier sind die Mallorquiner noch größtenteils unter sich.

Der bekannteste ist der **Dijous Bo**, der „Gute Donnerstag", in Inca – ein riesiger Jahrmarkt jeweils am dritten Donnerstag im November (www.incaturistica.es).

In **Porreres (2, s. Karte**; ca. 5000 Ew.) ist jeder Tag gleich, nur Dienstag ist Markttag. Der Markt erstreckt sich zwischen Rathaus und Kirche über die Hauptstraße und verteilt sich über ein paar kleine Nebenstraßen. Es wird alles angeboten, vor allem Gemüse und Obst aus der Gegend. Natürlich gibt es hier auch Fleisch und Fisch und viele Gebrauchsgegenstände für den Haushalt. Man trifft auch auf Händler aus Afrika, die die übliche Billigware im Angebot haben. Der Markt gilt bei Mallorquinern und Residenten als inoffizieller Treffpunkt. Alle Bars und Restaurants haben an diesem Tag geöffnet.

Die Termine der einzelnen **Wochenmärkte** werden aktuell in den deutschsprachigen Zeitungen „Mallorca Magazin" und „Mallorca Zeitung" veröffentlicht. Auch das Nachrichtenportal **www.mallorcainfos.com** veröffentlicht die Termine.

INFO

❸ Die Küste der Insel verspricht eine abenteuerliche Reise

Eine Fahrt entlang der Küste Mallorcas beginnt immer in der Hauptstadt Palma. Zwei Tage dauert eine bequeme Reise rund um die Insel mit dem Pkw, mindestens fünf Tage oder gar eine Woche die schweißtreibende Tour mit dem Rad. Die Küste der Insel misst 581 Kilometer. Die tatsächliche Strecke, die zurückgelegt werden muss, ist bis zu 100 Kilometer länger.

Also, ab geht die Post. In Palma rechts halten in Richtung **Platja de Palma**, dem ersten der 208 offiziellen Strände. Von S'Arenal führt der Weg durch den Süden der Insel. Gleich zu Beginn das erste Highlight der Reise: Mallorcas schönster Sand- und Dünenstrand **Es Trenc**, ein Hauch von Sylt, nur mit besserem Wetter.

Das **Cap de ses Salines**, den südlichsten Zipfel des Baleareneilands, lassen wir rechts liegen und steuern an der Ostküste entlang langsam nach Norden. Nur ein paar Stationen seien genannt, auf die wir später in diesem Buch noch eingehen

Immer aufs Neue warten traumhafte Blicke entlang der Küste

werden: Cala Mondrago, die Traumbucht, Cala Figuera, der kleine Hafen, der sich wie ein norwegischer Fjord ins Landesinnere erstreckt, und schließlich der gepflegte Familienstrand von Cala Millor.

Die ersten Hinweisschilder verweisen auf **Cala Rajada**. Vom geschäftigen Fischerhafen fahren wir weiter über Artà in die Bucht von Alcúdia mit ihren vielen Hotels. Entlang der knapp 20 Kilometer langen Strecke reihen sich traumhafte Orte wie Perlen an einer Schnur. Nur einer sei erwähnt: **Colònia de Sant Pere**. In den hiesigen Restaurants an der Küste kann man den Untergang der Sonne fast drei Stunden lang im Zeitlupentempo bei einem Glas Wein und Tapas verfolgen. Rechts oben, im äußersten Norden, blinkt der Leuchtturm von Formentor, der sich schon beim Anflug auf die Insel ins Bild schraubte.

Im Westen angekommen, heißt die erste Station **Pollença;** mit ihren alten Bürgerhäusern und dem Markt ist sie die schönste Stadt nach Palma. Die Strecke zum Kloster Lluc gibt einen Vorgeschmack auf die kurvenreiche Fahrt durchs Tramuntana-Gebirge. Eine atemberaubende Reise nach **Sóller** beginnt, begleitet von tiefen Schluchten rechts und links. Die Felsen scheinen förmlich ins Meer zu stürzen. Der Wagen, mal im ersten, mal im zweiten Gang, quält sich nur mühsam über die in Serpentinen verlaufende Straße ins Gebirge hoch. Dem Radfahrer geht spätestens hier die Puste aus.

Doch der Lohn für die Mühe kommt prompt: der Bilderbuchblick über die Bucht von **Deià**. Spektakulär, traumhaft, gewaltig – die Superlative reichen hier nicht aus. Kein Wunder, dass der amerikanische Schauspieler Michael Douglas diesen Küstenabschnitt kaufen wollte. Für 10 Millionen Dollar. Doch der Bürgermeister von Deià winkte lächelnd ab, das Paradies sei unverkäuflich.

Immer entlang der Küste geht es nun Richtung Süden: Valldemossa, **Banyalbufar** mit seinem alten Wehrturm, von wo aus die Mallorquiner einst Ausschau nach Piraten hielten, **Port d'Andratx**, der Hafen der Superreichen und Schönen, Peguera, endlich Palma. Wir holen einmal tief Luft. Diese Küste hat es in sich.

Idyllisches Familienhotel

In Banyalbufar im Nordwesten Mallorcas an einem der schönsten Küstenabschnitte liegt das familiär geführte Hotel **Mar i Vent**. Der Fischer Juan und seine Frau Margarita bauten ihr Zuhause vor mehr als 80 Jahren zu einer kleinen Pension mit vier Zimmern um. Heute ist das 30-Zimmer-Haus – inzwischen in vierter Generation im Besitz der Familie – eines der schönsten Hotels der Insel. Der Blick aufs Meer ist einmalig. Die Küche bietet köstliche Hausmannskost mit Erzeugnissen aus dem eigenen Garten. Man spricht etwas deutsch (Carrer Major, 49, Tel. 971 618000, www.hotelmar ivent.com/de/, DZ/F ab 90 €).

Essen und Trinken: Den schönsten und längsten Sonnenuntergangsblick in **Colònia de Sant Pere (3, s. Karte)** hat man im **Sa Xarxa** (s. S. 126). **Unterkunft:** Ein sehr schönes Hotel ist das **Petit Rocamar** im Dorf, ein modernes Drei-Sterne-Haus mit zehn Zimmern, einem Apartment und Pool. Hier geht es sehr familiär zu. Das Hotel wird im Internet von mehreren Reiseveranstaltern angeboten (Tel. 971 828503, Carrer Sant Mateu, 9).

INFO

4 Das Inselinnere: Warum Sineu der Mittelpunkt der Welt sein könnte

Endlose Felder mit rotbrauner Erde, auf denen Bauern mit ihren Pflügen schnurgerade Furchen ziehen, Orangen- und Zitronenplantagen, gepflegte Weinfelder und wogende Kornfelder, sattgrüne Wiesen mit leuchtend roten Mohnblumen, allerorten blühende Bougainvilleen und viele kleine, verschlafene Dörfer – dieses Bild bietet sich dem überraschten Urlauber schon nach wenigen Minuten, wenn er seine Sonnenliege am belebtesten Strand Mallorcas, der Platja de Palma, verlässt.

Der Wechsel vom turbulenten Strandleben ins **beschauliche Hinterland** ist für viele Mallorca-Besucher eine positive Überraschung. Schon ein paar Kilometer hinter der Touristenhochburg S'Arenal rücken die ersten nostalgischen Windmühlen ins Blickfeld – Symbol Mallorcas. Jahrhundertelang haben sie die Felder mit Wasser versorgt, die Oliven gepresst und das Getreide gemahlen. Die ersten soll es 1229 gegeben haben. Die älteste noch bestehende Mühle ist 1845 gebaut wor-

Im Inselinneren unterwegs

Das Innere der Urlauberinsel ist perfekt erschlossen. Die neuen Autobahnen sind sorgsam in die Landschaft eingebettet, auch Haupt- und Nebenstraßen befinden sich in einem guten Zustand. Ein preisgünstiges Verkehrsmittel auf Mallorca sind die Busse. Bequemes und sicheres Reisen garantiert auch der Zug. Alle Züge fahren ab der Plaça d'Espanya in Palma bis zur Lederstadt Inca. Hier teilt sich die Strecke: Die eine führt nach Manacor, in die zweitgrößte Stadt, die andere ins nordöstlich gelegene Sa Pobla.

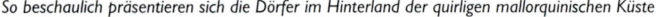

So beschaulich präsentieren sich die Dörfer im Hinterland der quirligen mallorquinischen Küste

den und steht bei Sant Jordi im Inselsüden. Weltweit hat Mallorca nach Kreta die meisten **Windmühlen**, mehr als 1000 wurden registriert. Nahezu alle sind heute außer Betrieb, viele wurden aber restauriert und dienen den Touristen als Fotomotiv.

Als geografischer Mittelpunkt gilt **Sineu**, laut Legende gar der Mittelpunkt der Welt. Unter dem Glockenturm befinde sich die Weltachse, heißt es in alten Überlieferungen. Die Gemeinde zählt etwa 3600 Einwohner. Wahrzeichen des Ortes ist der geflügelte Markuslöwe. Im 14. Jahrhundert war Sineu unter König Jaume II. sogar Hauptstadt der Insel.

Sineu liegt in der fruchtbaren Tiefebene Es Plà, der Kornkammer Mallorcas. Hier wachsen die meisten landwirtschaftlichen Produkte für den täglichen Bedarf wie Kartoffeln, Reis, Mais und Gemüse. In Sineu wird wie in allen anderen Dörfern auch überwiegend Mallorquin gesprochen, ein Dialekt der katalanischen Sprache. Immer mehr Mallorquiner sprechen allerdings Englisch und Deutsch – die Verständigung auf der Insel ist unproblematisch.

Der **Vieh- und Kunsthandwerkermarkt** am Mittwoch ist heute das Highlight des Dörfchens und der einzige Markt Mallorcas mit lebenden Tieren. Die mallorquinischen Bauern verkaufen hier noch heute ihr Vieh. Sie begutachten die Tiere, handeln und feilschen und machen den Kauf per Handschlag perfekt. Anschließend treffen sich alle, Einheimische wie Urlauber, in einer der vielen Bars auf einen *cortado,* einen Espresso mit etwas Milch.

Sineu ist auch Hauptort der **Frühjahrsmessen** und zieht mit **Sa Fira** die meisten Besucher an. Diese älteste Messe Mallorcas findet jedes Jahr am ersten Sonntag im Mai statt; sie ist hauptsächlich Landwirtschaft, Viehzucht und Kunsthandwerk gewidmet. Die Stände stehen Jahr für Jahr an derselben Stelle. Auf dem Kirchplatz und der Carrer Major finden sich Früchte, Gemüse, Pflanzen und Kleider, auf der Treppe von Sant Marc Geflügel, weiter unten Stehleitern und Blumentöpfe, in der Pfarrgasse Taschenmesser. Das Vieh ist über den ganzen Marktplatz verteilt.

INFO

Informationen: Die Gemeinde **Sineu** hat eine eigene Website, auch auf Deutsch: **www.ajsineu.net**.
Übernachten: Das Hotel **León de Sineu** liegt mitten im Ort; sein Inhaber ist Bastian Fritsche. Der Stuttgarter lebt seit zehn Jahren auf der Insel und übernahm das Hotel vor zwei Jahren. Das im 15. Jahrhundert erbaute Haus wurde komplett restauriert. Ein Teil des Gebäudes stammt überwiegend noch aus dem 18. Jahrhundert, es wurde im Originalzustand bewahrt. Frühstück wird auf der Terrasse serviert, auch Halbpension ist möglich. León de Sineu ist ein **idealer Ausgangspunkt** für Mallorca-Touren mit dem Auto, dem Rad oder auch zu Fuß (Carrer dels Bous, 129, Tel. 971 520211, www.hotel-leondesineu.com, DZ ab 120 €).
Essen & Trinken: Das Restaurant **Molí den Pau** ist in einer 300 Jahre alten Mühle am Ortsausgang von Sineu untergebracht und besitzt einen wunderschönen Garten. Es wird sehr gut mallorquinisch gekocht, überwiegend frischer Fisch und deftige Fleischspeisen. Gutes Preis-Leistungs-Verhältnis. Berühmt ist der Weinkeller des Hauses (Carreterra Santa Margerita, 25, Tel. 971 855116, www.molidenpau.es, Di–So 13–15.30, 19.30–23 Uhr).

5 Unterwegs in der Serra de Tramuntana – Überraschungen inklusive

Die Geburtsstunde des mallorquinischen Gebirges liegt vermutlich mehr als 30 Millionen Jahre zurück. Es entstand durch das Aufeinanderprallen von europäischer und afrikanischer Kontinentalplatte. Die ältesten Zeitzeugen sind versteinerte Meerestiere, die auf den Gipfeln gefunden wurden – ein Hinweis dafür, dass die Berge einst unter der Wasseroberfläche lagen. Außerdem weisen unzählige Spuren auf die ersten Ansiedlungen hier hin: archäologische Relikte früherer Siedlungen, uralte Köhlerplätze, Terrassen zum Anbau von Oliven- und Mandelbäumen aus der Zeit der Araber und Reste ausgeklügelter Bewässerungssysteme. Seit 2011 ist die **Serra de Tramuntana** UNESCO-Weltkulturerbe.

Die 15 Kilometer breite Gebirgskette bedeckt eine Fläche von 1067 Quadratkilometern und macht ein Drittel der Fläche Mallorcas aus. Sie erstreckt sich auf einer Länge von 90 Kilometern von der kleinen Insel Sa Dragonera im Südwesten bis zum Cap Formentor im Norden und verläuft parallel zur Westküste. Die Gipfelhöhen von zehn Bergen liegen über 1000 Meter. Der höchste ist der Puig Major mit 1445 Metern – doch kein Bergwanderer darf ihn erklimmen, denn er gehört noch immer zum militärischen Sperrgebiet. Die Serra ist nach den kalten Nord- und Westwinden Tramuntana benannt. Sie bildet klimatisch eine Wetterscheide zum Inselinneren. So kommt Mallorca in den Genuss milderer Winter, aber auch regenärmerer Tage.

19 Orte liegen im Tramuntana-Gebirge. Die größten und bekanntesten sind Valldemossa, wo einst der Komponist Frédéric Chopin mit seiner Lebensgefährtin George Sand einen Winter verbrachte (s. S. 200), der Künstlerort Deià und die Städte Sóller und Pollença mit jeweils etwa 15.000 Einwohnern. Der kleinste Ort ist mit 40 Einwohnern Orient. Das Dorf liegt in einem Hochtal und wirkt, als ob

Pere Campins ist stolz auf sein hügeliges Land am Fuße des Puig de Sa Creu

hier die Zeit stehen geblieben wäre. Die attraktivste Gemeinde der Serra, **Fornalutx**, ist vor Jahren zum schönsten Dorf Spaniens gekürt worden.

Die abgelegenste Gemeinde ist das kleine Gebirgsdorf **Mancor de la Vall**. Es ist kein Ort für Touristen, Strand und Meer sind weit entfernt. Hier gibt's nicht viel zu sehen: die Pfarrkirche Sant Joan Baptista, eine denkmalgeschützte Ölmühle und wenige Kilometer weiter aufwärts in den Bergen die 200 Jahre alte Finca de **Sa Font Garrover** mit 100.000 Olivenbäumen, das Elternhaus von Pere Campins. Der 41-Jährige Olivenbauer ist ein echter Mancor, ein Ureinwohner des kleinen Gebirgsdorfs.

Der Weg von Mancor de la Vall bis zur Finca ist knapp 2,5 Kilometer lang. Es empfiehlt sich, Pere vorher anzurufen und die geplante **Wanderung** anzukündigen (Handy 0034 687 474187), denn die Route führt teilweise über sein Privatgelände. Die Tour beginnt gleich hinterm Friedhof, etwa 400 Meter außerhalb des Ortes. Hier liegt links ein asphaltierter Weg, der **Camí de Sa Font Garrover**. Nach knapp zwei Kilometern geht es steil aufwärts. Bereits hier sind einige uralte Olivenbäume zu bewundern. Schließlich gelangt man zu einem Metalltor, das unbedingt wieder verriegelt werden muss, da sonst die Schafe und Ziegen des Bauern ausreißen. Unmittelbar hinter dem Tor – immer bergauf – steht zur Rechten ein sehr schöner Olivenbaum. Nach 200 Metern an der nächsten Weggabelung links halten, nach weiteren 50 Metern ist das Eingangstor zur Finca erreicht. Hier führt der Weg einige 100 Meter abwärts und durch mehrere Tore hindurch zu dem im Tal gelegenen hübschen Anwesen. Die Familie Campins besitzt eine kleine **Ölpresse**, mit deren Hilfe im Winter bestes Olivenöl aus eigenen Oliven hergestellt wird. Das Öl kann man hier selbstverständlich auch kaufen und dann direkt im Wanderrucksack verstauen. Hat Pere etwas Zeit, zeigt er Besuchern gerne den Olivenhain von **La Tanca de s'Atzeroler**. Hier wachsen außergewöhnliche, tausendjährige Olivenbäume. Auf Wunsch – und gegen eine kleine Bezahlung – serviert die Familie ihren Besuchern etwas Käse mit Wein. *Bon profit* – guten Appetit!

Wandern & Co. in der Serra de Tramuntana

Die **Alpinschule Innsbruck** (ASI) aus Netters in Tirol hat das Wandern in der Serra de Tramuntana aus der Taufe gehoben. Vor 45 Jahren führten die ersten ASI-Bergführer Urlauber auf ihren Touren durch die mallorquinische Gebirgskette. Heute gilt ASI als die erfahrenste Wanderorganisation auf Mallorca. Sie organisiert Touren für alle Schwierigkeitsgrade (Tel. 0043 512 546000, www.asi.at).

Das mallorquinische Abenteuersportunternehmen **Escull Aventura** aus Binissalem bietet Wanderungen, Klettertouren und Fahrradausflüge für Gruppen und Einzelpersonen im Tramuntana-Gebirge an. Auch in diesem Unternehmen sind ausschließlich erfahrene Wander- und Bergführer beschäftigt (Tel. mobil 691 230291, www.escullaventura.com).

Informationen: Auf den Websites www.serradetramuntana.net und www.conselldemallorca.net/mediambient/pedra/gibt es ausführliche Infos über **Wanderstrecken** und **Berghütten** in der Serra de Tramuntana (weitere Informationen s. auch S. 168).

INFO

6 Das Geheimnis Ballermann 6

Ohrenbetäubender Musiklärm dröhnt aus den Lautsprechern des kleinen Strandcafés, auf den Tischen stehen riesige Karaffen mit Sangria und langen Strohhalmen und gefüllte Bierkrüge, braun gebrannte Menschen klatschen in die Hände, einige tanzen ausgelassen, andere gruppieren sich zu einer Polonnaise und singen lauthals im Chor: „Hier fliegen gleich die Löcher aus dem Käse." Willkommen am berühmten **Ballermann 6** an der Platja de Palma, im Epizentrum des Vergnügens deutscher Mallorca-Urlauber.

Das Geheimnis Ballermann liegt im Erfolg der Strandbude begründet. Und in der Treue seiner Fans. Kein anderes Kiosk rund ums Mittelmeer ist so bekannt, so langlebig und so beliebt bei seinen Gästen. Ballermann 6 genießt Kultstatus. Sein Name steht gleichbedeutend für unbegrenzten Urlaubsspaß.

Die Geburtsstunde von Ballermann 6 schug im Sommer 1972. Mallorquinische Bauarbeiter errichteten an der **Platja de Palma** schräg gegenüber vom Riu-Hotel San Fransisco einen Betonbau in den Farben Weiß und Orange, knapp 30 Quadratmeter groß, ausgestattet mit Zapfanlagen und Theke. Ab sofort gab's hier alles, was das Urlauberherz begehrte: Bier bis zum Abwinken, preiswerten spanischen Landwein und Sangria in großen Karaffen. Die Bude bekam den Namen **Balneario 6**. Sie war an der Platja de Palma eine von zwölf *balnearios,* was über-

Wo der Bär steppt: in den Balnearios an Palmas Stadtstrand

setzt Badeort bedeutet. Heute gibt es 15 solcher Badeabschnitte.

Aus unerfindlichen Gründen trafen sich die deutschen Feriengäste stets am Balneario 6 und verbündeten sich zu einer fröhlichen Urlaubsclique. Da aber kaum jemand das spanische Wort *balneario* aussprechen konnte, aber alle wussten, was mit dem Spruch „Wir ballern uns einen" gemeint ist, wurde die Strandbude kurzerhand in Ballermann 6 umgetauft.

Sie wurde eine Institution. Jeder deutsche Schlagersänger, der etwas auf sich hielt, trat hier auf. DJs heizten die Stimmung an. Die Gäste tranken und sangen, schunkelten ausgelassen und tanzten auf den Tischen. Für ein paar Tage wollten sie alle ihren grauen Alltag vergessen. 1993 beschloss die Balearenregierung aber, den ausufernden Urlaubsspaß in geordnete Bahnen zu lenken. Die

Balneario 6 – umgetauft in Ballermann 6

Platja sollte ein neues Gesicht bekommen. Die alten Stein- und Holzbuden wurden abgerissen und durch moderne, aber einheitliche Strandbars ersetzt. Bis zuletzt wehrten sich die Ballermann-6-Fans gegen diese behördlichen Maßnahmen. Demonstrationen wurden organisiert, Unterschriften gesammelt. Alles unter dem Motto: „Rettet den Ballermann". 1994 war auch für Nr. 6 Schluss mit lustig. Aber schon im selben Jahr traf sich die fröhliche Urlaubsclique in ihrem neuen Quartier wieder. Und die Party ging abermals los – diesmal etwas gesitteter.

Von der Rettung einer Institution

Beinahe wäre der berühmte **Ballermann 6** sang- und klanglos von Mallorcas Bildfläche verschwunden. Und das kam so: Anfang der Neunzigerjahre wurden Strand und Promenade der Platja de Palma neu gestaltet. Aus den zwölf Strandabschnitten, den **Balnearios**, machten die Verantwortlichen 15. Doch als man die einzelnen Strandbuden von eins bis 15 durchnummerierte, stellte man fest, dass die Nummer sechs ihren angestammten Platz unterhalb des Riu-Hotels San Fransisco verloren hatte. Ballermann 6 stand plötzlich ganz woanders – weit weg vom Lieblingsplatz der deutschen Urlauber. Eine Katastrophe. Kurz wurde in der zuständigen Behörde sogar darüber diskutiert, auf die Nummern ganz zu verzichten – was noch viel schlimmer gewesen wäre. Doch ein Beamter hatte die rettende Idee. Er schlug vor, mit der Nummerierung der Balnearios nicht mehr in Can Pastilla zu beginnen, sondern am anderen Ende des Strandes, in Arenal. Mit diesem simplen Trick gelang es, der Nummer sechs ihren alten Platz zu erhalten. Der Ballermann war gerettet.

❼ Wo die Reichen die Sonneninsel genießen

Kein Hinweisschild weist den Weg. Auf keiner Landkarte Mallorcas taucht sein Name auf. Wo beginnt er, wo hört er auf? Die meisten Inselbewohner kennen nicht einmal den Namen: der **Hamburger Hügel (7a, s. Karte)** – nur ein Phantom?

Wer sich zur exklusiven Gesellschaft der Hügelbewohner rechnen darf, lebt in dem Viereck zwischen Cas Concos und Es Carritxó sowie S'Alqueria Blanca und Calonge. Die vier Dörfer im Südosten Mallorcas liegen nur wenige Kilometer voneinander entfernt und sind bequem auf schmalen, kurvenreichen Straßen erreichbar. Der immergrüne Hügel besteht aus einer Tal- und Bergkette, die mit Kiefern, Olivenbäumen, leuchtendem Ginster, flammender Bougainvillea und Rosmarin bewachsen ist. Die Villen und Fincas kleben an den bis zu 400 Meter hohen Bergen – die meisten mit Traumblick auf das zehn Kilometer entfernte Meer, andere wiederum verstecken sich zwischen dichtem Gestrüpp und alten Steinmauern in den Talschluchten. Die Grundstücke sind zwischen 50.000 und 300.000 Quadratmeter groß. Eine Finca in dieser bevorzugten Lage kostet mindestens anderthalb Millionen Euro, drei bis fünf Millionen sind der übliche Preis. Wer kann sich das leisten?

Die feine Gesellschaft hat sich den Hügel reserviert. Ehrbare hanseatische Kaufleute, erfolgreiche Rechtsanwälte und ehemalige, mit hohen Abfindungen in den Ruhestand verabschiedete Vorstandsvorsitzende haben sich hierhin zurückgezogen und genießen mit ihren Frauen und Freunden den Luxus ihrer Anwesen. Am Abend treffen sie sich im **Viena** in Cas Concos. Der legendäre Hamburger Wirt Rainer Fichel eröffnete das Restaurant vor etwa 20 Jahren und betrieb es bis zu seinem Tod im Jahr 2010, heute führt es ein Pächter weiter. Fichel, der ein guter Freund und Vertrauter der meisten seiner Hamburger Gäste war, ist auch der Erfinder des Namens „Hamburger Hügel".

Verstecken sich am Hamburger Hügel zwischen Bäumen und Gestrüpp: die Millionenvillen

In Port d'Andratx trifft sich, wer in ist, darunter viele vermögende Rheinländer

Im Gegensatz zum Leben auf dem Hügel geht es im **Düsseldorfer Loch (7b, s. Karte)** lauter und turbulenter zu. Gemeint ist der kleine Hafen Port d'Andratx, der so genannt wird, weil er ein Sammelbecken von reichen und flippigen Rheinländern aus der Umgebung Düsseldorfs ist. Lange Nächte in den Discos und Bars, ein spätes Frühstück auf der Hafenmole mit Küsschen rechts und links, eine knatternde Rundfahrt auf der Harley, Damen im Minikleid von Gucci oder im Stretchbustier von Versace – das sind die Urlaubshöhepunkte im „Loch".

Weniger spektakulär, aber auf hohem finanziellen Niveau bewegt sich der deutsche Erfolgsmensch auf dem **Millionärshügel Son Vida (7c, s. Karte)**. Man spielt Golf, führt im Club Geschäftsgespräche, verabredet sich zum Dinner im exklusiven Castillo Hotel Son Vida und genießt den berauschenden Blick über die roten Terrakotta-Dächer der Luxusvillen und die Traumbucht von Palma. So schön kann Urlaub bei den Reichen sein.

Essen und Trinken: Das **Viena** in Cas Concos ist auch nach dem Tod seines Gründers Rainer Fichel ein uriges Restaurant geblieben, denn das alte Team um Restaurantleiter Franco Maiorano führt es in alter Tradition mit viel mallorquinischem Flair und moderner Kunst mit großflächigen Bildern an den Wänden weiter. Auch die Karte hat sich kaum verändert. Es werden stets eine Tagessuppe für 5,80 € und

Tapas in reicher Auswahl serviert: Datteln im Speckmantel mit Mandeln (6,20 €), Mahon-Käse mit getrockneten Feigen (6,40 €) oder Garnelen in Knoblauch (8,10 €). Besonders beliebt ist der warme Ziegenkäse im Brikteig mit Tomatenmarmelade (9,90 €). Verändert haben sich allein die Öffnungszeiten (Mi–Mo 17–23 Uhr, Carrer del Medge Obrador, 13, Tel. 971 842290, www.vienamallorca.com).

INFO

8 Der König und Mallorca – Familienurlaub pur

Spaniens König und Mallorca verbindet eine lange, innige Freundschaft. Schon als Kind verbrachte **Juan Carlos I.** unbeschwerte Ferientage auf der Insel. Seit seiner Krönung 1975 macht er fast jedes Jahr Familienurlaub in seiner Sommerresidenz im Marivent-Palast in Palmas Stadtteil Cala Major im Südwesten der Baleareninsel. Das sicherste Zeichen seiner bevorstehenden Ankunft war jahrelang ein Sonnenschirm, der auf der Verkehrsinsel vor dem Palasttor aufgestellt wurde. Darunter nahm ein Polizist Platz und wachte über die Sicherheit seiner Königlichen Hoheit. Seit Jahren jedoch sind die Wachen deutlich verstärkt worden. Wenn die königliche Familie anreist, wird der Luftraum über Marivent gesperrt, Taucher und Patrouillenboote sichern den Wohnsitz des Königs vom Meer her ab.

Trotz eines missglückten Attentatversuchs und der blutigen Anschläge im August 2009, bei denen zwei Polizisten starben, versucht Juan Carlos weiterhin, auf der Insel unbekümmert Urlaub zu machen. Er nimmt als Skipper mit seiner Yacht Bribon an der berühmten **Regatta Copa del Rey** in der Bucht von Palma teil, ehrt im Real Club Náutico im Hafen von Palma die Sieger, feiert oft übermütig mit ihnen und begrüßt die vielen Gäste per Handschlag. Er möchte ein König zum Anfassen bleiben.

Juan Carlos ist heute Mallorcas beliebtester Feriengast – aber auch der wirksamste und prominenteste Werbebotschafter. Er habe für das Image der Insel mehr getan als tausend Plakate, Broschüren und Fernsehspots, loben mallorquinische Touristikexperten ihren König.

Auch die königliche Familie sieht die Baleareninsel als ihre zweite Heimat. **Königin Sofia** besucht mit ihren Enkeln Freizeitparks, bummelt mit ihren Töchtern Elena und Cristina durch die Altstadt und genießt in einem der vielen Cafés ihren Cappuccino. Häufig unterhält sie sich mit deutschen Urlaubern, denn Sophias Wurzeln liegen in Deutschland. Sie entstammt einer Linie des Hauses Oldenburg, besuchte das Internat Salem und spricht fließend Deutsch.

In die Fußstapfen seines Vaters ist auch **Kronprinz Felipe** getreten. Auch er, seine Frau Letizia und die Töchter Leonor und Sofia sind regelmäßige Feriengäste auf der Insel. Felipe ist wie sein Vater ein begeisterter Segler.

Royales Kaffeetrinken

Spaniens Königin Sofia besucht mit ihren Töchtern Elena und Cristina während eines Einkaufsbummels durch Palma gerne auch mal ein Café. Am liebsten gehen die drei ins **Grand Café Cappuccino** am Passeig Marítim gleich gegenüber dem Hafen. Meistens sitzen die Royals dann auf der Terrasse vor dem Café und beobachten das Treiben auf der belebten Uferstraße. Sie trinken den ausgesprochen leckeren Cappuccino, der das Café bekannt gemacht hat, manchmal wählen sie auch einen Espresso. Berühmt ist auch der Schokoladenkuchen, den die Königin regelmäßig bestellt (Tel. 971 282162, www.grupocappuccino. com, So-Do 9-1, Fr, Sa 9-2 Uhr; es gibt acht weitere Filialen auf der Insel, u. a. in Valldemossa und Palma Nova).

Die Bucht von Palma ist Austragungsort der Königlichen Regatta, der Copa del Rey

Ihre offiziellen Termine nehmen König und Kronprinz im **Almudaina-Palast (8, s. Karte)** wahr; er ist die amtliche Residenz von Juan Carlos. Hier empfangen sie während ihres Sommerurlaubs die Mitglieder der mallorquinischen Regierung. Der Palast liegt gleich gegenüber der Kathedrale in Palma. Arabische Herrscher haben ihn einst erbaut.

Informationen: Der **Almudaina-Palast** kann teilweise besichtigt werden (Okt.-März Di-So 10-18 Uhr, April-Sept. Di-So 10-20 Uhr, Eintritt 3,20 €, mittwochs wird für EU-Bürger kein Eintritt erhoben). Im unterhalb des Palastes gelegenen **S'Hort del Rei**, dem Königsgarten sind moderne Plastiken (u. a. von Joan Miró) zu sehen. **Copa del Rey:** Infos s. www.rcnp.es.

INFO

9 Information und Unterhaltung auf der Insel in deutscher Sprache

Es begann am 19. Juni 1971, an einem Samstag. Auf Mallorca erschien die erste deutschsprachige Zeitung: das **Mallorca Magazin**. Damals mit einer Auflage von 1000 Exemplaren. Für zehn Peseten informierte Chefredakteur Hans Reitz von nun an wöchentlich die Urlauber über das Geschehen auf der Insel. Heute gilt das Blatt Feriengästen und Residenten als unverzichtbar. Die Auflage beträgt mittlerweile 30.000 Exemplare, pro Magazin zwei Euro. Unter Chefredakteur Bernd Jogalla arbeiten heute zehn festangestellte und mehrere freie Journalisten.

Geändert hat sich der Erscheinungstag: MM, die Kurzform für Mallorca Magazin, kommt jetzt immer donnerstags an den Kiosk. „Nach wie vor ist Mallorca unser Hauptthema", sagt Jogalla, der vor mehr als 20 Jahren aus dem Schwarzwald auf die Insel kam und blieb. Seine Lebensgefährtin ist Mallorquinerin. Schon die erste Seite signalisiert lokale Kompetenz. Das 96-Seiten-Blatt präsentiert hier eine ausführliche aktuelle Berichterstattung über kleine und große Inselereignisse, über Prominente, die hier Urlaub machen, über Veranstaltungen und Sport. Einen breiten Raum widmet die Zeitung der Kultur. Galerien, Museen, Theater, Konzerte – alle Themen werden kompetent dargestellt. Regelmäßig erscheinen auch ausführliche Wirtschaftsanalysen. „Wir haben uns vom reinen Urlauberblatt zur Residentenzeitung entwickelt", stellt Jogalla fest.

MM lebt natürlich von den Anzeigen. Neben den großen Doppelseiten, die von den Supermärkten und Immobilienagenturen gebucht werden, gibt es viele private Kleinanzeigen, die geschickt in der Extra-Beilage „Suchen & Finden" gebündelt sind. Verlegt wird das Mallorca Magazin von dem mallorquinischen Verlag Grupo Serra.

Deutschsprachiger „Blätterwald" auf Mallorca

Mallorca 95.8 – Inselradio on air

Mit dem neuen Jahrtausend vergrößerte sich schlagartig die Medienlandschaft auf der Insel. Ein spanischer Verlag brachte eine zweite deutschsprachige Wochenzeitung auf den Markt, die ebenfalls am Donnerstag erscheint: die **Mallorca Zeitung**. Auch Chefredakteur Dr. Ciro Krauthausen und sein 15-köpfiges Mitarbeiterteam präsentieren ein aktuelles Blatt, dessen Fokus auf der Inselberichterstattung und einem umfangreichen Serviceteil liegt. „Mir ist guter Journalismus das Wichtigste", sagt Krauthausen, der in Südamerika aufgewachsen ist.

Aber auch die Rundfunkfans kommen auf ihre Kosten. Am 1. August 1996 ging um 15 Uhr das **deutschsprachige Inselradio** mit dem damaligen Welthit „Macarena" auf Sendung. Nach und nach kamen immer mehr Nachrichten, Interviews und Hintergrundberichte ins Programm. Von 7 bis 20 Uhr wird live gesendet. Zu jeder vollen Stunde gibt es Nachrichten über das Weltgeschehen, zwischendurch lokale Nachrichten. Nachts wird das Programm per Computer gesteuert. „Wir haben täglich 180.000 Hörer, die uns live im Radio oder im Internet verfolgen", sagt Geschäftsführer Daniel Vulic. Das Inselradio wird von dem Hamburger Immobilien-Unternehmer Matthias Kühn betrieben, für den Mallorca zur zweiten Heimat wurde.

Informationen: Beide **Zeitungen** und auch das **Inselradio** haben eigene Internetauftritte und aktualisieren regelmäßig ihre Informationen.

Die **Websites:**
www.mallorcamagazin.de
www.mallorcazeitung.com
www.inselradio.com

INFO

Strände & Buchten

⑩ Platja de Palma – eine Erfolgsgeschichte

„Wir fuhren mit Straßenbahn und Bus von Palma nach Arenal. Gleich neben der Endstation gab es hier die erste öffentliche Badestelle Mallorcas. Vom Strand aus war ein langes Seil ins Meer gespannt. Links badeten die Männer, rechts die Frauen. Gemeinsames Schwimmen war verboten. Zwei Polizisten achteten streng darauf, dass die Vorschrift eingehalten wurde. Näherte sich ein Mann dem Damenbad, wurde er per Trillerpfeife zurückgepfiffen."

Die Erzählungen des Rentners Winfried Belshof aus Halstenbek bei Hamburg über Mallorca klingen heute wie ein Bericht von einem anderen Urlaubsstern. Der Deutsche gehörte Anfang der Fünfzigerjahre zu den ersten Pauschaltouristen, die ihre Ferien an der Platja de Palma verbrachten. Männer und Frauen trugen damals einteilige, schwarze Badeanzüge, sie waren vom Oberschenkel bis zum Hals bedeckt. „Wir wirkten wie eine fröhlich plantschende Trauergemeinde", erzählt Belshof. Am sechs Kilometer langen Strand zwischen Arenal und Can Pastilla gab es nur ein Hotel: das **San Francisco** der Familie Riu. Es war umgeben von Pinienwäldern.

Fast 60 Jahre später gilt die Platja de Palma als **Paradestrand Mallorcas**. Längst ist der dichte Wald gerodet, statt Pinien stehen hier Palmen. Der 50 Meter breite Strand bietet ideale Bedingungen: feiner Sand und sauberes Wasser. Jedes Jahr genießen hier Hunderttausende von Badenden ihren Urlaub. Gut ausgebildete Rettungsschwimmer wachen über ihre Sicherheit. Überall sind Polizeibeamte präsent. Sie sind zu Fuß, auf Fahrrädern oder mit dem Streifenwagen unterwegs. Die Platja de Palma ist einer der sichersten Strände Spaniens. Auch für die Gesundheit der Touristen ist gesorgt. Viele deutsche Ärzte haben sich auf der Insel niedergelassen. Im Umkreis von einem Kilometer findet man für jedes Wehwehchen einen Doktor, heißt es an den Rezeptionen der Hotels.

Heute ist die Platja de Palma gut besucht …

Entlang der Promenade gibt es mehr als 150 Hotels mit über 40.000 Betten, ungezählte Restaurants und Bars. „Futtern wie bei Muttern" war jahrzehntelang der gängigste Werbespruch vieler Lokale. Die Wirte versuchten, deutsches Heimatgefühl zu vermitteln – allerdings unter blauem Himmel und ewig strahlender Sonne. Die **Vergnügungsviertel** wie Bier- und Schinkenstraße rund um den Ballermann bieten Urlaubsvergnügen pur. Die Partylokale „Bierkönig", „Oberbayern", „Mega-Park" und die Diskothek „Riu-Palace" besuchen vorzugsweise deutsche Urlauber.

... vor sechzig Jahren sah es hier noch ganz anders aus

Doch für Mallorcas berühmtesten Strand hat **eine neue Zeitrechnung** begonnen. Viele alte Hotels werden abgerissen, die Bettenzahl geht deutlich zurück. Künftig entstehen nur noch Vier- und Fünf-Sterne-Häuser, umgeben von Grünanlagen. Ein Boulevard soll künftig am Strand entlangführen, der Autoverkehr wird umgeleitet. Im Gespräch ist sogar eine Straßenbahn von der Platja de Palma nach Palma – wie damals vor 60 Jahren.

Information: Die Balearenregierung stellt alle **208 Strände Mallorcas** im Internet unter www.illesbalears.es vor. Unter der Rubrik „Strände" gibt es täglich aktuelle Kurzberichte: ob beispielsweise Baden erlaubt ist (grüne Flagge) oder ob vor dem Schwimmen im Meer gewarnt wird (rote Flagge). Bei der Platja de Palma heißt es z. B.: Sandstrand mit Behindertenzugang, erweiterte Aufsicht. Der Vermerk „Blaue Flagge" bedeutet: das Wasser ist von hoher Badequalität. Bei guten Wetterbedingungen lautet der Hinweis: ruhiges Gewässer.

Übernachten: Das älteste der 150 Hotels an der Platja de Palma ist das **Riu San Francisco**, das die Familie Riu Anfang der Fünfzigerjahre übernommen hat. Es wurde später abgerissen, dann neu aufgebaut, mehrfach renoviert und präsentiert sich heute als modernes Vier-Sterne-Haus mit 133 Zimmern. Das Besondere an diesem Hotel ist sein Charme, den es noch immer versprüht. Nirgendwo sind die Angestellten höflicher als hier. Sie erfüllen mit einem Lächeln jeden Gästewunsch. Das San Francisco hat zahlreiche Stammgäste (Tel. 971 264650, www.riu.com; das Hotel kann nur über TUI gebucht werden, www.tui.com).

INFO

⑪ Es Trenc: einst Schmugglerplatz, heute Traumstrand und Tierparadies

Zuerst gingen hier Piraten an Land, später Schmuggler, die Whiskey und Zigaretten in gut getarnten Gruben im Pinienwald, nur wenige Meter vom Meer entfernt, zwischenlagerten. Später ließ Diktator Franco für seine Soldaten, die gegen die Alliierten kämpften, zahlreiche Bunker bauen, und schließlich eroberten die Touristen dieses attraktivste Fleckchen der Insel, um Sonne und Meer zu genießen. Mallorcas **Es-Trenc-Strand** blickt auf eine wechselvolle Geschichte.

Versprüht einen Hauch von Sylt: der Strand von Es Trenc

Heute gilt der etwa fünf Kilometer lange und knapp 40 Meter breite Strand zwischen dem Städtchen Colònia de Sant Jordi und dem Hafen Sa Rápita im Süden Mallorcas als einer der **schönsten Strände des Mittelmeers**. Sein feiner weißer Sand und das türkisfarbene Wasser vermitteln karibisches Flair. Der lange und flache Einstieg ins Meer erhöht seine Attraktivität bei Familien mit Kindern. An den Wochenenden im Sommer herrscht stets Hochbetrieb – dann kommen bis zu 10.000 Besucher. Und vor der Küste ankert eine Armada von Segelbooten und Yachten.

Seinen besonderen Charme verdankt der Strand seiner Weitläufigkeit. **FKK-Fans** wissen das sehr zu schätzen, denn für sie wurde ein ausgesprochen schöner Abschnitt zwischen den Bunkeranlagen reserviert. Weit weg vom Hafen Sa Rápita, hier ist das Wasser besonders klar und sauber.

Traumstrand im goldenen Licht: Es Trenc

Es Trenc steht seit Jahren unter **Naturschutz**. Zwischen Aleppokiefern und Wacholder leben seltene Vögel. Hier und in den angrenzenden Salinen, den Salzgewinnungsanlagen, brüten Stelzenläufer und Seeregenpfeifer. Sie stehen unter besonderem Schutz. Das bedeutet: striktes Bauverbot. Das Paradies kennt keine Unterkunft für Menschen, keine Hotels, keine Fincas. Nur im nahen Fischerdörfchen Ses Covetes verschandeln ein paar zum Abriss freigegebene Bauruinen das einmalige Landschaftsbild, das von Dünen geprägt wird – man spürt einen Hauch von Sylt hier unter der Sonne Mallorcas. Inzwischen ist es streng verboten, sich in dem hügeligen, sandigen Gelände zu bewegen, das mit Schilf und Gräsern bewachsen ist. Die Dünen werden mit Pfosten und Seilen geschützt.

Auch der Strand hat gelitten. Innerhalb von 30 Jahren verlor er bereits 22 Meter an Fläche. Jeder Strandbesucher, so errechneten Naturschützer, trägt durchschnittlich 80 Gramm Sand in Schuhen, Haaren und Handtüchern davon. Die Balearenregierung erwägt sogar, Teile der Küste am Strand Es Trenc für die Öffentlichkeit zu sperren. Das Paradies soll nicht weiter gefährdet werden.

Wegbeschreibung: Drei Autozufahrten gibt es zum abgelegenen Es-Trenc-Strand. Aus Richtung Palma kommend empfiehlt es sich, über Campos die neu ausgebaute Straße nach Sa Rápita zu nehmen und am Hafen zu parken. Es ist auch möglich, ein paar Kilometer vorher nach links in Richtung Ses Covetes abzubiegen und sich in dem kleinen Ort einen Parkplatz zu suchen. Der dritte Weg führt an den Salzfeldern, den Salinen, vorbei direkt zu einem großen Parkplatz, wenige Meter vom Strand entfernt. Und schließlich besteht die Möglichkeit, von Sant Jordi zu Fuß zum Strand zu gelangen.

INFO

⑫ Badebuchten wie aus dem Bilderbuch und ein Geheimtipp

Pinien wachsen bis herunter zum Meer, ihre Äste wiegen sich sanft im Wind und streifen mit ihren Spitzen das türkisblaue Wasser. Auf einem knapp drei Meter hohen Felsen steht ein Junge, sein Körper ist von der Sonne braun gebrannt. Er winkt und ruft seinen Freunden am nahen Strand etwas zu, dann springt er kopfüber in die Fluten und schwimmt mit kräftigen Zügen zu einem Schlauchboot, das ihn an Land bringt. Schwimmen und tauchen, mit dem Boot übers Wasser schippern oder in den Felsen an der Küste herumklettern und sich dann aus der Höhe ins Meer fallen lassen – die Mondrago-Bucht bietet mit das abwechslungsreichste Badevergnügen auf Mallorca.

Die Cala, was im Deutschen nichts anderes als Bucht bedeutet, liegt im Einzugsgebiet des Städtchens Santanyí im Südosten der Insel. Sie versteckt sich im Naturschutzpark Mondrago, sechs Kilometer von dem Örtchen Alqueria Blanca entfernt. Sie ist eine der größten und schönsten mallorquinischen Meereseinschnitte und teilt sich in zwei Strände: Cala Mondrago und S'Amarador. Beide Strandabschnitte sind durch einen mehrere hundert Meter langen Felsenweg verbunden. Abseits der beiden Strände liegt zwischen Felsen, Wald und Wasser die knapp 30 Meter breite Minibucht **Calo des Borgit**. Sie ist von der Cala Mondrago in knapp zehn Minuten zu Fuß erreichbar. Gleich hinter dem Picknickplatz führt links am Strand vorbei ein schmaler Pfad zur Bucht. Ein Ziel, das man auch gerne mit einem Schlauch- oder Segelboot ansteuert.

Der Hauptstrand dieser Idylle ist die **Cala Mondrago (12a, s. Karte)**. Etwa 90 Meter lang und 50 Meter breit, mit feinem weißem Sand, der eine Wohltat für die Füße ist. Wer bequem unterm Sonnenschirm liegen möchte, kann diesen samt Liege mieten. Das Wasser ist nahe am Strand für Kinder und ungeübte Schwimmer angenehm niedrig. Zusätzlich achten Rettungsschwimmer auf die Sicherheit

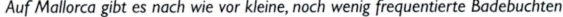

Auf Mallorca gibt es nach wie vor kleine, noch wenig frequentierte Badebuchten

der Badegäste. Dreh- und Angelpunkt in der Bucht ist **Miquels Strandrestaurant**, das er zusammen mit seinem Bruder gepachtet hat. Beide sprechen sehr gut deutsch. Ihre Küche ist schmackhaft und nicht ganz billig, der Hauswein trinkbar. Aktuelle Pop- und Schlagermusik sorgt für gute Stimmung. Kurzum: Bei Miquel stellt sich schnell ein relaxtes Urlaubsfeeling ein.

S'Amarador dagegen wirkt verlassener, auch während der Hauptsaison gibt es immer noch ein freies Plätzchen. Eisgekühlte Getränke sind an einer Strandbude zu haben. Fliegende Händler mit breiten Sombreros bieten lauthals Ananas und andere Früchte an.

Wer abenteuerliche Badebuchten liebt, sollte unbedingt zur **Cala S'Almunia (12b, s. Karte)**. fahren. Sie liegt ebenfalls im Gemeindegebiet von Santanyí, knapp 20 Autominuten südlich von Cala Mondrago, und ist ein Geheim-

Die Strandrestaurants sind bei den Urlaubern sehr beliebt

tipp. Die Bucht ist schwer zu finden (s. u.). Manchmal drehen die Einheimischen auch die Hinweisschilder zur Cala in die falsche Richtung, um Touristen von ihrem Paradies fernzuhalten. Eine steile Treppe führt von der Felsküste hinab in den vorderen Teil der Bucht. Das Meerwasser hier ist unglaublich klar und sauber. Quer durchs Gelände und nach einer halsbrecherischen Klettertour gelangt man nach zehn Minuten zum zweiten Strandabschnitt. Er ist 30 Meter lang, zehn Meter breit und vor allem morgens und spätnachmittags fast menschenleer. Aber verausgaben Sie sich nicht beim Schwimmen, denn Sie müssen die steile Treppe wieder hinaufklettern – genau 122 Stufen hoch.

Wegbeschreibung: Die **Cala Mondrago** ist gut ausgeschildert. Von Alqueria Blanca Richtung Portopetro bis zum Kreisverkehr, dann rechts halten und den Schildern folgen. Zur **Cala S'Almunia** kommt man nicht ganz so einfach. Von Santanyí in Richtung Llombarts fahren, links in Richtung Cala Llombarts halten und kurz vor dem Ort rechts abbiegen und immer entlang der zur Linken liegenden Küste halten. Evtl. entgegenkommende Autofahrer fragen.

Essen und Trinken: **Miquels Strandrestaurant** öffnet im Frühjahr mit den ersten warmen Tagen, spätestens aber Ostern, und schließt erst, wenn es wieder kühler wird, etwa Anfang November. Im Winter bleibt das Restaurant geschlossen. Im Sommer ist es morgens ab 9 geöffnet und schließt, wenn die letzten Gäste gegangen sind, so gegen 23 Uhr. Einen großen Parkplatz gibt es oberhalb der Bucht, etwa 300 Meter entfernt. Der Parkplatz hinter der Bar ist oft hoffnungslos überfüllt.

⑬ Can Pere Antoni:
Hier baden am liebsten Mallorquiner

Can Pere Antoni – ein Strand mit faszinierendem Panoramablick: vorne das Meer mit den auslaufenden Yachten und den weiß-blauen Kreuzfahrtschiffen und zur Landseite die Silhouette der Kathedrale und der ehrwürdigen Stadtpaläste von Palma mit den Palmen des Passeig Marítim. Der Strand und seine nahe Umgebung im goldgelben Licht der untergehenden Sonne gehören zu den attraktivsten Highlights, die Mallorca zu bieten hat.

Nur wenige Touristen vermuten hier einen Strand, sondern rauschen in ihren Autos vorbei, ohne ihn gesehen zu haben und verpassen so einen der schönsten Uferabschnitte der Insel. Die Mallorquiner lieben „ihren" Can Pere Antoni, der zwei Kilometer östlich von Palma in Richtung Flughafen liegt. Der 750 Meter lange und 15 Meter breite Strand wird an jeder Seite von einer Mole und einem Lokal begrenzt: Am westlichen Ende liegt die schlichte **Cafeteria Gabi**, genau gegenüber im Osten hat sich der edle **Nassau Beach Club** etabliert. Letzterer ist fast rundum verglast und besitzt mehrere windgeschützte Terrassen. Die Bewirtung beginnt mit dem Frühstück und auch spätabends noch kann der Gast Snacks und gepflegte Speisen bestellen, die aber ihren Preis haben.

Werktags ist der mit der **Blauen Flagge** ausgezeichnete Strand trotz idealer Badebedingungen nur mäßig besucht, da die meisten Einheimischen arbeiten müssen. Nur auf den großen Steinblöcken an den Molen hocken ein paar Angler. Sie versuchen, ihr Mittagessen aus dem Meer zu holen. An den Wochenenden allerdings ist es hier rappelvoll. Viele Einwohner der Hauptstadt kommen dann mit dem Bus, der ganz in der Nähe des Strandes hält, zu Fuß oder mit dem Fahrrad. Für Autos gibt es nur wenige Parkplätze.

Ein paar Kilometer weiter östlich liegt die **Cala Estancia**. Sie ist mit dem Auto einfacher erreichbar, der Fahrer muss nur der Beschilderung folgen. Aber auch hier empfiehlt es sich, den Bus oder das Fahrrad zu nehmen. Dieser Strand ist komplett in die gleichnamige Urbanisation mit vielen Hotels und Eigentumswohnungen eingebettet und wird im Gegensatz zum Strand Can Pere Antoni wesentlich intensiver von Touristen besucht, insbesondere von Familien mit kleinen Kindern, deren Weg vom Hotel zum Meer nicht weit ist und die den feinen, weißen Sand zu schätzen wissen. Molen auf beiden Seiten machen aus der Cala Estancia eine Art sanft abfallendes **Naturschwimmbecken** mit einer maximalen Tiefe von drei Metern. Da der Strand aber nicht sehr groß ist, sondern nur etwa 220 Meter lang, kann es hier in der Hochsaison schon mal etwas eng werden.

Auf einem Felsvorsprung, der weit ins Meer ragt, und in Sichtweite des Strandes, liegt das **Purobeach** – Club, Restaurant und Open-Air-Bar gleichermaßen. Ein Außenpool ergänzt das Angebot. Alle Räumlichkeiten sind in Weiß gehalten, sanfte Musik erstickt jede Stressattacke im Ansatz. Überwiegend junge Leute und Pärchen gehören zu den Gästen. Viele verbringen im Purobeach ihren letzten Urlaubstag: So verkürzen sie auf sehr angenehme Weise die Wartezeit, wenn das Flugzeug zurück in die Heimat erst am Abend vom nahen Flughafen in Palma startet.

Beliebt bei großen und kleinen Baderatten, Palmas Stadtstrand Can Pere Antoni

Informationen: Nassau Beach Club, Can Pere Antoni, Tel. 871 701159, www.nassaubeach-palma.com, tgl. 9–2 Uhr.

Purobeach, Cala Estancia, Tel. 971 744744, www.purobeach.com, im Sommer 11–1 Uhr, im Winter 11–19 Uhr.

INFO

⑭ Einsames Cap de Ses Salines

Der südlichste Punkt Mallorcas ist das unter Naturschutz stehende **Cap de Ses Salines**. Es ist nur zu Fuß, mit dem Fahrrad oder dem Pkw zu erreichen, eine Busverbindung gibt es nicht. Der zehn Kilometer lange, gut ausgebaute Weg führt von der Hauptstraße, die Ses Salines mit Llombards verbindet, schnurgerade auf die Südspitze der Insel zu. Kaum ein Reiseveranstalter bietet das Kap als Ausflugsziel an. Doch es lohnt den Besuch.

Endstation für das Auto ist der schneeweiß glänzende **Leuchtturm** mit seinem knallroten Dach. Auf Schautafeln informiert das Ministerium für Landwirtschaft und Fischerei der Balearen über das **Naturschutzgebiet** und die geschützten Meerestierarten, wozu auch Katzenhai und Seepferdchen zählen. Rechts geht es ab in Richtung Küste. Hier weht ein scharfer Wind, das Meer brandet gegen die Felsen, Gischt schäumt auf. Man könnte stundenlang auf einem Felsen sitzen, aufs Meer hinausschauen und die Vögel beobachten, wie sie am Himmel ihre Kreise ziehen oder sich plötzlich hinab ins Wasser stürzen, um einen Fisch zu fangen.

Doch dann die Überraschung: Entlang der Küste stehen überall auf den Felsen kleine und große **Steinmännchen**. Hunderte, Tausende. Seltsame Figuren, die wie eine kleine Armee die einsame Felsenküste zu bewachen scheinen. „Irgendwer hat damit begonnen, aus Steinen ein paar Männchen zu bauen", erzählt später der Leuchtturmwärter. Und dann seien immer mehr hinzugekommen – ein schönes Bild.

Strandwanderung entlang der Küste

Mallorcas Süden ist ein bevorzugtes Ausflugsziel mit schönen Stränden und Badebuchten. Neben den bekannten Sand- und Dünenstränden **Es Trenc** und **Sa Ràpita** (s. S. 34f.) gibt es zwischen Colònia de Sant Jordi und Cap de Ses Salines fünf Strände, die alle zu Fuß erreichbar sind. Hier bietet sich eine kleine Wanderung von Strand zu Strand an:

Platja des Port Sant Jordi: Dieser beliebte Sandstrand liegt direkt am Hafen des Städtchens Colònia de Sant Jordi. Man kann Liegen und Sonnenschirme mieten, und an der sich direkt anschließenden, von Palmen gesäumten Uferpromenade warten Restaurants und Cafés auf Besucher.

Platja es Dolc: Etwa 600 Meter weiter nach Osten wird es bereits einsamer. Über einen Fußweg erreicht man die Badebucht mit feinem Sandstrand. Auch hier gibt es Sonnenschirme, Liegen und eine Strandbar.

Platja can Curt: Die nächste, nur wenige hundert Meter entfernte Bucht ist etwas für Individualisten: Sie ist klein, naturbelassen und liegt abseits von jeglichem Touristenrummel.

Platja es Dofi: Über einen Fußweg von der Platja can Curt gelangt man nach wenigen hundert Metern zum Küstenabschnitt es Dofi, einem unberührten Strand mit feinem Sand, an dem es aber leider viele Algen gibt.

Platja es Carbo: Dieser Strand ist der größte der fünf *platjes:* Er ist anderthalb Kilometer lang und liegt in unbebauter Landschaft. Nudisten lieben ihn. Einziger Schönheitsfehler hier: die vielen Algen.

Badefreuden am südlichsten Punkt der Insel

Das Kap ist kein Ausflugsziel für verwöhnte Mallorca-Urlauber. Hier gibt es kein Restaurant, keine Bar und keine Imbissstube. Aber Spaziergänger und Wanderer, die Ruhe suchen und Kraft tanken wollen, kommen voll auf ihre Kosten. Und natürlich die Naturliebhaber. Was gibt es nicht alles zu entdecken: eine üppige Vegetation aus Strandkresse, windgepeitschtem Phönizischem Wacholder und Stranddisteln, Rosmarin und Mastix. Durchs Gelände hoppeln Wildkaninchen, Rebhühner flattern aufgeschreckt davon.

Die Belohnung für den Kap-Besucher kommt nach halbstündiger Wanderung, dann ist die schmale Landzunge **Punta Negra** mit der kleinen Fischerhütte erreicht. Das Schmuckstück dieser verlassenen Gegend ist der Strand der **Platja des Caragol**, eine halbkreisförmige Bucht mit glasklarem Wasser, dessen Farbe zwischen sanftem Smaragdgrün und Tiefblau wechselt. Die Platja gilt als einer der schönsten Strände der Insel und wenn man Glück hat, kann man hier sogar zu zweit „ganz allein" baden.

Anfahrt von Palma: Autobahn Richtung Santanyí an Llucmajor vorbei bis Campos, weiter nach Ses Salines, durch den Ort Richtung Es Llombards, nach ca. 3 Kilometern scharf rechts abbiegen. Die schmale, ca. 10 Kilometer lange Straße führt direkt zum Kap.

Essen und Trinken: Am Kap gibt es kein Restaurant, aber häufig ist ein „Fliegender Händler" dort, der gekühlte Getränke, Sandwiches und Eis anbietet. **Trinkwasser** unbedingt mitnehmen!

INFO

15 Cabrera, die Ziegeninsel

Die Fahrt mit dem **Ausflugsboot** von Mallorcas südlichstem Hafenort Colònia de Sant Jordi nach Cabrera ist schon ein kleines Abenteuer. Etwa eine Stunde dauert die oft durch Wellen bewegte Reise zur **Ziegeninsel**, wie sie von den Mallorquinern genannt wird. Sie ist unbewohnt, abgesehen von einigen Rangern, die hier nach dem Rechten sehen. Zum Archipel gehören 18 Eilande, die Hauptinsel Cabrera ist gerade einmal fünfeinhalb Kilometer lang und genauso breit. Wasser und Strand sind paradiesisch, das Meer ist kristallklar. Selbst die Fische scheinen zutraulich zu sein: Sie lassen sich sogar füttern.

Cabrera ist **Naturschutzgebiet** und nicht für jedermann frei zugänglich. Man braucht eine Spezialgenehmigung von der Nationalparkverwaltung, wenn man mit dem eigenen Boot vor der Insel ankern will. Ausnahmegenehmigungen besitzen

Cabrera ist ein beliebter Ausflugsort – Bootsfahrt inklusive

die Bootsunternehmen, die organisierte Ausflüge von Colònia de Sant Jordi aus anbieten. Die traditionellen Tagesausflüge bestehen aus der Überfahrt mit einem mehrstündigen **Badeaufenthalt**, einer kurzen **Wanderung** zur Burg von Cabrera und einem Zwischenstopp in der **Blauen Grotte**, in der je nach Wetterlage auch geschwommen werden kann. Zusätzlich zur Überfahrt wird ein ausgesprochen leckeres Lunchpaket angeboten.

Geologisch gehört die Insel zu Mallorca. Vor etwa 15.000 Jahren spaltete sie sich von der größten Baleareninsel ab. Cabrera erlebte später eine recht wechselvolle Geschichte. Die Phönizier und Karthager waren hier, dann die Römer. Im 14. Jahrhundert ließ das spanische Königshaus eine Burg zum Schutz vor Piraten errichten. Nach dem Spanischen Unabhängigkeitskrieg zu Beginn des 19. Jahrhunderts wurde ein Lager für französische Kriegsgefangene eingerichtet, die teilweise ein menschenunwürdiges Dasein fristeten: ohne Wasser, ohne ausreichende Nahrung und medizinische Versorgung. Viele von ihnen starben hier. Noch heute erinnert ein Denkmal in der Mitte der Insel an diese tragische und fast vergessene Episode.

Um einen ersten Eindruck von der Flora und Fauna Cabreras zu gewinnen, empfiehlt es sich, das **Besucherzentrum** in Colònia de Sant Jordi aufzusuchen. In mehreren unterirdischen Aquarien tummeln sich Meeresbewohner, die in der Bucht von Cabrera heimisch sind. Das Zentrum zeigt den See- und Landnationalpark im Miniaturformat. Das Modell des Seenationalparks befindet sich unter der Erde. Die Aquarien sind so angeordnet, dass dem Besucher der Eindruck vermittelt wird, er tauche aus den tiefsten Tiefen des Meeres allmählich auf. Mit einem gläsernen Aufzug gelangt er anschließend in den Landnationalpark. Vom Turm des Zentrums aus können Besucher einen **Blick über die gesamte Inselgruppe** von Cabrera genießen.

INFO

Anfahrt von Palma: Autobahn Richtung Santanyí an Llucmayor vorbei bis Campos, von hier direkt nach Colònia de Sant Jordi (ausgeschildert). **Informationen:** Die **Ausflüge** nach Cabrera werden, abhängig vom Wetter, in der Saison von April bis Oktober durchgeführt (Kosten: 35–50 €). Aktuelle Auskunft bekommt man am Infostand im Hafen von Colònia de Sant Jordi. Es werden auch Fahrten nach Cabrera inkl. **Tauchgang** angeboten, z. B. vom Dive Center Mallorca/ Robinson Club Cala Serena. Kosten: Tagesausflug nach Cabrera und zwei Tauchgänge 65 €. Der Eintritt ins **Besucherzentrum** ist kostenlos (Parque Nacional de Cabrera Carrer Gabriel Roca, s/n,

Tel. 971 656282, tgl. 10–14.30, 15.30–18 Uhr). Weitere Infos zum **Nationalpark Cabrera** gibt es im Internet: www.conselldemallorca.cat/ dragonera. Infos zu **Colònia de Sant Jordi:** www.coloniasantjordi.es. **Ausflug nach Dragonera:** Ebenfalls eine Mallorca vorgelagerte Insel ist Dragonera, die **Dracheninsel** (s. S. 52). Die als Vogelschutzgebiet ausgewiesene Insel ist von Sant Elm im Südwesten Mallorcas aus zu erreichen. Mehrere Unternehmen bieten **organisierte Ausflüge** an. Infos unter: www.conselldemallorca.cat/dragonera. Die Überfahrt von Sant Elm nach Dragonera kostet 10 €, von Peguera nach Dragonera 25 €.

⑯ Abwechslungsreiche Ostküste

Südseeflair, türkisblaues Wasser und einen Naturstrand, der sich zwischen Felsen und Gestrüpp versteckt: Das alles bietet die **Cala Varques**, eine kleine Badebucht an Mallorcas Ostküste. Lange Zeit galt sie als echter Geheimtipp, mittlerweile hat der eine oder andere Urlauber sie entdeckt. Die meisten scheuen allerdings den beschwerlichen Fußmarsch über holprige Wege und durch ein ausgetrocknetes Flussbett ins Badeparadies. Besser ergeht es den Seglern und Yachtbesitzern: Sie können die Traumbucht direkt vom Meer aus ansteuern.

Die Cala Varques liegt zwischen Portocolom und Portocristo. Der einsame Strand bildet das Ende eines fast rechteckigen Meereseinschnitts, der von Felsen eingefasst wird. Das scharfkantige Gestein ist teilweise von Pinien und Garriquesträuchern bewachsen. Die ausgesprochen schöne Bucht besteht aus zwei kleinen Sand-

Kein Geheimtipp mehr, aber immer noch weitestgehend unberührt: die Cala Varques

stränden, die durch Felsen geteilt sind. Hier gibt es keine Strandbude, keine Liege, keinen Sonnenschirm. Früh am Morgen oder abends, wenn sich kaum ein anderer Urlauber hier aufhält, wähnt man sich wie in einer anderen Welt.

Ganz anders präsentiert sich der Strand von **Portocristo**, ein paar Kilometer weiter nördlich. Der Badestrand des beliebten Touristenortes liegt in einer Bucht, hohe Steilwände schützen ihn vor kalten Ostwinden. Gleich daneben liegt der Fischerhafen. Der Strand mit seinem goldgelben Sand ist 350 Meter lang und 25 Meter breit. Er ist gut erreichbar, alle Hotels und Ferienwohnungen des Ortes liegen in der Nähe – folglich herrscht hier in der Saison Hochbetrieb.

Immer einen Platz finden Familien mit ihren Kindern noch ein paar Kilometer weiter nördlich am weitläufigen Sandstrand von **Cala Millor**. Der zwei Kilometer lange Strandabschnitt scheint schier endlos … Die Urlauberhotels sind nur wenige Schritte vom Strand entfernt, eine breite Fußgängerpromenade trennt sie voneinander. Cala Millor ist kein selbstständiger Ort, er wird von zwei Gemeinden verwaltet. Das erste Hotel entstand 1934 und bildete den Grundstein für das heutige Tourismuszentrum. Erst 1958 folgte das zweite Haus. In den Sechzigerjahren begann dann die rasante Entwicklung zur Touristenhochburg. Immer mehr Urlauber aus Deutschland und England sorgten für einen wahren Boom. Heute gehört der Strand zu den beliebtesten auf der Insel. Rettungsschwimmer wachen über die Sicherheit der Badegäste. In glasklarem Wasser können sie unbesorgt schwimmen und tauchen, aber auch Jetski, Wasserski und Tretboot fahren.

Mit den Delfinen schwimmen

Ein besonderes Urlaubs-Highlight bietet Mallorcas Ostküste 20 Autominuten weiter nördlich: Im Hafen von **Cala Rajada** starten an mehreren Tagen in der Woche morgens um 6 Uhr Boote hinaus aufs Meer (s. u.). Ihr Ziel ist das Revier der Delfine, die sich vor der Küste tummeln. Zwei Stunden bleiben die Boote bei den Tieren, die hier draußen hautnah bei ihrem eleganten Spiel im Wasser und ihren waghalsigen Sprüngen beobachtet werden können.

INFO

Wegbeschreibung zur Cala Varques:
Wenn Sie von Portocolom in Richtung Portocristo fahren, achten Sie auf den Abzweig zu den **Cales de Mallorca**. Nach zwei Kilometern biegt ein Anliegerweg nach rechts ab. Sie fahren bis zu einem Tor, stellen den Wagen ab und folgen einem Trampelpfad. Nach etwa 15 Minuten sehen Sie das Meer. **Informationen: Tourismusbüro Portocristo**, Tel. 971 820931. Cala Millor wird von den Gemeinden Sant Llorenc und Son Severa verwaltet. Auskunft geben die zuständigen Fremden-verkehrsämter, auch in deutscher Sprache: **San Llorenc**, Tel. 971 585409, und **Son Servera**, Tel. 971 585864, www.sonservera.cat. Weitere Infos über Cala Millor finden Sie auf der Internetseite der Hotelvereinigung: www.visitcalamillor.com.
Bootsausflüge zu den Delfinen:
Die meisten Hotels können Auskunft zu den Trips geben. Infos auch direkt bei **Mayurca Yachting**, Carrer Leonor Servera 66, Cala Rajada, mobil 607 822837, www.mayurca-yachting.com, Kosten: 45 €.

⑰ 30 Kilometer Strandvergnügen im Inselnorden

Mallorcas längster und abwechslungsreichster Strand liegt in der Bucht von Alcúdia im Norden der Insel: zwischen Port d'Alcúdia und Betlem. Hier gibt's pures Badevergnügen unter Palmen auf unendlich langen 30 Kilometern. Obwohl in der Hochsaison reger Betrieb herrscht, stört kein Handtuch des Nachbarn, kein Volleyballspiel oder der scharf geschossene Ball eines Jugendlichen. Man liegt weit auseinander. Kinder können sich nach Herzenslust austoben, ohne das ruhesuchende Rentnerpaar auf der Sonnenliege zu stören.

Selbst in der Hochsaison ist am Strand von Colònia de Sant Pere nicht viel los

Ein Musterbeispiel an Strand ist die 3,4 Kilometer lange und 80 Meter breite **Platja d'Alcúdia**. Sie ist nur drei Kilometer von **Alcúdia** entfernt, einem kleinen Städtchen, das wegen seiner arabischen Geschichte und seines historischen Stadtkerns ein viel besuchter Ort ist. Eine Besonderheit ist die Lage des Strandes: Ein kleiner Gebirgszug im Hinterland hält unangenehme Winde ab, sodass es kaum Wellen und keine gefährlichen Strömungen gibt. Außerdem achten Rettungsschwimmer auf die Sicherheit der Badegäste. Weitere Vorteile der Platja d'Alcúdia: Behinderte haben freien und unkomplizierten Zugang, die Blaue Flagge signalisiert beste Wasserqualität und der Strand ist flach und feinsandig, ein idealer Spielplatz für kleine Kinder.

Wer auf der Suche nach dem besonderen Stranderlebnis ist, sollte von Alcúdia auf der Küstenstraße an Can Picafort vorbei südöstlich nach **Colònia de Sant Pere** fahren. Gleich neben dem Hafen des kleinen Fischerdörfchens beginnt der Strand mit seinem feinen goldfarbenen Sand. Wie ein Bogen schwingt er sich entlang der Küste, an beiden Seiten von Wellenbrechern vor den Tucken des Meeres geschützt. Sogar im Juli und August ist dieser Teil der Bucht nur mäßig besucht. Entlang der Uferpromenade, gleich neben dem Strand, bieten mehrere kleine, **sehr gute Restaurants** ihren fangfrischen Fisch an.

Nicht weit von Sant Pere entfernt liegt **S'Arenal de Sa Canova**, ein unberührter Küstenstreifen, der teilweise aus Felsen und Sand besteht. Der Sand des Strandes ist fein und hat sich aus kleinen, vom Meer zerriebenen Muscheln entwickelt. 1991 erkannte die Balearenregierung der gesamten Strandzone und der dahinter liegenden Feuchtzone das Prädikat **Naturschutzgebiet** (Area natural Sa Canova) zu, da in dieser Zone zahlreiche archäologische Funde gemacht wurden. Und das Besondere: Flora und Fauna gelten als äußerst facettenreich. Hier wachsen Pinien, Garriquesträucher, Disteln, Rosmarin und Meereslilien. Trotz dieses ökologischen Landschaftsreichtums ist das Baden im Meer erlaubt.

INFO

Wegbeschreibung zur Platja d'Alcúdia: Die Anfahrt mit dem Pkw ist einfach, man muss nur den Schildern folgen (ausreichend Parkplätze). Der Bus hält 50 Meter vom Strand entfernt.
Wegbeschreibung zum Strand von S'Arenal de Sa Canova: Die Anfahrt mit dem Auto ist etwas kompliziert, aber gut ausgeschildert. Der Weg führt durch einen Wald bis zu einem gebührenfreien Parkplatz. Von hier geht es zu Fuß weiter, etwa fünf Minuten bis zum meist menschenleeren Strand.
Informationen: Zu allen **Stränden** in der Bucht von Alcúdia gibt es auf der Internetseite der Balearenregierung ausführliche Wegbeschreibungen und Informationen über **Wasserqualität** und Sicherheit: www.illesbalears.es. Infos zum Naturschutzgebiet **Area Natural Sa Canova** gibt es unter: www.arta-web.com.
Übernachten: In erster Reihe an der Platja de Muro in der Bucht von Alcúdia liegt das Vier-Sterne-Grupotel **Los Príncipes & Spa** mit modernem Spa- und Wellnesscenter, Hallenbad mit Aqua Circuit, Wasserfällen, Inhalationsbad mit Salz, Laconium (griechisches Schwitzbad), Sauna, Infinity-Bad sowie Beautybehandlungen und Massagen. Das Los Príncipes gilt als besonders umweltfreundlich (Carrer Galió, 31, Tel. 971 890335, www.grupotel.com, DZ/F mit Meerblick ab 81 € pro Person).

⑱ Die Bucht von Pollença – „eine der schönsten der Welt"

Das ehemalige Fischerdörfchen **Port de Pollença** im Nordosten Mallorcas wirkt wie eine Mischung aus deutschem Kur- und englischem Badeort: Die schmucke Promenade und die Bucht mit ihren Segelschiffen und dem Bergpanorama erinnern an bayerische Ferienorte an einem Bergsee, während die kleinen Hotels eher britischen Familienpensionen gleichen. Kein Wunder also, wenn im Ort überwiegend englisch und deutsch gesprochen wird. Die entspannt-elegante Atmosphäre lässt Urlaubsgäste aus der gehobenen englischen Mittelschicht vermuten. Auch Agatha Christie verbrachte hier einst ihre Ferien. Die englische Schriftstellerin ließ sich von dem besonderen Flair des Dörfchens für ihre spannenden Kriminalgeschichten inspirieren.

Die Strände in der zehn Kilometer langen und sechs Kilometer breiten Bucht sind besonders geschützt. Die Berge auf den Halbinseln Formentor und La Victòria bremsen den Wind nahe der Küste sozusagen aus und nur selten gibt es Seegang. Der innere Bereich der Bucht ähnelt einem riesigen Naturpool. Nur weiter draußen auf dem Meer sorgt die Thermik für stabilen Seewind und ideales Segelwetter. Der Weltumsegler Sir Francis Chichester bezeichnete die **Bucht von Pollença** als eine der schönsten der Welt.

Gleich hinterm Yachthafen von Port de Pollença beginnt der Strand, einer der längsten auf der Insel. Er unterteilt sich in viele, unterschiedlich große Abschnitte. Hausstrand des Ortes ist die kilometerlange **Platja del Port de Pollença**, die erst vor ein paar Jahren dem Meer abgerungen wurde. Die Gemeinde ließ damals riesige Mengen von Sand anfahren, einen Wellenbrecher bauen und Pinien anpflanzen. Die Platja ist mit dem Auto und auch mit dem Fahrrad bequem vom Hafen aus erreichbar. Sie wird in der Hochsaison sehr gut besucht.

Weiter Richtung Alcúdia liegt der extrem schmale, aber sehr lange Strand **Can Cap de Bou**, der hauptsächlich aus Sand, Meeresgras und Kiesel besteht. Wer möglichst für sich sein möchte, findet hier die nötige Abgeschiedenheit; wer schwimmen will, muss allerdings weit ins Wasser hinaus laufen. Dafür gilt das Meer an dieser Stelle als ein **Eldorado für Windsurfer**, die besonders die geriffelten Wellen vor der Küste für ihren Sport nutzen.

Eine sehr schöne Badebucht gibt es auf der Halbinsel Victòria. **S'Illot** liegt etwa fünf Kilometer von Alcúdia entfernt und ist nach dem Felsen Illot benannt, der dicht vor der Küste meterhoch aus dem Wasser ragt. Die Bucht in Form von zwei Halbmonden besitzt einen sauberen Kiesstrand. Zum Schwimmen sollte man allerdings Badeschuhe überstreifen, da die Felsen scharfe Kanten haben. Doch dafür werden die Schwimmer und Schnorchler mit einem tollen Badevergnügen im kristallklaren Wasser entschädigt. Im hinteren Teil der Bucht wächst ein Pinienwald, der im Sommer Schatten spendet.

Die Halbinsel **Victòria** besticht wegen ihrer Schönheit und ist daher auch ein beliebtes Wandergebiet. Ihren Namen verdankt sie einer Madonnenfigur in einer ehemaligen Einsiedelei aus dem 13. Jahrhundert am Berg Sa Talaia d'Alcúdia. Einer Sage nach sollen arabische Piraten die kleine Statue geraubt haben. Nach ihrer

Badevergnügen im kristallklaren Wasser verheißt die Bucht von S'Illot

glücklichen Heimkehr ist dieser Küstenabschnitt jedoch nie wieder von Piraten überfallen worden – aus diesem Grund nannte man die Madonnenfigur „Muttergottes des Sieges" und die Halbinsel Victòria.

INFO

Wegbeschreibung: Die Pkw-Anfahrt zur Badebucht S'Illot ist einfach: Man folgt der Beschilderung bis zur Albergue de la Victoria, die neben dieser Bucht gebaut wurde. Dort kann der Wagen gratis auf dem Parkplatz abgestellt werden. S'Illot ist besonders bei Familien mit Kindern beliebt.
Wassersport: Segeln und Surfen vom Feinsten – seit 1970 existiert **Sail & Surf Pollensa** – und zwar in einem der besten Reviere Europas mit idealen Windverhältnissen. Einsteiger finden sichere Bedingungen nahe der Küste, Könner trainieren weiter draußen bei stärkerem Wind und hohen Wellen. Sail & Surf verfügt über 70 Boote und mehr als 40 Surfboards (Tel. 971 865346, www.sailsurf.de).
Übernachten: Die **Pension Bella Vista** mit zwöf Zimmern liegt in einer ruhigen Seitenstraße knapp 100 Meter vom Hafen entfernt. Sie verfügt über ein sehr schönes Gartenrestaurant, in dem abends oft Livemusik gespielt wird (Carrer Monges, 14, Port de Pollença, Tel. 971 864600, www. pensionbellavista.com, DZ ab 60 €).

⑲ Badebuchten der Serra de Tramuntana: atemberaubend und urwüchsig

Sie sind von atemberaubender Schönheit und liegen eingeklemmt zwischen steilen Felswänden. Die Gipfel der sie umgebenden Berge sind oft über 1000 Meter hoch. Im kristallklaren Wasser dümpeln höchst malerisch ein paar Fischerboote. Die Strände sind klein und schmal, Kies und Sand wechseln sich ab, mal ragt ein dicker Felsbrocken aus dem Meer. Kurz: Die **Badebuchten in der Serra de Tramuntana** bieten eine Naturkulisse wie aus dem Bilderbuch.

Hoch oben im Nordosten der Insel liegt die Traumbucht **Cala de Sant Vicenç**. Sie dient Abenteuerfilmen häufig als Kulisse. Vicenç, sieben Kilometer von Pollença entfernt, besteht aus vier Stränden. Der größte ist die touristisch erschlossene **Cala Barques**, ein 100 Meter langer Sandstrand mit glasklarem Wasser, ideal zum Sonnen, Schwimmen und Tauchen. Ganz in der Nähe können **prähistorische Höhlen** besichtigt werden. Der Strand ist ausgeschildert. Am Ende der Route gibt es einen Parkplatz.

Eine der spektakulärsten Buchten ist **Sa Calobra**. Sie liegt im Schatten von Mallorcas höchstem Berg, dem 1445 Meter hohen **Puig Major**. Abenteuerlich und aufregend ist die **Serpentinenfahrt** mit dem Auto zur Bucht – und auch nur et-

Ist nur nach einer abenteuerlichen Serpentinenfahrt zu erreichen: die Cala de Sa Calobra

was für geübte und nervenstarke Fahrer. Die 14 Kilometer lange Landstraße besteht nur aus Kurven, die insgesamt 900 Höhenmeter überwinden. Zwölf der Kurven winden sich um 180 Grad; eine, der sogenannte Krawattenknoten, dreht sich mit 360 Grad sogar um die eigene Achse. Die Straße gilt als die kurvenreichste Europas.

Sa Calobra ist auch auf dem Seeweg zu erreichen. Von Port de Sóller aus fahren von April bis Ende Oktober mehrfach täglich Boote zur Bucht und wieder zurück. Die Fahrzeit beträgt etwa eine Stunde. Vom Parkplatz und der Schiffsanlegestelle führt ein 600 Meter langer Fußweg durch einen Tunnel zur bekannten Felsenschlucht des **Torrent de Pareis**, die der Sturzbach (Torrent) auf seinem Weg zum Meer in den Stein geschnitten hat. Der kleine, steinige Strand an dieser Stelle ist nur 50 Meter lang und 20 Meter breit, aber ein Riesenerlebnis. Doch Vorsicht: Bei starkem Westwind ist das Baden wegen der hohen Wellen nicht ganz ungefährlich. Auch wird die Badezone nicht immer bewacht. Kleine Bars befinden sich in der Nähe.

Das Bergdörfchen **Deià**, Wohnort vieler internationaler Künstler, gilt als ein Schmuckstück des Tramuntana-Gebirges. Aber noch schöner, noch urwüchsiger ist die zugehörige Felsenbucht, die **Cala Deià**. Sie besteht aus einem halbkreisförmigen Kiesel- und Sandstrand und ist an beiden Seiten von kleinen Landungsstegen eingerahmt. Ein **Fischrestaurant** liegt direkt am Strand, ein zweites etwas erhöht in einer großen Felsennische. Im Wasser vergnügen sich meistens viele Kinder und Jugendliche, während ihre Eltern die Sonne am Strand genießen. Der Weg ist ausgeschildert, kurz vor der Bucht gibt es Parkplätze.

Weiter südwestlich an der Küste liegt die **Cala Banyalbufar**, eine ruhige, schmale Bucht, knapp 100 Meter lang. Faszinierend ist das Licht in der Cala. Die Sonnenstrahlen fallen ungefiltert auf die glatten Felswände und verstärken so noch die Transparenz des klaren Wassers, in dem sich unglaublich viele Fische tummeln. Ein ideales Revier zum Tauchen.

Wegbeschreibung zur Cala de Sa Calobra: Von der Cala Barques fährt man mit dem Auto in südwestlicher Richtung über die Gebirgsstraße (C 710) am Kloster Lluc vorbei. Gleich hinter der kleinen Gebirgsgemeinde Escorca (nur wenige Häuser) zweigt rechts eine Landstraße ab, die hinab zur Bucht führt. Die Strecke ist gut ausgeschildert und nicht zu verfehlen (45 Min.). **Wegbeschreibung zur Cala Banyalbufar:** Im Bergdörfchen Banyalbufar fahren Sie in die Carrer Comte Sallent und biegen rechts an der Kreuzung in die Carrer Major, an der ersten Abzweigung geht es wieder rechts in die Carrer Marina. In diese Sackgasse fahren Sie hinein und stellen nach etwa 400 Metern Ihren Wagen ab und laufen das letzte Stück weiter zum Strand. **Essen & Trinken:** Das urige Fischrestaurant **Ca's Patró March** liegt versteckt zwischen Felsen in der Bucht von Deià. Vor 70 Jahren fuhr der Großvater des heutigen Eigentümers Joan noch täglich aufs Meer hinaus und fischte. Auch heute noch bietet Joan Fisch an, der wenige Stunden zuvor im Meer gefangen wurde. Reservieren empfiehlt sich (Tel. 971 639137, tgl. 12.30–20 Uhr, im Juli/Aug. bis 22.15 Uhr, Nov.–April geschl., 20–30 €).

INFO

20 Viel Sonne in Mallorcas Südwesten

Der Südwesten Mallorcas gilt als der sonnigste Teil der Insel. Kein Wunder also, dass die bekannten Urlaubsorte wie Magaluf und Peguera bei den Urlaubern sehr beliebt und damit überlaufen sind. Wer zudem hofft, sich im Kreis von prominenten Zeitgenossen im exklusiven Port d'Andratx am Strand zu vergnügen, wird auch in diesem Punkt enttäuscht. Denn Port d'Andratx ist eine Hafenstadt und verfügt nur über einen Ministrand. Die Cala Fonoll ist mit Kieseln übersät und überall liegen große Steine, die das Baden beschwerlich machen. Es gibt keinen Strandservice, keine Restaurants, keinen Wassersport. Also, weichen Sie doch einfach aus.

Nur eine Bucht weiter ist alles besser. In **Camp de Mar** finden Sie das große Stranderlebnis. Der Sandstrand ist 180 Meter lang und 50 Meter breit, doch die Hauptattraktion ist die kleine vorgelagerte Insel **Illeta**, die durch einen Holzsteg mit dem Ufer verbunden ist. Auf der Insel gibt es alles, was das Urlauberherz begehrt: Restaurants, Sonnenschirme, Liegestühle, Tretboote und eine Anlegestelle, von der kleine Boote ablegen und zur nordwestlich gelegenen **Insel Dragonera** schippern.

Direkt gegenüber von Dragonera an der Küste liegt **Sant Elm**. Dieser Ort ist nach der Kapelle von König Jaume II. aus dem Jahr 1279 benannt, die dem Schutzpatron der Seeleute geweiht ist. Die **Platja de Sant Elm** besteht aus zwei Stränden, der größere hat weißen Sand, der kleinere Kies. Der Ort wurde bisher vom Massentourismus verschont, sodass es an der Beach immer einen freien Platz gibt. Ausgesprochen empfehlenswert sind hier die Fischrestaurants.

Südlich von Camp de Mar liegt **Santa Ponça** mit seinem fast anderthalb Kilometer langen Sandstrand. Die wenigsten Badegäste allerdings wissen, dass sie sich hier auf historischem Boden befinden. Hier begann die christliche Eroberung Mallorcas. Am 10. September 1229 ging König Jaume I. von Aragón mit 143 Schiffen vor Anker. Seine 20.000 Soldaten befreiten die Insel von den moslemischen Mauren, die damals die Balearen-Insel besetzt hatten. Eine Säule erinnert an das Ereignis. Heute werden jeweils am ersten Wochenende im September am Strand die Kämpfe bei der Landung nachgespielt.

Fast noch ein Geheimtipp für den Südwesten ist die **Cala Falcó** südlich von Magaluf. Einen knappen Kilometer vor der Bucht erhebt sich die Insel **S'Illot de Sec** und anderthalb Kilometer östlich davon liegt in 30 Metern Tiefe eines der größten **Wracks** vor Mallorcas Küste, ein griechisches Schiff – das Ziel vieler Tau-

Tauchen für Anfänger und Fortgeschrittene

Die Tauchschule Scuba Activa bietet täglich Bootstauchgänge zu über 30 Tauchplätzen an. Davon liegen etwa 25 Plätze um die Insel Dragonera. Die Tauchschule wirbt auf ihrer Website (www.scuba-activa.com): „Ein optimales Tauchrevier für Anfänger. Highlights wie das Wrack der **MS Josephine**, mit unzähligen freischwimmenden Muränen und Congeraalen, die Tropfsteinhöhle **La Cueva**, das **Aquarium** mit seinen Felstürmen und Fischschwärmen, das **Paraiso** oder der **Barakuda Point** sind sehr begehrt unter Tauchern. Aber auch für weniger erfahrene Taucher eignen sich die meisten Tauchplätze, da wir schon in geringen Tiefen eine erstaunliche Vielfalt an Meeresbewohnern sehen können." Also: viel Spaß!

Leinen los! – Auf geht's nach Dragonera

cher. Aber auch Badegäste kommen auf ihre Kosten. Der kleine, sehr schöne und ruhige Sandstrand in der Cala Falcó versteckt sich zwischen Felsen, Pinienwäldern und GarriqueSträuchern, die ihre Zweige bis ins Meer strecken. Die Anfahrt mit dem Auto ist einfach: Folgen Sie der Beschilderung bis Cap des Falcó, die über Cala Vinyes führt. Ihren Wagen können Sie auf der Straße parken. Eine Treppe führt Sie 250 Meter hinunter direkt ins Badeparadies.

Essen & Trinken: Das bekannteste Lokal in Sant Elm ist das **Restaurant Es Molí** an der Plaça de Mossèn Sebastià Grau. Es bietet eine mediterrane Küche mit täglich frischem Fisch und hervorragendem Grillfleisch. Neuerdings gibt es auch asiatische Gerichte (Tel. 971 239202, www.esmoli.cat, Di–So 10–24 Uhr, 30–50 €).

Tauchen: Die Tauchschule **Scuba Activa** in Sant Elm ist die einzige Tauchschule im Naturpark der kleinen Insel Dragonera. Sie wird von dem Stuttgarter Mathias Günther geleitet (Tel./Fax 971 239102, www.scuba-activa.com).
Fähre nach Sa Dragonera: ab ca. 10 Uhr stdl., Dauer 15 Min., um 10 €.

INFO

Häfen

In Portopetro geht das Leben noch seinen ruhigen, geregelten Gang

21 Der Hafen von Palma – einer der modernsten im Mittelmeer

Der **Hafen von Palma** gehört zu den beliebtesten im Mittelmeer. Er ist mit 2800 Liegeplätzen der größte von mehr als 40 Häfen auf Mallorca. Jährlich legen hier etwa 580 Kreuzfahrtschiffe mit knapp 1,4 Millionen Passagieren an. Selbst für die größten Pötte mit einer Länge von 300 Metern ist genügend Platz. Schon in naher Zukunft sollen hier gleichzeitig fünf Riesenkreuzer vor Anker gehen können.

Palmas Hafen ist unter den Häfen am Mittelmeer ein echter Methusalem: Er ist weit mehr als 1000 Jahre alt. Schon vor der Besetzung Mallorcas durch die Mauren im Jahre 902 gab es regen Seeverkehr. Der damalige Hafen erstreckte sich weit in die Stadt hinein. Wo heute die Passanten auf der Promenade **Passeig des Born** unterwegs sind, dümpelten einst Boote im Wasser. In den folgenden Jahrhunderten wurde dem Meer aber immer mehr Land abgerungen. Die Folge: Die Stadt breitete sich aus und der Hafen verlagerte sich.

Heute ist Palma eine Art **Drehscheibe im Mittelmeer**. Mehrere Reedereien bieten täglich Überfahrten von der Baleareninsel nach Dénia im Norden der Costa Blanca, nach Barcelona und nach Valencia an. Die Reise übers Mittelmeer mit den konventionellen Fähren dauert zwischen sieben und neun Stunden, eine Fahrt mit einem Tragflügelboot dagegen nur knapp vier Stunden. Außerdem gibt es einen regen Schiffsverkehr zwischen Palma und seinen Nachbarinseln Ibiza und Menorca.

Beliebt bei den Freizeitskippern: der Hafen von Palma

Der Hafen liegt genau gegenüber der Altstadt. Bei der Einfahrt präsentiert er eine **einmalig schöne Silhouette** mit einem Traumblick auf die Kathedrale. Parallel zum Hafengelände verläuft der **Passeig Marítim**. Noch Ende der Fünfzigerjahre schlugen an dieser Stelle die Wellen gegen die Kaimauern. Anfang 1960 wurde auch dieser Teil dem Meer abgetrotzt. Der Hafen unterteilt sich heute in vier deutlich voneinander abgegrenzte Bereiche: die Handelsmolen, die Molen im Poniente (Osten), die Sportkais und der Dique del Oeste (Westkai).

Die Kombination von Frachtschifffahrt und Sportschifffahrt, Personentransport und Fischerei gilt als ideal. International wichtige Regatten, an denen auch Mitglieder des spanischen Königshauses teilnehmen, geben dem Hafen zusätzlich eine sportliche Bedeutung. Ein Beispiel dafür ist der **Real Club Nautico**, der allein über mehr als 900 Liegeplätze verfügt. Die Besucher sitzen auf der Terrasse des Clubs, genießen die Aussicht auf den Hafen und das Castell de Bellver. Doch meistens geht es hier hektisch zu, besonders dann, wenn die Besatzungen der Rennyachten sich zum Start für die nächste Regatta vorbereiten.

Man muss aber nicht unbedingt ein eigenes Boot besitzen, um durch Palmas weitläufigen Hafen zu schippern. **Ausflugsboote** wie die „Mar y Sol II" drehen im Stundentakt ihre Runden zwischen Fähren, Kreuzfahrern und der Yacht des Königs. Sie schaukeln ihre Passagiere an all diesen Sehenswürdigkeiten des gewaltigen Areals oft hautnah vorbei.

Und auch der König ist da …

Die Bucht von Palma ist jedes Jahr Schauplatz vieler berühmter Regatten. Besonders die drei prominentesten sind große Zuschauermagneten. Eröffnet wird die Saison alljährlich in der ersten Aprilwoche mit der **Trofeo S.A.R. Princesa Sofía**. Mehrere hundert Teams aus etwa 50 Nationen gehören in der Regel zu den Teilnehmern. Ende Juli startet die **Breitling Regatta**. Sie beginnt im Hafen von Port de Portals. Prominenteste Teilnehmer in den vergangenen Jahren waren Spaniens König Juan Carlos und sein Sohn Felipe. Doch der Höhepunkt der Saison ist die internationale Segelregatta **Copa del Rey** in der ersten Augustwoche mit den besten Seglern der Welt. Sie steht unter der Schirmherrschaft von König Juan Carlos.

Informationen: Weitere Informationen über Palmas Hafen finden Sie im Internet unter www.visit-palma.com unter Palma Nautica. Die Website verweist zusätzlich auf mehrere Links.
Noch mehr offizielle Informationen in spanischer und englischer Sprache gibt es unter **www.portsdebalears.es**.
Rundfahrten: Der **Real Club Nautico Palma** hat eine eigene Website (auf Englisch) mit vielen Detailinformationen: www.realclubnauticopalma.com.

Mehrere Unternehmen starten am Kai gegenüber dem Auditorium mit ihren Ausflugsbooten zu Rundfahrten durch Hafen und Bucht von Palma. So bietet beispielsweise das Unternehmen **Cruceros Marco Polo** von Mitte März bis Ende Oktober einstündige Rundfahrten durch den Hafen und in der Bucht von Palma oder nach Camp de Mar und Portals Vells an. Kosten: 10-12 € (Website, auch auf Deutsch: www.crucerosmarcopolo.com.

INFO

22 Jetset-Hafen Port de Portals

Weiße Yachten auf glitzerndem Wasser, rauschende Palmen, Luxuskarossen am Straßenrand, Champagnerflaschen auf den Restauranttischen … Schon die Anfahrt vom Hügel hinab zum Hafen lässt erahnen, dass **Port de Portals** ein besonders exklusiver Ort ist. Die Szenerie erinnert an Filmsequenzen, die man sonst nur aus Miami, Beverly Hills oder Monte Carlo kennt. An keinem anderen Ort der Insel gibt es so viele Luxusboote und Luxuslimousinen auf so engem Raum. Der Hafen von Port de Portals besteht seit mehr als 25 Jahren, und so manch prominenter Zeitgenosse ist dem Jetset-Treffpunkt St. Tropez zwischenzeitlich untreu geworden und in **Mallorcas Traumhafen** im Südwesten der Insel vor Anker gegangen.

„Nirgendwo sonst als in Port de Portals ist es leichter, ein wenig am Glamour des internationalen Jetset zu partizipieren", sagt Alexander Sepasgosarian, der Schifffahrtsexperte vom „Mallorca Magazin". Beim Gang über die Promenade im mexikanischen Haciendastil, vorbei an Cafés und Restaurants wie dem ausgezeichneten **Tristàn Mar** (s. S. 130) oder den Markenboutiquen mit Breitling-Uhren, Versace-Kostümen und Cerutti-Schuhen wird deutlich: Hier verkehren die Schönen und Reichen und die vielen anderen, die gerne dazugehören möchten. In Port de Portals paaren sich ewige Jugend und nie enden wollende Sommer.

Am 4. Juli 1986 hat Port de Portals seinen Betrieb aufgenommen. Wo heute die edlen Yachten sicher vertaut im Hafenbecken dümpeln, spülten einst die Wel-

Die exklusivste Marina Mallorcas bietet Platz für 670 Boote – Yacht-Seeing ist angesagt

len über die Uferkante. Knapp 170.000 Quadratmeter begehbare Fläche wurden dem Meer hier abgetrotzt. Das Einholen der Genehmigungen und die sich anschließenden Bauarbeiten dauerten sechs Jahre. Um die Fundamente für die Gebäude und Molen anlegen zu können, musste gar ein ganzer Steinbruch gekauft werden. Dafür gilt der Hafen heute als einer der modernsten und schönsten im gesamten Mittelmeer.

670 Liegeplätze für Yachten von acht bis 80 Meter Länge bietet der Hafen. Die Boote kosten mindestens eine Million Euro, nach oben ist die Grenze offen – fünf Millionen, zehn Millionen, 20 Millionen … Dafür gibt es dann aber auch einen Hubschrauberlandeplatz an Deck des Schiffs. **„Luxus geht hier immer"** – heißt die Devise. Selbst in Krisenzeiten. Wer mit einem mittelgroßen Boot ankern möchte, muss je nach Saison zwischen 500 und 1500 Euro für einen Liegeplatz pro Nacht bezahlen. Allerdings

Ruhe tanken nach der Shoppingtour

wird er im Sommer keinen freien Platz bekommen, denn in Port de Portals ist die Nachfrage fast immer größer als die Kapazität. Die wenigsten der vielen Mallorca-Urlauber, die im Sommer den Hafen besuchen, können sich allerdings einen solchen Luxus leisten. Aber sie bleiben gerne vor einer der Yachten stehen und träumen davon, vielleicht doch einmal damit übers Meer zu schippern. Träume sind zum Glück kostenlos.

Essen & Trinken: Eine bezahlbare und sehr witzige Alternative zur Luxusatmosphäre ist die **Beach Alm**. Sie liegt an der Platja von Port de Portals, gleich neben dem Hafen. Sie gleicht einer Almhütte und strahlt überall Kitzbühel-Flair aus. Auch die Karte erinnert an alpenländische Küche: Wiener Schnitzel, Schweizer Wurstsalat, Käsespätzle, Marillenknödel, Apfelstrudel. Auf besonderen Wunsch gibt es natürlich auch die üblichen mediterranen Gerichte. Eine Kostprobe seiner Küche präsentiert Alm-Wirt Stephan Ohneck sonntags ab 10 Uhr beim **Brunch** mit traditionellen süddeutschen und österreichischen Spezialitäten (Tel. 680 258532, www.beach-alm.com, Brunch ca. 30 €).

INFO

23 Häfen wie aus dem Bilderbuch

Auch die kleinen Inselhäfen haben ihr besonderes Flair. Viele leben noch vom Fischfang, andere sind wegen ihrer attraktiven Lage von Interesse. Alle jedenfalls sind wahre **Bilderbuchhäfen**. Drei der schönsten haben wir für Sie ausgesucht.

Cala Rajada (23a, s. Karte), die Rochenbucht, ist nach Palma der zweitwichtigste Fischereihafen der Insel. Der kleine Küstenort mit seinen knapp 7000 Einwohnern liegt in der nordöstlichsten Ecke Mallorcas. Bewohner des Städtchens Capdepera legten den Hafen im 17. Jahrhundert an. Die Fischer, die sich hier ansiedelten, fingen Rochen und Langusten. Bis heute haben sich die historischen **Langustenhäuser** erhalten. In den quaderförmigen Gebäuden, die unter Denkmalschutz stehen, werden noch immer Schalentiere verkauft. Im Hafen dümpeln neben den typischen mallorquinischen Fischerbooten auch Motoryachten, Trawler und Sportsegler. Von hier starten **Ausflugsboote** nach Cala Millor und Portocristo. Ein **Schnellboot** verbindet den Hafen mit der Nachbarinsel Menorca. Die kurze Seereise, die oft sehr stürmisch verläuft, dauert anderthalb Stunden.

Cala Rajada entwickelte sich erst langsam zu einer Touristenhochburg. Kleine Hotels und Unterkünfte entstanden sehr zögerlich am Rande des Ortes, der sich seinen Charakter als historisches Fischerdorf bis heute erhalten hat. Im Hafen gibt es sehr gute **Fischrestaurants** und kleine Bars, die von Urlaubern und Einheimischen besucht werden.

Prominentester Bürger von Cala Rajada war Juan March, ein ehemaliger Tabakschmuggler, der sich aber schließlich als erfolgreichster Bankier der Balearen einen Namen machte. Der Milliardär hinterließ seinem Heimatdorf die berühmten **March-Gärten**, die Jardines de sa Torre Cega, die der britische Gartenarchitekt Russell Page angelegt hat. Das Anwesen – ein kulturelles und architektonisches Juwel – liegt auf einem Hügel und gestattet einen imposanten Blick auf den Hafen.

In der 70.000 Quadratmeter großen Gartenanlage ist gleichzeizig eine spannende **Kunstsammlung** zu besichtigen. Die Stiftung der Bankiersfamilie hat zahlreiche Skulpturen zur Verfügung gestellt. Die Werke stammen von spanischen und internationalen Künstlern wie Miquel Berrocal, Auguste Fix, Martín Chirino und Pablo Serrano. Interessierte können sich telefonisch beim Tourismusbüro von Cala Rajada anmelden.

Cala Figuera gehört zu den beliebtesten Ferienorten

Cala Figuera (23b, s. Karte) – die Feigenbucht – liegt im Südosten der Insel. Das Fischerdörfchen besitzt einen Hafen, der einem **norwegischen Fjord** gleicht. Überall verstreut stehen kleine Fischerhäuschen, die Boote ankern direkt vor den Hütten. Ein schmaler Weg umrundet den Hafen, der bequem in einer halben Stunde zu Fuß umwandert werden kann. Cala Figuera hat keinen eigenen Strand, und es gibt auch nur einige kleine Hotels, aber am Abend ist der Ort mit seinem **romantischen Flair** und den hübschen Restaurants ein beliebtes Ziel für die Urlauber.

Portopetro (23c, s. Karte), ebenfalls im Südosten der Insel nahe Santanyí, ist wohl einer der schönsten Häfen Mallorcas. Hier liegen ein paar größere Yachten und unzählige Fischerboote vor Anker. Seit ein paar Jahren gibt es oberhalb des Hafens ein Luxushotel. Das

Das Netzeflicken gehört zum Alltag der Fischer

Fünf-Sterne-Haus hat dem Ort wirtschaftlich gut getan: Es sorgt auch im Herbst und im Frühjahr für ein paar Besucher mehr. Rund um den Hafen von Portopetro gibt es viele kleine **Fischrestaurants**, und Kenner schätzen die einfachen Mahlzeiten, bei denen großer Wert auf guten, frischen Fisch gelegt wird. Die Preise eines Tagesmenüs liegen meistens unter zehn Euro inklusive einer Flasche Wein.

INFO

Informationen: **March-Gärten** und Kunstsammlung, Carrer Juan March, Cala Rajada, www.fundacionbmarch.es, anmelden unter Tel. 971 819467,
Übernachten: Das Fünf-Sterne-Hotel **Blau Porto Petro Beach Resort & Spa** liegt in Portopetro in der Carrer des Far, 16 (Tel. 971 648282, www.blau hotels.com/portopetro). Wer preiswerter wohnen möchte, mietet sich am besten eine **Ferienwohnung**. Über ein kleines, aber feines Angebot verfügt die Hamburger Ferienhausvermittlung **Ferien Privat** (Tel. 040 43093270, www.ferien-privat.de).
Essen & Trinken: Gut und preiswert essen kann man bei Antonio in Portopetro auf der Terrasse seines Restaurants **La Aventura** in der äußersten Hafenecke. Es ist ein kleiner Familienbetrieb: Ehefrau Margarita kocht, Sohn und Tochter helfen mit und Antonio berät und bedient die Gäste. „Der Trend geht immer mehr zu Tapas", sagt er. *Pimientos de padrón,* die kleinen, sehr scharfen Paprikaschoten, gibt es für 6 €, leckere Gambas für 10,50 € (Calò des Moix, Tel. 971 657167, im Sommer tgl. mittags und abends). Direkt am Hafen mit Blick auf die ankernden Boote liegt das Fischrestaurant **Es Bergant**. Es ist berühmt für seinen frischen Fisch, gut und preiswert (Passeig de's Port, 39, Tel. 971 648400, Tagesmenü inkl. Wein und Wasser unter 10 €).

Fincas & Hotels

Finca-Urlaub ist beliebter denn je

24 Der ewige Traum vom Urlaub auf einer mallorquinischen Finca

Sie gelten als die versteckten Kostbarkeiten Mallorcas: die vielen **urigen Fincas** der Insel. Meistens liegen sie weitab vom Feriengetümmel, versteckt irgendwo in der Serra de Tramuntana, in den Weiten des Inselinneren oder in der Serra de Llevant im Osten. Oft sind sie mehrere hundert Jahre alt und erinnern an längst vergangene Zeiten. Ihre Abgeschiedenheit haben sie sich bewahrt und meistens auch das besondere Flair eines herrschaftlichen Anwesens, das von riesigen Ländereien umgeben ist. Denn die Landwirtschaft war in jener Zeit die Grundlage des Reichtums der Gutsherren. Dies ist heute Geschichte. Aber die Mallorquiner haben erkannt, dass auch Vergangenes in der Gegenwart gefragt sein kann. Sie ließen ihre Höfe restaurieren und bauten sie um. Heute werden diese als **Agrotourismus-Fincas** vermietet. Mit großem Erfolg: Denn der Traum vom Urlaub auf einer Finca ist noch lange nicht ausgeträumt.

Die Auswahl ist groß. Es gibt Fincas für Familien, nur für Erwachsene, Fincas in Strandnähe, im Inneren der Insel und im Tramuntana-Gebirge. Viele ehemalige mallorquinische Landwirte haben in den vergangenen Jahren eine sogenannte Agrotourismus-Lizenz erworben und ihr Bauernhaus zu einem kleinen, schmucken Finca-Hotel umgebaut.

Der Umbau ist allerdings nur unter besonderen Voraussetzungen möglich: Das Land muss mindestens 25.000 Quadratmeter messen und das Gebäude vor 1960 entstanden sein. Das Haus darf auf keinen Fall umgebaut, sondern nur renoviert oder restauriert werden. Jede Finca muss vom Eigentümer bewirtschaftet werden, eigene Tiere und ein eigener Garten mit Obst-, Gemüse- oder Weinanbau sind Vorschrift. Ausdrücklich gewünscht ist, dass die Gäste, deren Anzahl auf maximal 24 beschränkt ist, **mallorquinisches Landleben** miterleben und ihr eigenes Gemüse und Obst selbst ernten können. Um das Gemeinschaftsgefühl zu stärken, laden viele Finca-Besitzer ihre Feriengäste einmal in der Woche zu einem gemeinsamen Abendessen ein, bei dem traditionelle heimische Gerichte serviert werden.

Ziel der Balearenregierung ist es, die alten Häuser auf Mallorca auf diese Weise vor dem Verfall zu schützen. Denn der Ertrag aus der Landwirtschaft auf der Insel reicht heute nicht mehr aus, die großen Anwesen zu erhalten. Aus diesem Grund bekommen die Bauern vom Staat Zuschüsse, um die alten Gebäude zu res-

Mieten einer Finca

Jeder Anbieter muss eine offizielle Erlaubnis von der **Associació Agroturisme Balear** (Vereinigung des ländlichen Tourismus) auf den Balearen besitzen und diese auch vorlegen können. Wichtig ist, dass die zu mietende Finca legal ist. Auf Mallorca gibt es immer noch viele Schwarzbauten, die inoffiziell vermietet werden. Hier kann es zu Problemen kommen: Wer haftet bei Unfällen im Haus? Wie ist der Urlauber geschützt, wenn die Finca bei seiner Ankunft bereits vermietet ist? Es ist üblich, dass zwischen Vermieter und Mieter ein Vertrag über den Zeitpunkt der Vermietung und die Höhe der Miete gemacht wird. Der Mieter leistet bei Vertragabschluss eine Anzahlung.

Eine Finca im Landesinneren – für viele naturverbundene Mallorca-Urlauber das Paradies auf Erden

taurieren, die typischen Inselmauern wiederaufzubauen, die größtenteils zusammengebrochen waren, und um neue Solaranlagen anzuschaffen.

Und wie präsentiert sich heute eine **echte Finca?** Sie besteht aus Natursteinmauern und typisch im Inneren sind die Holzbalkendecken, die antiken Möbel, die kleinen Fenster und die kunstvoll gefliesten Bäder. Und natürlich der Schaukelstuhl, der in keiner Finca fehlen darf.

Informationen: 1989 wurde die Vereinigung des ländlichen Tourismus **Associació Agroturisme Balear** auf den Balearen gegründet. Der offizielle Verband gibt aktuell Auskunft, auch in deutscher Sprache, über etwa 100 Landhotels – Fincas, Dorfhotels, ehemalige Herrenhäuser – auf der Insel (Tel. 971 721508, www.topfincas.com). Außerdem gibt es weitere Anbieter, einer von ihnen ist **www.mallorca-agroturismo.com**, der ebenfalls Fincas und Landhotels auf der ganzen Insel in seinem Programm hat.

INFO

25 Familienfreundliche Fincas

Kinder erwünscht ist die Devise der **Finca Ses Cases Noves** am Rande des Naturparks Serra de Llevant im Osten von Mallorca. Das Landhaus mit neun komfortablen Ferienwohnungen liegt auf einem acht Hektar großen Gelände und ist ein Paradies für Kinder: Sie können im Pool schwimmen und für die kleineren gibt es einen Spielplatz, für die größeren einen Fußballplatz. Hasen und Kaninchen dürfen gestreichelt werden, den Schafen kann man beim Grasen zuschauen und die beiden Hunde sind für jede Abwechslung dankbar.

Die Finca ist ein Familienbetrieb: Die Brüder Onofre und Pedro Soler Rosselló bewirtschaften sie zusammen mit ihren Ehefrauen und der Mutter. Die Ehepaare haben jeweils zwei Kinder und wissen daher aus eigener Erfahrung, was Eltern im Urlaub für Wünsche haben. Pedro, den sie alle nur Pere nennen, ist gelernter Informatiker. Vor ein paar Jahren hat er seinen Job in Palma aufgegeben, um sich ganz der Familie und den Gästen auf seiner Finca widmen zu können. Für ihn bedeutet Familie privat wie beruflich eine Lebensaufgabe. An jedem Wochenende sitzt er gemeinsam mit seinen Gästen, oft auch mit seiner Frau und den Kindern, bei einem mallorquinischen Abendessen und serviert ausschließlich Produkte, die von seiner Finca stammen. Die Unterhaltung ist kein Problem: Maria und Cati, die Ehefrauen der beiden Brüder, sprechen deutsch.

Ses Cases Noves gehört der Familie Soler Rosselló seit drei Generationen. Erstmalig wird das Anwesen im Jahr 1711 urkundlich erwähnt. Eine alte Karte von 1780 ist noch so gut erhalten, dass Pere sie in den Speisesaal gehängt hat. Oft steht er davor und erzählt stolz, wie seine Vorfahren die Grundstücke nach und nach gekauft hätten. Aber irgendwann seien die Erträge in der Landwirtschaft zurückgegangen und er und sein Bruder hätten das Abenteuer „Finca-Vermietung" gewagt – und bis heute nicht bereut.

Tiere stehen auf der Finca S'Hort bei vielen Gästen im Mittelpunkt

Ein Paradies für Familien: die Finca Ses Cases Noves

Genauso familiär geht es auf der **Finca S'Hort de sa Begura** zu. S'Hort, was übersetzt „Der Garten" bedeutet, liegt ebenfalls mitten in der Serra de Llevant im Osten Mallorcas zwischen den Städtchen Artà und Sant Llorenç des Cardassar. Sechs Ferienwohnungen und ein Häuschen stehen hier Familien für einen individuellen Urlaub zur Verfügung – mit Pool, Grillplatz und vielen Tieren. Die drei Brüder Jordi, Juan und Guillermo haben den alten Hof in dreijähriger Arbeit restauriert. Sie kümmern sich persönlich um ihre Gäste und laden sie samstags zu einem gemeinsamen mallorquinischen Abendessen ein.

Tiere und Spielzeug oder was auch immer ein Kinderherz begehrt – auf der **Finca Es Rafalet** steht für die kleinen Gäste alles bereit. Margarita Galmés weiß genau, wie Familien ihren Urlaub verbringen möchten. Ihr Markenzeichen ist ihr fröhliches Lachen, das alle gleichermaßen ansteckt. Auch am Abend sorgt sie für gute Unterhaltung. Nach einem erfrischenden Bad im Pool zündet sie den Grill an und versammelt alle Eltern mit ihren Kindern zum leckeren Schmaus. Die Finca liegt schön im Inselinneren, etwa vier Kilometer nördlich von Manacor und 20 Autominuten von der Ostküste entfernt.

Informationen: Alle vorgestellten kinderfreundlichen Fincas lassen sich direkt über das deutsche Unternehmen **Auf nach Mallorca GmbH** (www.auf-nach-mallorca.info, Tel. 07042 8187975) aus Vaihingen/Enz mieten. Firmengründerin Andrea Randoll: „Ich selbst habe vier Kinder und weiß, worauf es Familien im Urlaub ankommt. Ich kenne alle Fincas, die wir im Programm haben, und habe in den meisten selbst gewohnt." Das preiswerteste **Apartment** für zwei Erwachsene und zwei Kinder kostet pro Tag 110 €, das teuerste 210 € (inkl. Frühstück und pro Woche einem Abendessen).

INFO

26 Fincas zum Entspannen – nur für Erwachsene

Die Ruhe ist spürbar – kein Straßenlärm, keine Baumaschine läuft. Auch am Pool herrscht absolute Ruhe. Kein lautes Kindergeschrei, niemand springt juchzend ins Wasser. Selbst die Vögel im Garten scheinen leiser zu zwitschern. Wer abschalten und entspannen möchte – in der **Finca Sa Carrotja** ist es im Schatten von Mandel- und Feigenbäumen möglich.

„Unsere Gäste müssen mindestens 15 Jahre alt sein", sagt Guillem, der mit seiner Frau Pilar eine Ferien-Finca betreibt, die **totale Entspannung für Erwachsene** garantiert. Zu seinen Gästen zählen auch Eltern, die mal ein paar Tage Urlaub von ihren Kids machen wollen. Guillem weiß, wovon er spricht: Er ist selbst Vater von zwei Kindern. Die Eheleute folgen einem neuen Trend im Tourismus, der immer häufiger spezielle Wünsche von Urlaubsgästen erfüllt. In diesem Fall geht es darum, die Seele mal baumeln zu lassen, ohne störende Einflüsse.

Sa Carrotja liegt in einer ruhigen Seitenstraße am Dorfrand von Ses Salines im Süden der Insel, sechs Kilometer von Mallorcas schönstem Strand Es Trenc (s. S. 34) entfernt. Das Haus stammt aus dem 16. Jahrhundert und ist eines der ältesten im Dorf. Es wurde vollständig renoviert.

Auf der Terrasse genießen die Gäste in aller Ruhe ihr Frühstück. Niemand schaut auf die Uhr, keiner drängt oder nervt „Papa, wann gehen wir endlich zum Strand?" Bis 12 Uhr gibt es frischen Kaffee, das Brot ist noch warm und die Marmelade

Hier wird Entspannung groß geschrieben

Wer Ruhe sucht, ist in der Finca Son Olive bestens aufgehoben

stammt von den Früchten aus dem eigenen Garten. Der kleine Gemüsegarten liegt gleich hinterm Haus. Was hier geerntet wird, verarbeitet die Küche zu **schmackhaften Gerichten**, die zum Abendessen angeboten werden. Die Gäste können zwischen drei Menüs wählen: einem Fisch-, einem Fleisch- und einem vegetarischen Gericht. Seit ein paar Jahren produziert Guillem aus den 300 biologisch angebauten Olivenbäumen eigenes Olivenöl, das in den hauseigenen Speisen verwendet wird.

Natürlich kennt der Hausherr die Insel wie seine eigene Westentasche. Der gebürtige Mallorquiner weiß, wo es die schönsten Strände und die besten Wanderwege gibt. Und er hat noch so manchen **Geheimtipp**.

Etwas Besonderes für Ruhe suchende Erwachsene ist die **Finca Son Olive** in Selva, wenige Kilometer nördlich von Inca, mit Blick auf die Serra de Tramuntana. Mit den Worten „Willkommen in der Einsamkeit" begrüßt Jutta Karsten ihre Gäste. Gemeinsam mit ihrem Lebensgefährten Michael Schneider betreibt sie seit einigen Jahren das Neun-Zimmer-Haus. Die Finca aus dem 15. Jahrhundert wurde restauriert. Die meisten Zimmer haben eine eigene **Terrasse**. Auf dem Anwesen gibt es einen **Spa- und Wellnessbereich**, einen Pool und ein kleines Restaurant. Eine Besonderheit des Hauses ist das Hochzeitszimmer. Die Finca Son Olive ist ein Ort für Mallorca-Fans, die Ruhe und Natur pur suchen und ungestörte **Flitterwochen** erleben wollen.

Informationen: Finca Sa Carrotja, Carrer Sa Carrotja, 7, Ses Salines, Tel. 971 649053, www.sacarrotja.com, DZ pro Tag inkl. Frühstücksbuffet ab 115 €, das teuerste DZ kostet in der Hochsaison 175 €, ein Abendessen (3-Gänge-Menü) 26 €, Wein extra. **Finca Son Olive**, Selva, Tel. 971 515841, www.sonolive.de, DZ inkl. Frühstück 150–170 €, das teuerste Zimmer (Premier Suite mit eigener Terrasse) kostet 216–246 €.

INFO

㉗ Finca-Urlaub inmitten der Natur und doch strandnah

Sonne, Strand und eine Finca, und das möglichst nicht allzu weit weg von der Küste, aber abseits des üblichen Ferienrummels. Die meisten Landhäuser auf Mallorca liegen im Inselinneren, aber es gibt auch einige, die nahe der Strände liegen. Wir stellen Ihnen drei vor.

Da ist zunächst die **Finca Can Bessol** außerhalb des Dorfes S'Horta. Der Strand ist nah, nur knapp zwei Kilometer sind es bis zur Cala Sa Nau. Die kleine, feine Badebucht abseits von Cala D'Or ist bequem mit dem Auto oder mit dem Fahrrad zu erreichen. Und wem's noch zu weit ist: die Finca verfügt über eine schöne Poolanlage.

Vor fast 400 Jahren siedelte sich die Familie Adrover hier an. Strandnah, aber versteckt zwischen den kleinen Buchten – eine Vorsichtsmaßnahme. Denn damals beherrschten Piraten die Küste und verunsicherten mit ihren Überfällen die verängstigten Inselbewohner. Bis heute ist das Landhaus im Besitz der Familie.

1997 bauten die Brüder Toni und Jaume das alte Wohnhaus zu einer modernen Ferien-Finca mit vier komfortablen Doppelzimmern und einem Apartment um. Allmorgendlich wird ein Frühstücksbuffet kredenzt. Catalina, die gute Seele des Hauses, serviert selbstgemachte Marmelade und Wurst aus eigener Schlachtung. Zweimal in der Woche bittet sie ihre Gäste zu einem Abendessen der besonderen Art: mallorquinische Gerichte nach alten überlieferten Familienrezepten werden dann aufgetischt.

Wem die zwei Kilometer zum Meer zu weit sind, der springt in den Pool von Can Bessol

Auch die **Finca Son Corb** an der Ostküste Mallorcas lohnt den Aufenthalt. Wiesen und Felder umgeben das Anwesen aus dem 17. Jahrhundert, die Stränden der Cala Bona und der Costa de los Pinos sind nur knapp 300 Meter entfernt – ein idealer Ferienort für einen Badeurlaub. Und wer gleich ins Wasser springen möchte: kein Problem. Die Finca hat nämlich einen sehr schönen Pool, von wo aus man sogar das Meer sehen kann. Son Corb besitzt auch ein eigenes Restaurant. Auf der Karte stehen nur frische regionale Produkte. Der Fisch stammt aus dem Mittelmeer und wird direkt bei den Fischern im Hafen von Cala Bona gekauft. Für passionierte Golfspieler gibt es vier Plätze in der Nähe, und das kleine Städtchen Son Servera ist in wenigen Autominuten erreicht.

Unser letzter Tipp: die **Finca Sos Ferres d'en Morey** im Nordosten Mallorcas. Früher bewohnten Bauern die Häuser des 60 Hektar großen Anwesens

Son Corb, ein idealer Ferienort

und bestellten das Land. Auch heute noch werden auf dem Grundstück Mandeln und Feigen angebaut und Schafe gezüchtet. Vor neun Jahren ließ Familie Morey ihren Besitz renovieren und baute das Haus zu einer Ferien-Finca inmitten der Natur um. Sos Ferres d'en Morey ist knapp zehn Autominuten von den Stränden der Küstenorte Colònia de Sant Pere und Son Serra de Marina entfernt – mit einem atemberaubenden Blick auf die Bucht von Alcúdia.

Informationen: Finca Can Bessol, vom Flughafen nach Santanyí, über Alqueria Blanca und Calonge, weiter nach S'Horta und dann Richtung Cala Ferrera. Etwa nach einem Kilometer kommt das Hinweisschild auf Jaume Adrovers Finca Can Bessol (Carrer Sisena Volta, 287, Tel. 639 694910, www.canbessol.com, DZ inkl. Frühstück 84–118 €, Apartment für 4 Personen 135–184 €, Mindestaufenthalt: drei Tage).
Finca Son Corb, Camino Punta Rotja, s/n, Predio Son Corb, Tel. 971 587092 oder 618 543524 (Toni an der Rezeption spricht deutsch und erklärt Ihnen gerne den Weg), www.soncorb.com, DZ inkl. Frühstück 145–195 €, Suite inkl. Frühstück 242–335 €, Abendessen (3-Gänge-Menü) ca. 30 €, ohne Getränke.
Finca Sos Ferres: vom Flughafen nach Manacor, weiter Richtung Colònia de Sant Pere, beim Km-Stein 10,7 in den Camin des Sos Ferres einbiegen, zwei Kilometer weiter ist das Ziel erreicht (Tel. 971 557575, Lorenzo Morey spricht deutsch, www.sosferres.com, weitere Informationen auch unter www.las-islas-reisen.de, dort auch buchbar), DZ inkl. Frühstück 120 €, Juniorsuite 180 €.

INFO

28 Ferien auf dem historischen Landgut

Ein Hauch von Geschichte streift hier den Gast. Vergangene Jahrhunderte scheinen wie in einem Zeitraffer an ihm vorbeizuziehen: mächtige Könige, verwegene Ritter und reiche Gutsherren. Die Fantasie wird von der Atmosphäre beflügelt. Wie nur wenige Fincas scheint das **Landhaus Sa Galera** seine Vergangenheit in den alten Mauern bewahrt zu haben – allen Restaurierungen und Modernisierungen zum Trotz. Die sanfte Hand eines begabten Architekten ließ aus dem einstigen Herrenhaus in der grünen Hügellandschaft zwischen Cas Concos und Santanyí ein komfortables Finca-Hotel entstehen.

Das Landhaus stammt aus dem 13. Jahrhundert. Damals gehörte das Anwesen zu jenen sieben Großgrundbesitzen, die während der Eroberung durch König Jaume I. von Aragón vergeben wurden. Der Ritter D. Nuno Sans bewirtschaftete und verwaltete Sa Galera. Von jenem Herrn weiß man nur, dass er Pferde züchtete: Seine Pferdezucht galt als die berühmteste der Insel. Seine Nachfahren pflegten ihr Erbe, bestellten die Felder und bauten Weinreben, Johannisbrot- und Mandelbäume an.

Noch heute ist das Gut eine der wichtigsten Zuchtstätten für reinrassige mallorquinische Pferde. Und auf dem 60 Hektar großen hügeligen Gelände wachsen mehr als 5000 Mandelbäume. Sa Galera – eine Finca wie aus dem Bilderbuch. Seit 1850 ist sie im Besitz der mallorquinischen Familie Bonet Company. Senyor Bonet, der im benachbarten Ort Alqueria Blanca eine Mandelfabrik betrieb, war einer der reichsten Mandelbauern der Insel. Doch als die billigen kalifornischen Mandeln den europäischen Markt überschwemmten, brachte das Geschäft mit den Insel-Mandeln schon bald keinen Gewinn mehr ein. Und das war die Geburtsstunde für die Ferien-Finca.

Seit mehr als zehn Jahren wird die Finca von German Boldan geleitet. Der gebürtige Mallorquiner spricht perfekt deutsch, seine Mutter kommt aus Bremen. Sa Galera verfügt über 20 mit jeglichem Komfort ausgestattete Zimmer, Pool, Sauna und Restaurant. „Doch unsere Gäste genießen vor allem die Gelassenheit und Ruhe hier auf dem Land", sagt German Boldan.

Ein typisches mallorquinisches Landgut ist auch die **Finca Son Palou**, die auf einem kleinen Hügel im Tal von Orient bei Alaró im Inselinneren liegt. Das renovierte Haus aus dem 14. Jahrhundert versteckt sich in einer 150 Hektar großen Plantage aus Apfel- und Kirschbäumen. Ein idealer Ort zum Wandern, Montainbikefahren und Pilzesammeln.

Landhaus mit Geschichte: Sa Galera

Sa Galera ist heute ein komfortables Finca-Hotel

Son Palou bietet Massage- und Beauty-Behandlungen an und besitzt ein eigenes Restaurant mit einem Traumblick ins Tal und am Abend mit einem perfekten Sonnenuntergang.

Inmitten von Mandel-, Feigen- und Zitronenbäumen liegt im südöstlichen Teil der Insel das **Landhotel Son Amoixa Vell**. Das umgebaute Haus aus dem 16. Jahrhundert genügt heute als stilvolle Finca hohen Urlaubsansprüchen – mit einem gemütlichen Salon, Bar und Bibliothek. Neben dem Pool gibt es einen Fitnessraum und einen Tennisplatz. Die Finca besitzt auch ein eigenes Restaurant. Mit dem Auto ist die Perlenstadt Manacor leicht erreichbar.

Informationen: Finca Sa Galera, Carretera Santanyí; vom Flughafen geht es in Richtung Santanyí, dort am Ortseingang im Kreisverkehr links abbiegen in Richtung Felanitx, beim zweiten Kreisverkehr wieder links abbiegen. Nach ca. 6 km kommt bereits das Hinweisschild Sa Galera und ca. 500 m weiter liegt rechts die Einfahrt zur Finca (Tel. 971 842079, www.hotelsagalera.com, DZ inkl. Frühstück 130–160 €, Juniorsuite inkl. Frühstück 180–220 €; immer donnerstags findet der Barbecue-Abend statt).

Finca Son Palou, Plaça de la Iglésia, s/n, Orient, mit dem Auto der Beschilderung von Bunyola oder Alaró folgen, Tel. 971 148282, www.sonpalou.com/hotel.php, DZ inkl. Frühstück 120–155 €, Suite inkl. Frühstück 200–240 €.

Finca Son Amoixa Vell, Carretera Manacor, Cales de Mallorca, nach 3,3 km auf der rechten Seite, Tel. 971 846292, www.sonamoixa.com, DZ 200 €, Suite ab 340 €, beides inkl. Frühstück, HP 37 €.

INFO

29 Einmalig auf Mallorca: Wo der Feriengast seinen eigenen Wein erntet

Zwischen den Weinreben herrscht reges Treiben. Ein Mann, den Kopf vor der Sonne mit einem breitrandigen Strohhut geschützt, pflückt die reifen Trauben von den Pflanzen und legt sie vorsichtig in einen Korb. Seine Frau und seine beiden Kinder helfen ihm dabei. Ein paar Meter weiter kniet ein Ehepaar neben einem Weinstock und prüft die Reife der Früchte. Unschlüssig sehen sie sich um. Sofort eilt ein junger Mann herbei, nickt und bestätigt: „Ja, die Trauben sind reif."

Carlos Feliu, passionierter Winzer, hat die Feriengäste seiner Finca **Can Feliu** am Rande des Dörfchens Porreres im Inselinneren zur **Weinernte** eingeladen – das ist wohl einmalig auf Mallorca. Sein biologisch-biodynamisches Landgut, ausgezeichnet von der renommierten deutschen Biofirma Demeter, bezieht die Urlauber voll in den Weinanbau mit ein. „Und schließlich kann jeder seinen eigenen Wein mit nach Hause nehmen", sagt Carlos Feliu stolz.

Jeder Urlauber sein eigener Winzer, so lautet das Motto des mallorquinischen Bauern. Seine Gäste haben die Wahl zwischen Fässern aus französischer und amerikanischer Eiche. Sie bestimmen, wie lange der Wein in einem Barrique, einem Weinfass, lagert, wählen die Flaschen aus und entscheiden, mit welchen Korken, Kapseln und Etiketten sie ihren Wein versehen. „Meine Leute, alles erfahrene Weinbauern und Önologen, beraten sie dabei", erklärt Carlos.

Und nach der Weinernte bittet er alle Gäste zur Verkostung auf seinen Hof. Zum Wein gibt es Käse und allerlei Tapas. Der Chef kocht selbst. Er tischt mallorqui-

Can Feliu ist eine typisch mallorquinische Finca

Carlos Feliu ist begeisterter Winzer, und er lässt seine Gäste daran teilhaben

nische Klassiker auf wie *tumbet*, das leckere Gemüse, gefüllte Auberginen oder schmackhafte Tortillas. Nebenan in den Weinreben gackern die Hühner, im Stall grunzen ein paar Schweine, ein Pferd wiehert auf der Weide, drei Strauße recken neugierig ihre langen Hälse und sehen sich die Idylle gelassen von oben an. „Das ist Landlust pur für uns. Und für die Kinder ein tolles Erlebnis", sagt der Mann mit dem Strohhut und gönnt sich schmunzelnd noch einen Schluck Wein aus eigener Ernte.

Das **Agroturismo-Hotel** aus dem 17. Jahrhundert verfügt über große Zimmer, alle sind mit TV, Heizung und modernen Bädern ausgestattet. Die Finca bietet auf ihrem elf Hektar großen Gelände nicht nur Paaren und Familien Ruhe, Erholung und das Abenteuer mit der Weinernte, sondern auch Gruppen, die gemeinsam etwas Besonderes in den Ferien erleben wollen. Wer will, kann sich beim Yoga entspannen. Oder seinen Körper und seinen Geist beim Qigong, der chinesischen Meditations- und Konzentrationsform, in Schwung bringen. Es gibt einen Pool und zahlreiche, lauschige Ecken, in die man sich mit einem Buch oder zu einem Nickerchen zurückziehen kann. Ein Urlaub voller neuer Eindrücke für Körper und Seele.

Informationen: Can Feliu, im Zentrum von Porreres fahren Sie die Straße, die links an der Kirche vorbeiführt, bis zum Ende, dort rechts abbiegen, dann die erste Straße links, nach 1 km liegt links Can Feliu, Tel. 609 613 213, www.ecocanfeliu.com, DZ inkl. Frühstück 100–120 €, Suite inkl. Frühstück 140–160 €. Carlos Feliu spricht englisch, seine Frau deutsch. Die Finca besitzt auch einen schönen **Pool**; außerdem kann man sich Fahrräder ausleihen. **Wein-Bestellung** ist auch online möglich.

INFO

30 Finca-Urlaub in den Bergen

Überall liegen riesige Gärten mit blühenden Blumen, Felder, die von den Bauern bestellt sind, man trifft auf uralte Olivenbäume, Pinien, Mandel- und Johannisbrotbäume – der Blick ins grüne Tal von Puigpunyent und auf den mehr als 1000 Meter hohen Gipfel des Puig de Galatzó ist grandios. Hier, mitten in der Naturlandschaft der Serra de Tramuntana, liegt die **Finca Son Pont**, ein Landhaus, das sich immer noch wie ein mallorquinisches Herrschaftshaus aus vergangenen Zeiten präsentiert. Mit seinem alten Verteidigungsturm, der Kapelle, der Ölmühle und der Ölpresse, die noch aus dem 15. Jahrhundert stammt.

Urlaub in einer solchen Atmosphäre ist schon etwas Außergewöhnliches. Man riecht die Erde, greift nach den reifen Früchten der Obstbäume, beobachtet die Hasen, die über die rotbraunen Felder jagen, die Rebhühner, die ihren Jungen bei den ersten ungelenken Laufversuchen die Richtung weisen und verfolgt den lauernden Flug der Raub- und Wildvögel, die sich pfeilschnell auf ihre Opfer am Boden stürzen. Urlaub in der wilden Natur der Berge Mallorcas.

Gleichzeitig genießt man alle Annehmlichkeiten einer modernen Unterkunft. Son Pont verfügt über einen Swimmingpool, Fernseher in den exklusiv ausgestatteten Gästezimmern, einen großen Kaminraum als Treffpunkt für die Gäste und einen Golfplatz in der Nähe.

Aber unbezahlbar bleibt hier draußen das tägliche Schauspiel der Natur: Sonnenaufgang und -untergang, das einmalige, diffuse Licht, das das Land zu allen Jahreszeiten in andere Farben zu tauchen scheint, und der Sternenhimmel, der nirgendwo klarer und heller ist als hier oben in den Bergen der Serra de Tramuntana.

Hoch oben, über dem malerischen Gebirgsdörfchen Deiá, liegt die **Finca Sa Pedrissa**. Sie bietet einen traumhaften Panoramablick auf Küste, Meer und Berge.

Das Finca-Hotel ist ein ehemaliges Landgut Erzherzogs Ludwig Salvador von Österreich, später erwarb es eine mallorquinische Familie und nutzte es als landwirtschaftlichen Betrieb. Seit 1997 betreibt die Familie Artigues das Haus aus dem 17. Jahrhundert als Landhotel, ein Haus mit viel mallorquinischem Flair.

*Auf der Finca Son Pont
werden die Gäste verwöhnt*

Sa Pedrissa: ein Landgut mit viel mallorquinischem Flair

Enric, der Sohn des Hauses, spricht deutsch und betreut die Gäste, ein internationales Publikum, das den familiären Charakter des Hotels zu schätzen weiß. Die meisten Urlauber kommen zum Wandern, wollen die Serra de Tramuntana erkunden. Wer abends nicht mehr ins Dorf gehen will, bleibt auf der Finca, speist in der ehemaligen Olivenmühle, in der sich heute ein Gourmet-Restaurant befindet.

Informationen: Finca Son Pont, Carretera Palma–Puigpunyent, Puigpunyent, vom Flughafen in Richtung Palma, Ausfahrt Umgehungsstraße Richtung Andratx, Ausfahrt Richtung Puigpunyent, weiter Richtung Puigpunyent bis zum Km-Stein 12, 3, rechts abbiegen, Ziel erreicht, Tel. 971 719527, www.sonpont.com, DZ inkl. Frühstück 98 €, Suite 120 €.

Finca Sa Pedrissa, Carreterra de Valldemossa, Deià (liegt zwei Kilometer vor dem Ort), auf der Küstenstraße von Valldemossa nach Deià gibt es am Km-Stein 64,5 links ein Hinweisschild auf die Finca, Tel. 971 639111, www.sapedrissa.com, DZ inkl. Frühstück 160–425 €, Suite inkl. Frühstück mit Meerblick 240–650 €, HP 30–40 €, VP 50–60 €. Das hauseigene **Gourmet-Restaurant** bietet eine anspruchsvolle Küche mit modernen Fisch- und Fleischgerichten zu gehobenen Preisen.

INFO

31 Mallorcas teuerste Luxusherbergen – Butler inklusive

John Wayne war schon hier, „Beatle" John Lennon, Thailands Königin Sirikit und auch Brigitte Bardot, Fußball-Superstar Cristiano Ronaldo und Latino-Schönheit Jennifer Lopez. Fürst Rainier von Monaco und Grace Kelly kamen dereinst mit dem milliardenschweren griechischen Reeder Onassis und Operndiva Maria Callas zur Eröffnung. Das war im Sommer 1961, als Mallorcas international berühmtestes Fünf-Sterne-Hotel Son Vida eröffnete.

Bis heute ist die „Burg der Berühmten", wie das **Castillo Hotel Son Vida (31a, s. Karte)** oft genannt wird, die eleganteste und diskreteste Bleibe auf Mallorca für die Reichen und Schönen, für die Wirtschaftsbosse und die Vertreter der politischen Eliten. Das Son Vida ist ein idealer Platz zum Entspannen, aber auch zum Verhandeln: hoch oben, über der Hauptstadt Palma, mit einem Traumblick auf die Bucht, der Golfplatz ist nur wenige Schritte entfernt, der Flughafen nicht weit.

Ein mallorquinischer Winzer und ein amerikanischer Pilot hatten die Idee zu diesem einmaligen Hotel. José Luis Ferres, der die größte Weinkellerei der Insel betreibt, erwarb in den Fünfzigerjahren das Landgut aus dem 13. Jahrhundert, das

Das Castillo Hotel Son Vida ist ein adäquater Hort für Reiche und Schöne

bereits Anfang des 20. Jahrhunderts zu einem Schloss umgebaut worden war. Es diente als Luxusherberge für prominente Inselgäste wie den britischen König Edward VII. Der amerikanische Pilot Steve Kusak freundete sich mit dem mallorquinischen Winzer an und kaufte sich schließlich in das Hotel ein. Beide verfügten über zahlreiche internationale Kontakte und verstanden es, das Fünf-Sterne-Haus für die High Society in aller Welt interessant zu machen.

Heute gehören „Burg" und Golfplatz der Münchener Unternehmensgruppe Schörghuber. In den 164 exklusiven Zimmern und Suiten wird Luxus der Sonderklasse zelebriert. Auf Wunsch steht ein Butler bereit, packt Koffer aus, bucht Flüge, organisiert Meetings, berät die Damen beim Einkauf und reserviert die Plätze in den hauseigenen Restaurants.

Luxus pur bietet auch das **St. Regis Mardavall Hotel (31b, s. Karte)** an der Costa d'en Blanes. Das Haus eröffnete 2002 und wird ebenfalls von der Schörghuber Gruppe betrieben. Es ist sicherlich das exklusivste der etwa 30 Fünf-Sterne-Häuser auf Mallorca und liegt zwischen Steilküste und Yachthafen

Hotel mit Meerblick: St. Regies Mardavall

Port de Portals. Alle 133 Zimmer und Suiten bieten Meerblick. Das mehrfach preisgekrönte 4700 Quadratmeter große Spa gilt mit seinen fernöstlichen und neuen westlichen Heilmethoden als das Nonplusultra am Mittelmeer. Die Zimmerpreise bewegen sich zwischen 350 und 4800 Euro pro Nacht. Dafür garantiert das Hotel absolute Ruhe. Es ist nach Auskunft der Hotelleitung unmöglich, den Nachbarn zu hören. Leisten können sich offenbar immer mehr Urlauber einen solchen Luxus. Es sind die stillen Reichen, die hier ihre Ferien verbringen, die Unternehmer, Selbstständigen, beruflich stark engagierten Manager, aber auch Prominente wie der ehemalige Bayerntorwart Oliver Kahn, Hollywoodstar Woody Allen und die Rennfahrer der Formel 1. Zum Saisonstart an den Osterfeiertagen und auch in den Monaten Juni bis September ist das Hotel meistens ausgebucht ...

Informationen: Castillo Hotel Son Vida, Carrer Raixa, 2, Urbanización Son Vida, Palma, Tel. 971 493493, www.luxurycollection.com/castillo.

St. Regis Mardavall Mallorca Resort, Passeig Calvià, s/n, Costa d'en Blanes-Calvià, Tel. 971 629629, www.stregis.com/mardavall.

INFO

32 Die schönsten Strandhotels der Insel

Das Meer ist zum Greifen nah, der Strand nur wenige Schritte entfernt. Idealer kann die Lage eines Ferienhotels nicht sein, wenn die Gäste barfuß von der Terrasse durch den Sand direkt ins kristallklare Wasser laufen können. Das Strandhotel ist immer noch die Nummer eins bei den Urlaubern und besonders bei Familien beliebt. Auf der Sonneninsel Mallorca gibt es natürlich eine große Auswahl an Hotels, die einen direkten Zugang zum Meer besitzen. Wir stellen an dieser Stelle vier Strandhotels vor, die wir besonders interessant finden – vom geschichtsträchtigen Bon Sol bis zum familienfreundlichen Los Príncipes.

Die ersten Gäste kamen 1953. Sie nahmen die Fähre von Barcelona nach Palma und fragten dort die Taxifahrer nach dem schönsten Hotel auf der Insel. So landeren sie schließlich beim **Hotel Bon Sol**, das direkt am Meer in Illetes liegt. Zu den damaligen prominentesten Gästen gehörte bespielsweise Hollywoodstar Erol Flynn. Das Besondere des Hauses: Es besitzt einen eigenen Strand. Die Eigentü-

Die hoteleigene Privatbucht des Bon Sol – eine Seltenheit auf Mallorca

mer Antonio und Roger Xamena waren darauf bedacht, Hotel und Meer als Einheit zu sehen. Jeder Gast sollte von seinem Zimmer aus einen Blick zumindest auf einen Teil der Bucht von Palma haben. Auch Sohn und Schwiegertochter, Martin und Laorraine Xamena, pflegen die Badebuchttradition. Natürlich hat sich das Bon Sol weiterentwickelt und gehört heute zu den schönsten Strandhotels der Insel. Aus den ursprünglich 14 Zimmern wurden 114 großzügige Unterkünfte, fast alle mit Blick aufs Meer. Außerdem gibt es verschiedene Poolterrassen, ein exquisites Spa und einen großen Garten mit Zitronen- und Olivenbäumen, Oleander- und Hibiskusbüschen. Das Vier-Sterne-Haus ist familienfreundlich und bietet Abwechslung beim Minigolf, Tennis, Squash und Volleyball.

Beim **Riu Romántica** versprechen Name und Lage Urlaub pur: Das Hotel liegt direkt am schönen Strand der Cala Romántica, in der Nähe des kleinen Hafens Portocristo an der Ostküste. Die Unterkünfte, kleine Reihenbungalows, befinden sich in einem parkähnlichen Garten. Im Haupthaus sind die Rezeption, das Restaurant und die Bar untergebracht. In der Anlage gibt es neben zwei Pools auch zwei Kinderbecken – Langeweile ist für die Kids hier ein Fremdwort.

Auch das **Hotel Sensimar Aguait Resort & Spa** ist etwas ganz Besonderes: Es liegt in der Nähe von Cala Rajada direkt am Meer und ist von einem Pinienhain umgeben. Eine von Felsen eingerahmte Bucht schließt sich direkt an, die größere Sandbucht Son Moll ist einen Kilometer entfernt. Sechsmal in der Woche bietet das Sensimar ein Sport- und Unterhaltungsprogramm an, unter anderem Gourmet-Kochkurse, Leinwandmalerei und Diashows zum Thema Land und Leute.

Das **Grupotel Los Príncipes & Spa** am langen Strand von Muro im Norden der Insel ist ein kleines Paradies für Kinder und Eltern. Das Gelände ist sehr weitläufig. Es besteht aus einem Hotelgebäude mit Spa und Wellnesscenter sowie aus zwei Anlagen mit 86 Apartments. Alle 221 Zimmer und Suiten des Vier-Sterne-Hotels verfügen über einen Balkon, die meisten haben Meerblick. Für die Kids gibt es einen Miniclub, einen Spielplatz und eine Minigolfanlage. Wer schwimmen lernen möchte – kein Problem. Ausgebildete Schwimmlehrer bringen es den kleinen Wasserratten bei. Zum Abschluss des Kurses bekommt jedes Kind das begehrte Frühschwimmerabzeichen „Seepferdchen".

Informationen: Hotel Bon Sol, Passeig d'Illetes, 30, Illetes, Ma-20 und Ma-1 von Palma nach Palmanova, dann links Ma-1C nach Illetes, Tel. 971 402111, www.hotelbonsol.es, DZ 84–125 €, Frühstück, HP und VP können zugebucht werden.
Die Hotels **RIU Romántica** und **Sensimar Aguait Resort & Spa** bieten All-Inclusive-Urlaub an. Sie können exklusiv beim Reiseveranstalter TUI im Reisebüro oder unter www.tui.com gebucht werden. All-Inclusive-Preis (also inkl. Flug z. B. ab München, Unterkunft und VP) für die Unterkünfte Romántica/ Sensimar: 1 Woche pro Person im DZ ab 541/513 €, Hochsaison ab 850/741 €.
Grupotel Los Príncipes & Spa, Carrer Galiò, 31, Platja de Muro, auf der Ma-13 von Palma Richtung Alcúdia, dann Ma-12 Richtung Platja de Muro, Tel. 971 890335, www.grupotel.com, DZ inkl. Frühstück 60–160 €.

INFO

33 Die Dorfhotels der Insel – authentisch und komfortabel

Sie sind immer authentisch und ihre alten Gemäuer könnten Geschichten aus längst vergangenen Tagen erzählen, viele wurden restauriert und sind heute kleine Luxushäuser – Mallorcas Dorfhotels stecken voller Überraschungen.

Hier scheint die Zeit wirklich stehen geblieben zu sein: Das Drei-Sterne-Hotel **Es Recó de Randa** im Bergdörfchen Randa mit seinen nicht einmal 100 Einwohnern im Inselinneren Mallorcas ist ein idealer Ort, um der Hektik des Alltags zu entfliehen. Die kleine Gemeinde mit ihren schmalen, steilen Gassen liegt auf halber Strecke zum 542 Meter hohen Puig de Randa. Das Hotel im mallorquinischen Stil besitzt 25 komfortable Zimmer und Suiten, die über eigene Terrassen oder Balkone verfügen – alle mit einer spektakulären Aussicht bis zur Bucht von Palma. Das Gebäude steht auf heiligem Boden: Seine Grundmauern gehören zu einem ehemaligen Nonnenkloster aus dem 17. Jahrhundert. Drei weitere Klöster liegen in unmittelbarer Nachbarschaft. Es Recó de Randa wurde erst kürzlich von Grund auf renoviert. Es gibt ein Schwimmbad mit Sonnenterrasse und ein Hallenbad mit Wasserfall und Massagedüsen. Die mallorquinische Küche des hauseigenen Restaurants wird auf der ganzen Insel geschätzt. Berühmt ist das Spanferkel, das im Holzofen gebraten wird.

Sonnenuntergang auf der Terrasse des Es Recó de Randa

Ein Dorfhotel wie aus dem Bilderbuch ist das **L'Hotel de la Vila** im Dorf Llubí im Zentrum der Insel. Das ruhige und gemütliche Dörfchen hat 2400 Einwohner. Die Hauptstadt Palma ist 40 Kilometer entfernt, die nächst größere Stadt ist Sineu. In Llubí sebst gibt es eine Bäckerei, einen Lebensmittelladen sowie einige Restaurants und Bars. Jeden Dienstag ist Markttag, und im September lockt die Honigmesse viele Besucher ins Dorf. Am 1. August wird der Schutzpatron von Llubí, Sant Feliu, gefeiert – dann steht das ganze Dorf Kopf.

Das Hotel liegt gleich neben dem Dorfplatz. Es stammt aus dem Jahr 1900, wurde aber erst kürzlich restauriert. Die sechs Schlafzimmer des Hotels sind ganz individuell gestaltet, außerdem gibt es verschiedene gemeinsame Wohnräume. Gefrühstückt wird im Esszimmer oder im sonnigen Patio. Besonders schön ist die Dachterrasse. Von hier oben kann man abends den Sonnenuntergang genießen.

Wer im Dorfhotel **Ca'n Bonico** in Ses Salines absteigt, taucht tief in die mallor-

Frühstücken im Hotel Es Recó de Randa – rund um den Olivenbaum

quinische Geschichte ein. Das kleine Hotel befindet sich in einem ehemaligen Herrenhaus aus dem 13. Jahrhundert, das stets im Besitz der mallorquinischen Familie Bonet war. Sie sind direkte Nachkommen eines Ritters, der an der Seite von König Jaume I. bei der Eroberung Mallorcas kämpfte. Später diente das Anwesen zwischenzeitlich sogar als Gefängnis. 2009 wurde Ca'n Bonico zu einem kleinen Luxushotel mit 28 Zimmern umgebaut. Ses Salines ist ein gößeres Dorf mit mehr als 5000 Einwohnern und vielen guten Restaurants. Ganz in der Nähe liegt Mallorcas schönster Sand- und Dünenstrand Es Trenc (s. S. 34).

(s. S. 34)

INFO

Informationen: Es Recó de Randa, Carrer Font, 21, Randa, Tel. 971 660997, www.esrecoderanda.com, DZ inkl. Frühstück 100–150 €. Die Preise im Restaurant bewegen sich im gehobenen Niveau. Das Tagesmenü (ohne Getränke) kostet 18 €. Das Dörfchen Randa liegt zwischen den Gemeinden Llucmajor und Algaida. Der Flughafen von Palma ist 12 Kilometer entfernt.

L'Hotel de la Vila, Plaça de Son Ramis, 5, Llubí, Ma-13 von Palma Richtung Inca, dann rechts nach Llubí, Tel. 971 857181, www.hoteldelavila.com, einfaches DZ 80 €, DZ mit Terrasse 100 €, ab fünftägigem Aufenthalt 10 Prozent Ermäßigung.

Ca'n Bonico: Plaça San Bartolomé, 8, Ses Salines, von Palma Ma-19 in Richtung Santanyí, dann über Es Llombards nach Ses Salines, Tel. 971 649022, www.hotelcanbonico.com, DZ inkl. Frühstück 170–200 €, Drei-Gänge-Menü 27–35 €.

34 Palmas Stadthotels – für jeden ist etwas dabei

Drei Tage Palma. Ein Bummel durch die Altstadt, eine Hafenrundfahrt, Besichtigung der Kathedrale, Abstecher in Museen und Galerien und dann die langen Abende in einem Tapa- oder Fischrestaurant. Und die Nächte? Verbringt man natürlich in einem der schönen Stadthotels. Sitzt morgens bei einem ausgedehnten Frühstück

Dachterrasse des Hotels Tres in Palma – der Blick auf die Kathedrale ist inklusive

auf der Dachterrasse mit Blick über die Stadt oder im Patio mit den schönen exotischen Pflanzen. Die Auswahl in Palma ist groß: von exklusiv und teuer bis zu trendig und modern, aber auch preiswert und gediegen.

Exklusiv und teuer ist das **Fünf-Sterne-Haus Can Cera (34a, s. Karte)**. Das Gebäude befindet sich zwischen der Plaça de Santa Eulàlia und der Plaça de Sant Francesc im Herzen des historischen Stadtkerns von Palma. Die Preise der zwölf Zimmer und Suiten bewegen sich zwischen 170 und 500 Euro pro Nacht. Dafür gibt's Luxus pur. Und einen Blick in die Geschichte. Die Anfänge des Anwesens, das mehr als 700 Jahre alt ist, liegen noch vor der Eroberung Mallorcas durch Jaume I. im Jahr 1232. Immer wieder wechselte Can Cera seine Besitzer, wurde umgebaut und vergrößert. Im 17. Jahrhundert entstanden unter dem Einfluss italienischer Architekten die berühmten Patios, mit denen das Gebäude sein heutiges attraktives Äußeres erhielt. Der Innenbereich präsentiert überschwänglichen Reichtum: großzügige Räumlichkeiten, hohe Kassettendecken, Balkone und eine kostbare Innenausstattung. Wer hier wohnt, fühlt sich wie ein König.

Extravagant und auch ein wenig trendy gibt sich das **Vier-Sterne-Hotel Tres (34b, s. Karte)** in der Carrer Apuntadores mitten in der Altstadt. Wer das große, eiserne Eingangstor passiert hat, betritt einen typisch mallorquinischen Innenhof mit Wasser- und Lichtspielen sowie einer riesengroßen Palme und wird sofort von einer Wohlfühl-Atmosphäre eingenommen. Faszinierend ist der Blick von der Dachterrasse auf die Dächer der Stadt und die Kathedrale. Die 41 Zimmer sind mit allem Komfort ausgestattet, den viel gereiste Gäste zu schätzen wissen.

Erstaunlich niedrig sind die Übernachtungspreise im kleinen, familiär geführten **Hotel Born (34c, s. Karte)**. Es gilt als die beliebteste Herberge Palmas. Der ehemalige Stadtpalast aus dem 16. Jahrhundert liegt zentral gleich hinter Palmas exklusiver Einkaufsmeile, der Avinguda Jaume III. Die vielen Geschäfte, Galerien, kleinen Cafés und Bars sowie die verschiedenen Restaurants sind alle bequem zu Fuß erreichbar. Zum Hafen gelangt man in knapp zehn Minuten. Das Gebäude mit seinem wunderschönen Innenhof wurde schon vor vielen Jahren zu einem Hotel umgebaut und wird regelmäßig renoviert. Alle Zimmer sind mit Bad, Klimaanlage oder Heizung, Telefon und SAT-Fernseher ausgestattet. Die Preise sind ausgesprochen moderat, allerdings gibt es auch keinen Aufzug und keinen Service. Den Koffer muss der Gast selbst über die steile, aber schöne Treppe nach oben ins Zimmer schleppen.

Informationen: Hotel Can Cera, Carrer Sant Francesc, 8, Palma de Mallorca, Tel. 971 715012, www. cancerahotel.com, DZ und Suiten 170-500 €, Frühstücksbuffet 16 €, Privatparkplatz, Spa.
Hotel Tres, Carrer Apuntadores, 3, Palma de Mallorca, Tel. 971 717333, www.hoteltres.com, DZ inkl. Frühstück 170-215 €, Dachterrasse, kleiner Pool, Sonnendeck.
Hotel Born, Carrer Sant Jaume, 3, Palma de Mallorca, Tel. 971 712942, www.hotelborn.com, einfaches DZ inkl. Frühstück 82 €, ruhiges DZ zum Innenhof 105 €, Übernachtungspreise unterscheiden sich saisonal nicht.

INFO

35 Wo Individualisten sich zu Hause fühlen

Es muss nicht immer ein Luxushotel sein. Auch wer nur ein kleines Budget für seine Ferien zur Verfügung hat, findet auf Mallorca zahlreiche Alternativen. Es gibt mehr als 180 Hostals mit über 8000 Betten, viele kleine Hotels mit nur einem oder zwei Sternen und mehrere Klöster, die für Reisende ihre Pforten öffnen. Sie sind einfach eingerichtet, bieten eine familiäre Atmosphäre, liegen meistens zentral oder an besonders schönen Orten und sind in der Regel deutlich preiswerter als die großen Ferienhotels.

Eine ehemalige Globetrotterin erkundet seit fast 20 Jahren die Insel und hat abseits des Massentourismus zahlreiche schöne und bezahlbare Unterkünfte entdeckt. Ursula Hundrich lebt in Sineu, im Herzen Mallorcas, und betreibt die **Reiseagentur Mallorica** für Individualisten und Globetrotter. Mit den Augen einer Weltenbummlerin hat sie die Insel kennengelernt und heute so manchen Geheimtipp parat. Ihre Homepage (siehe Infokasten) wird ständig aktualisiert und mit neuen Informationen gefüttert.

Wir haben drei Unterkünfte ausgewählt, die wie viele andere in ihrer Kategorie auch einen angenehmen und individuellen Aufenthalt abseits der Urlaubshochburgen garantieren.

Das **Hostal Condemar** liegt mitten im Naturpark Mondrago an der südöstlichen Küste, einem der schönsten Plätze Mallorcas, und nur wenige Schritte vom

Strand entfernt. Das Haus hat 45 Zimmer, einen Pool und ein Restaurant, in dem auch ein Abendessen vom Buffet angeboten wird. Das Hostal wird von der mallorquinischen Familie Adrover geführt. Magdalena Adrover spricht deutsch und betreut die Gäste persönlich. Drei Autominuten entfernt liegt der kleine Hafen Portopetro. Hier gibt es ein paar sehr gute Fischrestaurants, die noch nicht überlaufen sind. Auch die Preise sind moderat.

Das Zwei-Sterne-Hotel **El Guia** in Sóller befindet sich in einer ruhigen Seitenstraße in der Nähe der Station der legendären Eisenbahn **Der rote Blitz**, die zwischen Palma und Sóller verkehrt (s. S. 240). Das 1880 gebaute Haus ist eines der ältesten Hotels Mallorcas und wird heute von Cati Celia geführt, deren Großvater es 1925 gekauft hatte. Er war der erste Fremdenführer des kleinen Städtchens Sóller und brachte seine Gäste noch mit Pferden auf die umlie-

Guter Ausgangspunkt in Sóller: das El Guia

Das Condemar lockt mit einem schönen Pool

genden Berge. Bis heute ist El Guia ein idealer Ausgangspunkt für Wanderer. Die elf Zimmer sind einfach, aber geschmackvoll eingerichtet, mit eigenem Bad und Telefon. Die Küche des Hotel-Restaurants genießt weit über Sóller hinaus einen guten Ruf.

Das Kloster **Santuari de Nostra Senyora de Cura** auf der Spitze des Berges Randa nahe der Gemeinde Algaida liegt auf einer Höhe von 548 Metern. Von hier oben hat man einen Blick über die halbe Insel bis zum Meer und zum Tramuntana-Gebirge. Die 31 Zimmer und vier Apartments des Hotels wurden 2004 renoviert; alle verfügen über ein separates Badezimmer. Die Räume sind modern mit Heizung, TV, Telefon und Internetanschluss ausgestattet. Im klostereigenen Restaurant können die Gäste speisen. Die Geschichte der Santuari de Cura beginnt im 13. Jahrhundert. Einer der ersten Gäste war der Philosoph und Gelehrte Ramon Llull, der hier seine weltbekannten Bücher und Schriften verfasste (s. S. 218).

(s. S. 218).

Informationen: Reiseagentur Mallorica: Tel. 971 520440, www.mallorica.de.
Hostal Condemar: Carrer Mondragó, s/n, Santanyí, Tel. 971 657756, www.hostalcondemar.com, Übernachtung pro Person und Tag inkl. Frühstück 30–38 €, Ü/HP 35–44 €.

Hotel El Guia: Carrer Castanyer, 2, Sóller, Tel. 971 630227, www.sollernet.com/elguia, DZ inkl. Frühstück 89 €, ab zwei Nächten 85 €.
Kloster Santuari de Nostra Senyora de Cura: Randa, Hospedería Restaurante, Tel. 971 120260, www.santuariodecura.com, eine Übernachtung kostet ganzjährig 55 € für ein Zimmer (2 Pers.) inkl. Frühstück.

INFO

Palma

Eine traumhafte Kulisse: Palma mit Kathedrale Sa Seu und seinem Hafen

36 Passeig des Born, die schönste Promenade der Stadt

Drei alte Männer sitzen auf einer Steinbank und füttern Tauben. Ein Junge in geflickten Jeans flitzt auf seinem Skateboard vorbei. Zwei elegante Damen im modischen Louis-Vuitton-Kostüm und mit großen Einkaufstüten in beiden Händen eilen in die nächste Boutique. Ein Geschäftsmann kommt vorbei, sein Handy klingelt. Szenen einer südlichen Großstadt – hier in Palma auf dem **Passeig des Born** beobachtet, der von den Mallorquinern kurz **Borne** genannt wird. Es handelt sich um die Flaniermeile der Stadt schlechthin: ein Einkaufsparadies, das sich schnurgerade vom Meer in die City erstreckt. Eine Fußgängerzone mit etwa 30 riesigen Platanen, die im Sommer angenehmen Schatten spenden. Nur ein schmaler Streifen ist dem Straßenverkehr vorbehalten.

Am südlichen Ende des Passeig des Born liegt die **Plaça de la Reina** – bewacht von zwei Steinsphinxen, die wie Löwen aussehen. Im Norden schließt der Borne mit der **Plaça del Rei Joan Carles I** ab. Mitten auf dem Platz bilden mehrere Bronzeschildkröten das Fundament eines Obelisken. Nebenan liegt die Bar Bosch (s. S. 92).

Der Passeig des Born, die größte Promenade der Stadt, spaltet Palmas Altstadt in zwei Hälften. Auf dem Borne gehen die Mallorquiner mit ihren Kindern nach der Hitze des Tages oft spazieren. Blumenbeete zwischen Bäumen und Parkbänken verschönern den „Laufsteg", der auch Kulisse für Buchmärkte, Kulturfestivals und Gourmetveranstaltungen ist – eine traumhafte Kulisse, die viele Passanten mit der Rambla in Barcelona vergleichen.

Das Leben auf dem Borne spielt sich unter den wachsamen Blicken der steinernen Sphinx ab

In den Gebäuden, die in den vergangenen Jahren größtenteils restauriert wurden, sind Modegeschäfte, Reisebüros, Banken, Immobilienfirmen, kleine Bars und Cafés untergebracht. Ein beliebter Treffpunkt junger Leute ist das **Café Born 8**. Nach außen wirken die kleinen Boutiquen unscheinbar, aber dafür haben es die Preise in sich. Ein Paar Prada-Schuhe wird für 450 Euro angeboten, ein Schaufenster weiter liegt ein Trenchcoat für 1200 Euro …

Überall locken bekannte Namen, die man aus anderen europäischen Großstädten kennt: Hermès, Massimo Dutti, Zara und neuerdings Louis Vuitton. Die Edelmarke hat sich in dem imposanten Bau an der Ecke zur Carrer Sant Feliu niedergelassen. Lange war der ehemalige herrschaftliche Palast ein Schandfleck auf dem Borne. Jetzt gibt das renovierte Gebäude Palmas Vorzeigemeile den letzten internationalen Schliff.

Palmas Flaniermeile: der Passeig des Born

Ein Blick in die Vergangenheit der **Prachtstraße** zeigt, dass sie nicht immer die Visitenkarte der Stadt war – im Gegenteil. Das Bächlein, das hier einst floss, schwoll regelmäßig im Herbst eines jeden Jahres zu einem reißenden Strom an und trat über die Ufer. Die größte Überschwemmung gab es am 14. Oktober 1403. Damals starben 5000 Menschen in den Fluten, mehr als 1500 Häuser wurden zerstört. Die Stadtväter machten aus der verheerenden Katastrophe das Beste: Sie bauten in die Schneise der Verwüstung eine breite, helle Straße. Später erhielt sie den Namen Passeig des Born, in Anlehnung an die Reiterspiele, die hier im 17. Jahrhundert stattfanden – denn *borne* bedeutet so viel wie Turnierplatz.

Essen & Trinken: Das **Born 8** ist noch jung, gehört aber trotzdem schon zu den beliebtesten Stadtcafés Palmas. Es wird von drei Mallorquinern, Jaume Riera, Francisca Pomar und Mateu Santandreu, betrieben (Tel. 971 711034, tgl. 9–20 Uhr) und rege frequentiert – Kaffee geht immer. Im Sommer 2012 wollen weitere Cafés und Restaurants auf der historischen Flaniermeile eröffnen – eine neue Verordnung der Stadt Palma macht es möglich.

Das Café **Cappuccino Borne** liegt nur ein paar Schritte vom Passeig des Born entfernt, an der Plaça del Rei Joan Carles I. Außer Cappuccino gibt es im erlesen eingerichteten Kaffeehaus eine große Auswahl an Getränken und auch kleine Speisen (So–Do 8.30–22 Uhr, freitags und samstags bis 24 Uhr, Tel. 971 7171151).

INFO

37 Bar Bosch – sehen und gesehen werden

Sie ist wohl die bekannteste Bar Palmas, die **Traditionsbar Bosch** an der Plaça del Rei Joan Carles I. Seit ihrer Eröffnung im Jahr 1936 zieht sie die Besucher an, Touristen und Mallorquiner gleichermaßen. Niemand scheint sich am Straßenlärm, dem Trubel und den Menschenmassen rundherum zu stören. Es heißt, wer nicht einmal am Tag bei Bosch gewesen ist, war auch nicht in Palma.

Was hat diese Bar, was andere nicht haben? Die Antwort ist einfach: Ergattert man einen Platz, dann tritt unweigerlich dieses wohlige Gefühl ein, man gehöre dazu. Wichtig ist natürlich, wer wo sitzt. Erfahrene Bosch-Besucher nehmen immer einen Tisch an der Hauswand, so haben sie alles im Blick. Sie sehen, wer kommt und wer geht und was sich auf dem Platz vor der Bar abspielt. Und man wird selbst gesehen – denn das Motto der Bar heißt: Sehen und gesehen werden.

Anfänger sitzen oft mit dem Rücken zum Platz, weshalb sie überhaupt nichts vom Geschehen mitbekommen. Außerdem werden sie schnell mal vom Ober überse-

Insider-Getränk Suau

Wenn Sie nach dem Essen in einem Restaurant einen **Suau** bestellen, dann lächelt der Ober und bringt Ihnen fast immer ein gut gefülltes Cognacglas. Und meistens beginnt er ein freundliches Gespräch. Das hat natürlich seinen Grund. Denn nicht viele Gäste kennen den Suau. Er ist der einzige Brandy, der von der Insel stammt. Er wird in der kleinen Brennerei **Suau Bodegas y Destilerías de Mallorca 1851** (www.bodegassuau.com) in Pont d'Inca produziert und kann sich mit jedem guten Cognac messen. Es ist ein milder Brandy, der förmlich auf der Zunge zergeht. Ein Gläschen in einer Bar kostet um drei Euro.

Wen der Kellner höflich begrüßt, der gehört dazu

Erfahrene Bosch-Besucher sitzen mit dem Rücken zur Wand – so bekommen sie alles mit, was geschieht

hen. Die Kellner sind – wie ihre Bar – Kult. Gut gekleidet: weiße Hemden und lange schwarze Schürzen. Sie sind distanziert freundlich, schnell und professionell.

Was gibt's bei Bosch zu essen und zu trinken? Eigentlich alles. Vor allem aber Tapas in einer riesigen Auswahl. Lecker sind auch die warmen Schokocroissants oder die frisch zubereiteten Brownies. Dazu gibt es Wein, Bier und Wasser. Lassen Sie die Finger von den Cocktails. Sie sind eher teuer und Sie ernten höchstens ein mitleidiges Lächeln. Nehmen Sie lieber einen Suau, dessen Bestellung beim Ober mit Sicherheit ein anerkennendes „muy bien" auslöst.

Wenn Sie weiter punkten wollen, bestellen Sie, ohne umständlich in die Karte zu schauen, das original mallorquinische *pa amb oli,* Brot mit Öl, Knoblauch, Tomaten und Zwiebeln. Und natürlich einen *café con leche.* Er wird im Glas serviert. Und dann kann es losgehen. Sie lassen sich einfach in ihrem bequemen Sessel zurückfallen, zwinkern dem Servicepersonal zu und lächeln zu ihren Nachbarn am Nebentisch hinüber. Sie haben Zeit genug. Die Bar, die morgens bereits um sieben Uhr öffnet, schließt frühestens nachts um 2 Uhr.

Ihren großen Auftritt haben Sie allerdings, wenn Ihr Handy klingelt oder aber, wenn Ihre Verabredung endlich auftaucht. Küsschen rechts, Küsschen links und schon sind Sie aufgenommen in die große exklusive Bosch-Gemeinde.

Informationen: Die **Bar Bosch**, Plaça del Rei Joan Carles I, ist telefonisch unter 971 721131 zu erreichen. Nach einer kurzen automatischen Ansage meldet sich recht schnell jemand, meistens jedoch auf Spanisch. Wenn Sie Glück haben, holt er einen Kollegen, der deutsch oder englisch spricht.

INFO

38 Das Wahrzeichen von Palma: die Kathedrale

Sie ist das Wahrzeichen von Palma: die Kathedrale der hl. Maria. Die Mallorquiner nennen sie einfach **Sa Seu**. Der katalanische Begriff bedeutet übersetzt „der Bischofssitz". Das Gotteshaus ist eine architektonische Rarität. Es gehört zu den schönsten Kirchen der Welt und gilt bis heute als eines der wertvollsten gotischen Bauwerke Spaniens. Sa Seu besticht durch ihre einzigartige Lage direkt an der Uferpromenade in einer leicht erhöhten Position, nur der Parc de la Mar und der Küstenstreifen Ronda Litoral trennen die Kathedrale vom Meer. Für die Mallorquiner ist sie der architektonische Schatz ihrer Hauptstadt.

Einmal im Jahr sind deutsche Gläubige hier ganz unter sich. Die katholischen und evangelischen Gemeinden laden am Nachmittag des Heiligen Abends zu zwei ökumenischen Gottesdiensten ein. Bis zu 4000 Menschen beten und singen dann gemeinsam und lauschen den Predigten der Pfarrer beider Konfessionen. Wer allerdings während des Jahres seine Sünden beichten will, kann dies auch in deutscher Sprache tun.

Die Kathedrale steht auf dem Platz einer ehemaligen islamischen Moschee. Nach der Befreiung von der Maurenherrschaft legte König Jaume I. im Jahr 1230 den Grundstein. Sein Sohn, König Jaume II., setzte das Werk des Vaters fort und begann 1306 mit dem eigentlichen Bau. Das Gotteshaus sollte auch als Mausoleum für das mallorquinische Königshaus dienen. Jaume II. und Jaume III. sind hier begraben.

Der Bau zog sich über Jahrhunderte hin. Es heißt, mindestens zehn Generationen seien daran beteiligt gewesen. 1587 war das Kirchenschiff fertig, 1601 wurde das Hauptportal geweiht. Die Arbeiten an der Hauptfassade begannen 1852 und wur-

Sa Seu ist eine der schönsten gotischen Kirchen der Welt

den Anfang des 20. Jahrhunderts beendet. Von 1904 bis 1914 restaurierte der weltbekannte Künstler Antoni Gaudí das Innere der Kathedrale. Und der mallorquinische Künstler Miquel Barceló aus Felanitx leistete den Beitrag des 21. Jahrhunderts: Er gestaltete die Kapelle des Allerheiligsten im rechten Seitenschiff neu. Mit dieser **Sankt-Peter-Kapelle** hat er ein außerordentliches Kunstwerk geschaffen. Es ist 300 Quadratmeter groß und komplett aus keramischem Ton hergestellt. Sein Werk basiert auf der biblischen Geschichte und stellt die wundersame Vermehrung von Brot und Fisch da.

Sa Seu ist knapp 110 Meter lang und 33 Meter breit. Die 14 Pfeiler, auf denen das Gewölbe ruht, sind 30 Meter hoch. Das Hauptschiff erreicht eine Höhe von 44 Metern und ist eines der höchsten in Europa. Seit dem Mittelalter haben viele Baustile ihre Spuren hinterlassen: von der Gotik über die Spätgotik bis zur Renaissance. In den Seitenkapellen findet man Barockelemente, und in der Taufkapelle ist die prägende Stilrichtung des Klassizismus. Ausgesprochen schön ist das leuchtende Glas der bunten Fenster,

44 Meter hoch: das Hauptschiff der Kathedrale

in denen sich die Sonnenstrahlen brechen. Sie tauchen die drei Kirchenschiffe in ein faszinierendes Licht – daher wird Sa Seu auch **Kathedrale des Lichts** genannt.

Besonders eindrucksvoll sind ihre drei großen Eingangstore. Das schönste ist das im 14. Jahrhundert entstandene **Portal de Mirador** mit einem grandiosen Blick über die Bucht von Palma. Wenn Sie die Kathedrale besichtigen wollen, sollten Sie dafür den Vormittag wählen. Dann scheint die Sonne durch die 1236 bunten Glasscheiben des Rundfensters, das mit seinem Durchmesser von 12,55 Metern als die **größte Rosette der Welt** gilt.

Informationen: Die **Kathedrale** ist täglich ab 10 Uhr für Besucher geöffnet, je nach Saison bis 15 bzw. 18 Uhr (sonn- und feiertags geschl.). Der Eintrittspreis beträgt zurzeit 4 €, kann sich aktuell aber ändern. Der Preis schließt den Besuch des **Dommuseums** mit ein. Hier kann man eine umfangreiche Kunst- und Goldschmiedesammlung besichtigen. Kostenlos ist der Eintritt zu Gottesdienstzeiten, dann jedoch ist eine Besichtigung nicht möglich. Offizielle Website: www.catedral demallorca.info.

INFO

39 Altstadt mit maurischen Wurzeln

Palmas Altstadt ist heute eine der größten und besterhaltenen Europas. Das Stadtbild ist von Relikten der Besatzungsmächte vergangener Jahrhunderte geprägt. Arabische Architektur, gotische Spitzbögen, andalusische Patios und Jugendstilhäuser erzählen von der abenteuerlichen Geschichte der Stadt.

Die Römer gründeten Palma vor mehr als 2100 Jahren. Sie nannten die Stadt Palmeria. Als die Mauren die Herrschaft übernahmen, änderten sie den Namen in Medina Mayurca um. Der Kern der heutigen Altstadt ist maurischen Ursprungs: ein unübersichtliches, verwinkeltes Viertel mit engen Gassen, fensterlosen Fassaden zur Straßenseite hin und soliden Mauern zum Schutz vor Piratenüberfällen. Auch heute noch orientiert sich das Leben der Menschen in der Altstadt zu den Innenhöfen hin, zu den kleinen grünen Oasen mit blühendem Oleander, Orangen- und Zitronenbäumen. Ein Gesetz verpflichtet die Bewohner übrigens, am Tag ein Tor zu Straße offen zu halten oder durch ein schmiedeeisernes Gitter zu ersetzen. Denn Besucher sollen beim Stadtbummel die Möglichkeit haben, etwas vom Charme der **historischen Patios** sehen zu können.

Blick in die engen Gassen von Palmas Altstadt

Treffpunkt ist der **Olivenbaum** auf dem Rathausplatz in Palma. Generationen von Mallorca-Urlaubern haben sich hier zu einem Bummel durch die Altstadt verabredet und fotografieren lassen. Der besagte Baum ist mehr als 600 Jahre alt und war von einem Gehöft in Pollença in die Hauptstadt gebracht und auf der Plaça Cort vor dem Rathaus eingepflanzt worden – als ein Symbol für Frieden und Verbundenheit mit der Erde Mallorcas. Hier beginnen die offiziellen Führungen der Stadtverwaltung. Die Route beginnt am Rathaus und führt dann kreuz und quer durch die Altstadt, durch die **Dalt Vila**, wie Mallorquiner diesen Teil des historischen Zentrums nennen. Zuerst geht es zur nahe gelegenen **Plaça Santa Eulália** mit der gleichnamigen Pfarrkirche, einer der ältesten der Insel (15. Jahrhundert). Der Kirchplatz ist ein beliebter Ort zum Verweilen. Studenten, Mallorquiner und Touristen trinken hier im **Café Moderno** ihren Cappuccino. Zu einem wahren Klassiker kommt man ein paar Minuten später in der kleinen Gasse Carrer de Can Sanç. Hier liegt versteckt das **Café Can Joan de s'Aigo** mit dem besten Kakao der Stadt. Das Lokal ist eines der ältesten in Palma, es wurde im Jahr 1700 eröffnet. Der Rundgang führt weiter nach Süden zur **Basilica Sant Francesc**. In der Kirche liegt das Grabmal des mallorquinischen Philosophen Ramon Llul (s. S. 218). Der Weg zur Kathedrale verläuft über die Carrer de Zanglada am berühmten Herrenhaus **Can Marqués** vorbei. Nur ein paar Minuten sind es noch bis zu den beiden Highlights dieses Stadtbummels: der **Kathedrale**, dem Wahrzeichen der Stadt (s. S. 94), und gleich daneben dem **Almudaina-Palast**, dem offiziellen Sitz des spanischen Königs. Der Rückweg zum Rathaus dauert sieben, vielleicht acht Minuten. Dieser Rundgang ist einer der schönsten Spaziergänge durch die Stadt.

Auf dem Hügel der Kathedrale wohnten einst die Aristokraten. Heute sind es die Vermögenden, die hier leben. Wenn auch die Fassaden der Häuser schlicht sind, hinter den alten Mauern wurde meist teuer restauriert. Um die 6000 Euro kostet ein Quadratmeter sanierter Wohnfläche auf dem Hügel der Altstadt von Palma, die heute etwa 400.000 Einwohner zählt.

In den kleinen Seitenstraßen und Gassen von Palmas Altstadt gibt es keine Hupkonzerte, keine Suche nach Parkplätzen, keine Spur von Hektik, kein Geschiebe und Gedränge. Die Stille in diesem Teil der Stadt ist ausgesprochen wohltuend. Mehrere kleine, sehr schöne Hotels, oft modern und trendy, haben sich hier hinter den alten Mauern angesiedelt, Stadtpaläste mit meterhohen Decken und Gobelins an den Wänden wurden renoviert, ein Kloster umgebaut. Belebtester Ort ist wohl das traditionsreiche **Café Lirico** an der verkehrsreichen Avinguada d'Antoni Maura. Hier trinken die Residenten ihren *cortado*, bummeln Urlauber vorbei. Tiefer in der Altstadt sind die Bars kleiner, die Atmosphäre privater. Die Bewohner stehen oder sitzen zusammen und plaudern über Privates. In den Parterrewohnungen haben viele Handwerker ihre Werkstätten. Nur selten verirrt sich ein Tourist in die Abgeschiedenheit dieses Teils der Altstadt.

Informationen: Das **Ajutament de Palma** hat eine eigene Website, auch in Deutsch: www.palmademallorca.es. Eine gute Informationsquelle ist auch der offizielle **Hotelführer** von Palma im Internet: www.visit-palma.com.
Stadtführung: Treffpunkt 10.30 Uhr am Olivenbaum, Plaça Cort. Auskunft/Anmeldung: **Consellería de Turisme**, Carrer Montenegro, 5, Palma, Tel. 971 720720, Mo–Fr 8–15 Uhr, 10 €.
Unterkunft: s. Stadthotels S. 84.
Essen & Trinken: Tapas zu günstigen Preisen – das gibt's im **TAST** in der Carrer Unión, 2. Die Leckereien können direkt an der Bar begutachtet und bestellt werden (Mo–Sa 12.30–24 Uhr, Tel. 971 729878).
Einkaufstipp: Schuhe – eine größere Auswahl findet man woanders kaum. Der Schuhladen **Passy** in der Carrer Sant Miquel, 53, bietet Pantoletten mit Blümchen oder Sandalen mit durchsichtigen Riemchen. Jugendliche Freizeitschuhe mit Sohlen aus Autoreifen verkauft **S'Avarca** in der Carrer Sant Domingo, 14. Mehr als 200 Modelle bietet **Avarques Ciutadella** in seinem freundlichen Laden in der Carrer Sant Jaume, 23 B, an.

INFO

40 Palmas neue Trendstadtviertel jenseits der City

In den Cafés und Bars bestellen die Gäste ihren *cortado,* trinken den Milchkaffee zum Croissant. In der Mittagszeit genießen die Menschen auf den Terrassen der Lokale die warmen Strahlen der Sonne. Und abends sitzen sie dicht gedrängt in den Fischlokalen und kosten die *plato variado* mit verschiedenen kleinen Köstlichkeiten – Meeresfrüchte zum Dahinschmelzen. Oft wird es spät, manchmal ist es schon früher Morgen und der glutrote Ball der Sonne taucht aus dem Meer auf. Die Menschen gehen hinunter zum Meer, nehmen Abschied von einer langen Nacht und verabreden sich für den nächsten Abend. Wieder hier in Portixol.

Palmas östlicher Stadtteil liegt jenseits der City, zwischen Kathedrale und Flughafen. Vor 20 Jahren war Portixol noch das Viertel der Zigeuner und Fischer, ein Arme-Leute-Viertel. Heute ist es Palmas neuester Trendstadtteil. Ebenso wie das Multi-Kulti-Viertel Santa Catalina auf der anderen Seite der Stadt. Beide Quartiere sind ein Stück „neues" Mallorca.

In **Portixol (40a, s. Karte)** begann der Umbruch kurz vor der Jahrtausendwende. Die meisten der 100 Jahre alten, zerfallenen Fischerhäuser wurden renoviert. Noch vor 20 Jahren waren sie für 10.000 D-Mark angeboten worden. Doch dann explodierten die Preise und erreichten astronomische Höhen von bis zu einer Million Euro.

Markantester Punkt im Ort ist das **Hotel Portixol** mit Panoramablick über die Bucht von Palma. Das kubische Gebäude aus vergangenen Zeiten wurde mit viel Atmosphäre im modernen Designerlook eingerichtet. Ein paar Schritte weiter drängen sich die Menschen auf der Terrasse der urigen Hafenkneipe des **Club Náutico**, dem In-Treff von Einheimischen und Mallorca-Deutschen. Portixol ist wahrlich ein Juwel, das erst jetzt von den Touristen entdeckt wurde.

Palmas westlicher Trendstadtteil **Santa Catalina (40b, s. Karte)** ist den Urlaubern schon etwas länger bekannt. Sie durchstreifen die verwinkelten Gassen und

Überbordendes Angebot im Mercat des Santa Catalina in Palmas westlichem Trendstadtviertel

stolpern über bröckelnde Stufen durch sizilianisch anmutende Hinterhöfe. Ende des 19. Jahrhunderts war das Viertel für sozial schwache Familien angelegt worden. Die Einkommen waren niedrig, die Mieten billig. Später verfielen die Häuser, die Bewohner verarmten. Architekten entdeckten den vergessenen Stadtteil schließlich, und seit etlichen Jahren befindet sich das ehemalige Arbeiterviertel bereits im Wandel. Immer neue Bewohner, neue Läden und etwa 60 neue Restaurants haben hier inzwischen Einzug gehalten. Die Bewohner sind eine bunte Mischung aus Einheimischen, mittellosen Aussteigern, gut verdienenden Anwälten und jungen Aufsteigern – ein Bohème-Viertel Pariser Couleur.

Laut und quirlig geht es im **Mercat de Santa Catalina** zu, der überdachten Markthalle. Der „Bauch von Palma" ist der älteste Markt der Insel. Schon zu maurischen Zeiten verkauften hier Bauern und Fischer soeben Geerntetes und Gefangenes an die reichen Bürger. Heute kaufen die meisten Köche der Insel an den 150 Ständen in der Markthalle von Santa Catalina ihre Zutaten ein: Kaviar-Kapern, frische Feigen, Oliven, Thunfisch, heimischen Käse etc. In der **Bar von Juan** kann man die Leckereien probieren. Hinter dem Tresen stehen drei kleine Holztische, an denen sich ein paar Stammgäste die Tintenfische schmecken lassen. Und abends wetteifern die Köche der hiesigen Lokale um die Gunst der Gäste. Die Straße der Restaurants ist die **Carrer Fábrica**, ein heiliger Ort für Gourmets.

Übernachten: Direkt am Hafen von Portixol liegt das im Jahr 2000 eröffnete **Hotel Portixol**, ein kubisches Gebäude ganz in Weiß aus vergangenen Zeiten, mit viel Atmosphäre und im modernen Designerlook. Alle 25 Zimmer bieten einen imposanten Blick über die Bucht von Palma (Carrer Sirena, 27, Tel. 971 271800, www.portixol.com, DZ inkl. Frühstück ab 125 € pro Nacht (Vor- und Nachsaison), das teuerste Zimmer in der Hauptsaison: ca. 400 €, im Jan. und Febr. geschlossen; 3-Gänge-Menü im **Restaurant** 28,50 €.

Essen & Trinken: Ein Geheimtipp ist das **Es Balco** in der Carrer Caro in Santa Catalina. Die Karte (auch auf Deutsch) verspricht mediterrane und balearische Küche: Kabeljau in Knoblauchsauce, Kalbsbäckchen mit Kräutern und Pilzen, geschmort in Olivenöl, und zum Dessert gibt's beispielsweise Feigen in Rotwein. Nach dem Essen kommt Begona aus ihrer Küche und genießt den Applaus der Gäste. Die junge Köchin spricht englisch. Sie hat Kunst und Psychologie studiert und später ihre Leidenschaft fürs Kochen entdeckt. Mit ihrem Partner Toni Bartel führt sie seit 2009 das Es Balco (Carrer Caro, 7, Tel. 971 911015, www.esbalco.es, 13.30–15.45 und 20.30–22.45 Uhr geöffnet, an Sonn- und Feiertagen sowie montags abends geschl., durchschnittlicher Preis für ein Drei-Gänge-Menü inkl. Wein 40 €).

Bar in Santa Catalina: Neuer In-Treffpunkt ist die Bar **Cuba Colonial** im ehemaligen Hostal Cuba, ein Gebäude aus dem Jahr 1904, das renoviert wurde. Ein Kneipen-Café mit Chill-Out-Zone und Cocktailbar. Ab 7 Uhr morgens gibt's Frühstück, mittags und abends isst man Speisen mit kubanischem Einschlag à la carte. Die Bar hat täglich bis Mitternacht geöffnet, der Chill-Out-Bereich So-Mi bis 2 Uhr, donnerstags, freitags und samstags bis 4 Uhr (Carrer Sant Magí, 1, Tel. 971 452237, www.barcuba.es).

🔴 Die Straße der Synagoge – ein Spaziergang durchs jüdische Viertel

Es gibt kein Hinweisschild, keinen Informationsstand, keine Straßen, die einen jüdischen Namen tragen, nur zwei Kacheln erinnern an vergangene Jahrhunderte. An beiden Enden der **Carrer de la Pelleteria** wurde eine Kachel angebracht, auf der der Name *Carrer de la Sinagoga nova* steht, die Straße der neuen Synagoge. Palmas Judenviertel – ein unsichtbares Reiseziel. Dabei war es einst eines der bedeutendsten im gesamten Mittelmeerraum. Und es war die Heimat von berühmten Gelehrten, Medizinern, Astronomen und Kartografen.

Man weiß nicht genau, ob die Juden vor der christlichen Epoche nach Mallorca kamen. Auf den Balearen jedenfalls stammt die erste gesicherte Erwähnung aus dem Jahr 423. Das **Aljama**, wie das jüdische Viertel damals genannt wurde, befand sich direkt neben der Festung Almudaina. Juden und Araber lebten während der arabischen Herrschaft in Frieden und Eintracht zusammen. In den folgenden Jahrhunderten allerdings kam es bei zahlreichen Kämpfen um die Insel zu Plünderungen und Greueltaten. Erst nach der Eroberung Mallorcas durch Jaume I. von Aragón 1229 wurde den Juden ein neues Viertel in Palma zugewiesen. Das neue **Call** lag zwischen der heutigen Carrer de la Victòria und dem Palau de l'Almudaina. Im Jahr 1299 wurde das Viertel auf königlichen Erlass in die Gegend um das Kloster Sant Francesc, das Templerkastell und das heutige Kloster Santa Clara verlegt. Später wurde die jüdische Gemeinschaft dazu gezwungen, sich in einem Stadtteil weiter im Osten niederzulassen, im **Call Major**. Soziale Spannungen, wirtschaftliche Interessen und der stetige Druck der Kirche führten dazu, die Juden zu isolieren. Die Umsiedlung aller Juden in ihr neues Viertel ging allerdings sehr langsam voran.

Das Viertel umfasste sechs große Häuserblocks mit Wohnungen, Werkstätten und Geschäften, in denen etwa 2000 Juden wohnten und arbeiteten. Das Call Major war eine kleine Stadt für sich, es besaß seine eigenen politischen, rechtlichen und religiösen Institutionen sowie Verwaltungs-, Steuer- und Bildungseinrichtungen. Es galten die eigenen Gesetze, man war direkt dem König unterstellt. Tatsächlich wurden die Juden als Eigentum der Krone betrachtet.

Die meisten Bewohner des Call Major waren Händler und Handwerker: Besitzer kleiner Läden, in denen Stoffe, Tücher und Leder verkauft wurden ebenso wie Zwischenhändler für Fisch oder Weizen und Geschäftsleute, die mit Viehfutter handelten. Unter den Handwerkern waren viele Schneider, Schuhmacher,

Beim Spaziergang durchs Call Major atmet jeder Stein Geschichte

Es umfasste ein Stadtgebiet, das im Norden von der Plaça Sant Francesc und der heutigen Carrer Ramón Llull, im Osten von den Straßen Botons, Calders und Salom begrenzt wurde. Im Süden verlief die Grenze von der heutigen Carrer Posada de Montserrat und Carrer de Sant Alonso und im Westen von der Carrer de Santa Clara und der Carrer Pare Nadal. Eine Lehmwand und eine Art Zaun fassten den gesamten Bereich ein. Es gab fünf Tore, die nachts geschlossen wurden. Das Haupttor befand sich an der Kreuzung der Straßen Call, Santa Clara, Monti-Sion und Sol (s. Palma-Karte Umschlagklappe hinten).

Kürschner, Färber und Geschirrmacher, Juweliere sowie Silber- und Goldschmiede. Ein weit verbreiteter Beruf im Viertel war – aus historischen Gründen – außerdem der des Geldverleihers. Es gab einige Einwohner, die mit großen Geldmengen umgingen und Könige, Adlige, Bischöfe und Äbte mit Krediten versorgten. Jüdische Übersetzer, Kartografen und Ärzte genossen einen ausgezeichneten Ruf. So soll es auf Mallorca im 14. Jahrhundert 30 jüdische Ärzte gegeben haben.

Zwischen 1370 und 1380 vergrößerte sich das Call und dehnte sich auf das angrenzende Gelände zwischen dem Kloster Santa Clara, dem von Sant Jeroni und dem der Templer aus. Das Judenviertel hatte eine fast rechteckige Form und sein Straßenbild war dem heutigen ziemlich ähnlich. Mitten im ehemaligen Viertel, in der Carrer de la Pelleteria, kann man heute noch eines der ältesten Geschäfte von Palma besuchen: die Bäckerei und Konditorei **Can Miquel**. Die jüdische Küche findet sich in vielen mallor-

Berühmt sind Mallorcas Ensaïmadas

quinischen Spezialitäten wieder, zum Beispiel im berühmten Schmalzgebäck *ensaïmada* und den zu Ostern zubereiteten schmackhaften *panades* (gefüllte Teigtaschen) und den leckeren *crespells* (Ostergebäck).

Die touristische Bedeutung des jüdischen Viertels ist Ende 2011 in den Fokus der Stadtoberen gerückt. Vor allem US-amerikanische Juden, die auf Kreuzfahrtschiffen nach Palma reisen, interessieren sich für dieses historische Erbe. Der Stadtrat beschloss einstimmig, sich diesem Thema anzunehmen und die Einrichtung eines Besucherzentrums mit ständiger Ausstellung zu prüfen.

Informationen: Ein **geführter Rundgang** durch das jüdische Viertel von Palma (Geschichte, Religion, Kultur und Traditionen) schließt einen Besuch im **Museu de Mallorca** (www.museude mallorca.es) ein. Treffpunkt: Plaça Cort, 10.30 Uhr, Dauer: 2 Std. Information/Anmeldung: Conselleria de Turisme i Esports, Carrer de Montenegro, 5, Palma, Tel. 971 720720, www.illesbalears.es, Mo-Fr 8-15 Uhr. Die Mallorquinerin María Val-lespir, die sehr gut deutsch spricht, führt die Tour. Einen Überblick über Rundgang und jüdisches Viertel bietet folgende Site: http://balearsculturaltour.net und dann „Routen" anklicken, hier kann man auch dem exakten Verlauf des angebotenen Rundgangs folgen.
Essen & Trinken: Can Miquel, Carrer de la Pelleteria, 8, tgl. 5.30-13.30, 17.30-20 Uhr.

INFO

42 Die Stierkampfarena von Palma – bekannt aus „Wetten, dass …?"

Thomas Gottschalk hat sie mit seiner Fernsehsehsendung „Wetten, dass …?" in Deutschland bekannt gemacht: die **Plaça de Toros de Palma** (auch Colisseu Balear), die Stierkampfarena von Palma. Die in der **Avinguda del Arquitecte Gaspar Bennazar** nordöstlich des Zentrums der Balearenhauptstadt gelegene Arena wird immer häufiger zweckentfremdet. Denn Stierkämpfe finden auf Mallorca nur noch selten statt, sollen vielleicht ganz verboten werden. In Festland-Katalonien ist die Corrida bereits gesetzlich untersagt; in Barcelona fand der letzte Kampf im September 2011 statt.

Die Stierkampfleidenschaft der Bewohner von Palma ist schon lange nicht mehr die, die sie einmal war. Im Jahr 2011 stellten sich die Toreros den 500 Kilo schweren Stieren nur noch einmal im Kampf, davor noch bis zu sechs Mal pro Jahr. Im letzten Jahrzehnt immer im Sommer, damit auch Spaniens König Juan Carlos während seines Mallorca Urlaubs zuschauen konnte.

Der gewaltige Rundbau ist mittlerweile in die Jahre gekommen. Bereits 1915 hatten die Planungen für den Bau der Arena begonnen, am 21. August 1929 wurde sie feierlich eröffnet. Nach mehr als 80 Jahren steht Palmas Stierkampfstätte heute auf der Denkmalschutzliste der Stadt. Und noch immer ist sie ein Besuchermagnet und ein beliebter Ort für **Großveranstaltungen** von Stars aus Sport, Kultur und Showbusiness. Joe Cocker und die Scorpions begeisterten hier ihre Fans, Mike Oldfield und Simply Red feierten im weiten Rund der 11.000 Quadratmeter großen Arena vor mehr als 10.000 Zuschauern Erfolge. Und sie ist die einzige Stierkampfstätte der Welt, in der ein ATP-Tennisturnier ausgerichtet wurde: 2001 mit den deutschen Tennisprofis Tommy Haas und Nicolas Kiefer.

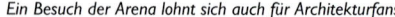

Ein Besuch der Arena lohnt sich auch für Architekturfans

An zwei Tagen in der Woche, immer mittwochs und donnerstags, ist die Arena **ab 15 Uhr für Besucher geöffnet**. Den Schlüssel zum Colisseu Balear gibt's ganz unspektakulär im gegenüberliegenden Juweliergeschäft Antonio. Stierkampfbegeisterte Mallorquiner und Touristen machen dann ihren ganz individuellen Rundgang. Auf eigene Faust spazieren sie durch die imposanten Gemäuer, werfen einen Blick hinter die Kulissen und stellen sich vor, wie hier zwischen den Arkaden einst die schnaubenden Tiere und schwitzenden Matadore auf ihren Einsatz warteten. Doch heute gibt es keine Stiere mehr zu sehen.

Das berühmte Sofa aus „Wetten, dass …?" in Palmas Stierkampfarena

Geblieben aber ist die Atmosphäre, besonders an sonnigen Nachmittagen, wenn sich das Licht seinen Weg durch die dunklen Gewölbe bahnt und lange Schatten wirft. Und wer Glück hat, entdeckt auch das einrädrige Gefährt, an dessen Vorderseite die beiden mächtigen Hörner eines Stieres befestigt sind. Eine Stierattrappe, mit der so mancher männliche Besucher eine Ehrenrunde durch die Arena dreht und sich dabei von seiner Begleiterin digital verewigen lässt …

Auf den Spuren von Gaspar Bennazar

Der mallorquinische Architekt Gaspar Bennàssar i Moner (1869–1933), später bekannt als Gaspar Bennazar, prägte das Stadtbild Palmas entscheidend. In seiner späten Schaffensphase entwarf er die Stierkampfarena. Ganz in der Nähe findet sich ein weiteres Bauwerk des umtriebigen Architekten, den die Mallorquiner „S'Arquitecte" nannten: der alte Schlachthof, **S'Escorxador** aus dem Jahr 1906. Beim Bau des Schlachthauses verzichtete er auf ornamentale Elemente; er schuf ein funktionelles Gebäude mit unterschiedlich hohen, von Glasdächern gekrönten Pavillons (Carretera de Valldemossa/Carrer de Guillermo Sureda Meléndez).

43 Historische Monumente in einer modernen Stadt

Eine Perle der Gotik – so bezeichnen Historiker das Gebäude der ehemaligen Seehandelsbörse von Palma, die berühmte **Sa Llotja (43a, s. Karte)**. Sie gilt als eines der schönsten Gebäude Spaniens und gehört zu den prominentesten Monumenten der Balearenhauptstadt. Dieser Prachtbau illustriert eindrücklich, dass Palma schon immer eine der reichsten Seehandelsstädte des Mittelmeers war. In der Börse, im historischen Kern der Stadt gegenüber dem Hafen, wurde balearische Geschichte geschrieben. Guillem Sagrera, Stararchitekt des 15. Jahrhunderts, hat sie im Auftrag der Handelskammer zwischen 1426 und 1447 erbaut.

Bereits Anfang des 15. Jahrhunderts unterhielt die Balearenhauptstadt Palma 25 Handelsvertretungen mit anderen Ländern. Ihre Kaufleute trafen sich in der Seehandelsbörse, tauschten sich aus, machten Geschäfte und schlossen internationale Verträge ab. Später, als der weltweite Handel einen Einbruch erlitt, wurden in Sa Llotja Handelswaren gelagert. Zeitweise stellte man während des Französischen Krieges in dem Gebäude sogar Kanonen her. Später residierte in den Hallen ein Museum der Schönen Künste. In den letzten Jahren ließ die Stadt das Haus nach den Originalplänen des Architekten Sagrera restaurieren. Künftig soll Sa Llotja für offizielle Festakte der Stadt und der Balearenregierung genutzt werden.

Im Innern befindet sich der 46 mal 28 Meter große prächtige Versammlungssaal, dessen gewaltiges Kreuzbogengewölbe auf sechs schraubenförmigen Säulen ruht. Ein Garten trennt den Bau vom **Seekonsulat**, dem Sitz der Regionalregierung, einem schönen Renaissancegebäude. In den schmalen Gassen rund um die Llotja hat sich in den vergangenen Jahrzehnten ein Vergnügungsviertel mit vielen schönen Restaurants und Tapa-Bars entwickelt. Die Straße vor der Börse heißt nach ihrem Architekten **Passeig de Sagrera**. Diese etwa 500 Meter lange, sehr schöne Promenade mit hohen Palmen und vielen Bänken wird von den Einheimischen oft für einen abendlichen Spaziergang genutzt.

Ein weiteres historisches Monument in Palma sind die Arabischen Bäder, die **Banys Àrabs (43b, s. Karte)**, aus dem 10. Jahrhundert. In den Gassen der mittelalterlichen Altstadt steht aus der Zeit der Mauren noch dieses einzige erhaltene Gebäude – eine Oase der Ruhe inmitten der Stadt. Hier kann man auch heute noch die Seele baumeln lassen. Die Bäder befinden sich im Garten der **Casa Font i Roig** in der Carrer Serra 7. Erhalten ist nur noch der zentrale Raum, in dem man früher die heißen Bäder nahm. Spaziert man durch den üppigen, von einer hohen Mauer umgebenen Garten, gelangt man in ein von zwölf Säulen getragenes Gewöl-

---

Tipp für einen besonderen Abend

Das Restaurant **Forn de Sant Joan** im Sa-Llotja-Viertel war einst eine Backstube – das katalanische Wort „forn" bedeutet schicht Bäckerei. Die ursprünglichen Öfen und Ziegel blieben erhalten und verleihen dem Lokal seinen besonderen Charme. Serviert wird eine mediterrane Küche – probieren Sie die *crema catalana* (Carrer de Sant Joan, 4, Tel. 971 728422, www.forndesantjoan.com, tgl. 13–16, 18.30–24 Uhr, durchschnittlicher Preis für ein Drei-Gänge-Menü 32€).

Neben der Kathedrale der Höhepunkt balearischer Gotik: Sa Llotja

be mit hufeisenförmigen Arkaden. Ein enger Gang führt zu einem Umkleideraum und in eine Art Vorraum des eigentlichen Bades. Das Arabische Bad ist das einzige erhaltene von insgesamt fünf Bädern, die es einst in Palma gab. Es wird vermutet, dass das arabische Badehaus zum Palast eines reichen Moslems gehörte.

Informationen: Sa Llotja, Passeig de Sagrera, s/n, Tel. 971 711705, Di–Sa 11–14, 17–21, So 11–13.30 Uhr (geöffnet nur während der Ausstellungen).

Banys Àrabs, Carrer Serra, 7, Tel. 971 721549, www.banysarabs.org, April–Nov. tgl. 9–19.30 Uhr, Dez.–März 9–18 Uhr, Eintritt 2 €.

INFO

Farbenfrohe Souvenirs warten auf Käufer

Shopping

44 Einkaufsparadies Palma: zu jeder Jahreszeit eine wahre Schatztruhe

Palma ist zu jeder Jahreszeit ein wahres Einkaufsparadies, aber besonders die Vorweihnachtszeit hat ihren ganz besonderen Reiz. Die Inselhauptstadt wird dann herausgeputzt, bis sie selbst zu einem Weihnachtsmärchen wird: ein Gedicht aus glitzernden Lichtern und bunten Blumen. Hunderte von Pflanztrögen in der Stadt werden mit knallroten und kräftig grünen Christsternen bepflanzt. Die Straßen, Gassen und Plätze verwandeln sich in ein Lichtermeer aus Millionen kleiner Strahlern in Form von Kugeln und Sternen. Sogar die Palmen am Passeig de Mallorca und am Passeig Marítim werden in Licht eingehüllt.

Die Stadt ist der ideale Ort, um die tollsten Geschenke zu kaufen. **Internationale und spanische Modemarken** wie Escada, Loewe, Luis Vuitton, Carolina Herrera, Farrutx, Armani, Cartier, Montblanc, Custo Barcelona, Zara, Mango und Camper präsentieren sich in den Straßen des Zentrums, vor allem in der eleganten Einkaufsmeile Avinguda Jaume III, am Passeig des Born und in den kleineren Gassen.

Tolle Mode bieten auch die Shops **mallorquinischer Designer** mit internationalem Ruf wie Tolo Crespí, Cortana, Mar Sobrón oder José Miró, abgesehen von unzähligen Schuhgeschäften und Shops mit Accessoires in den schmalen Gassen der Altstadt. Auch der von der Nachbarinsel Menorca stammende Schuhdesigner Mascaró ist hier vertreten (Jaume III, 10).

Neben den trendigen gibt es in Palma auch noch einige **traditionelle Geschäfte**, die zum Teil Jahrhunderte alt sind, wie etwa das Stoffgeschäft Quesada am Passeig des Born 12 (www.quesada-decoracion.com), das Gewürzparadies Especias

Üppigstes Jugendstildekor und leckerstes Gebäck warten auf den Gast im Forn des Teatre

Crespí in der Carrer Sindicat (www.especiascrespi.com) oder das Delikatessengeschäft La Pajarita in der Carrer Sant Nicolau 2–4, wo die Mallorquiner seit 1872 kalte Braten, „gefädelte Eier", eine typisch mallorquinische Eierspeise, und Aspik kaufen.

Wenn es um **Köstlichkeiten** geht, sowohl die typisch mallorquinischen Alltagsprodukte als auch spezielle Weihnachtsleckereien, sollte man sich einen Abstecher in den kleinen traditionellen Laden Colmado Santo Domingo in der gleichnamigen Gasse mit der Hausnummer 1 gönnen. Auch die verschiedenen Markthallen Palmas, allen voran der **Mercat de Santa Catalina (44a, s. Karte)**, wo im Advent eine große Krippe aufgebaut ist, und der **Mercat del Olivar (44b, s. Karte)**, sind Fundgruben für jene, die Essbares schenken oder sich selbst verwöhnen wollen.

Zu Weihnachten entfaltet Palma ein besonderes Flair

Ideal für alle, die ein originelles Geschenk suchen, ist die Kunsthandwerkermesse **Baleart**, die Anfang Dezember in der Messehalle des Flughafens Palma stattfindet. Ein Expertenkomitee wacht darüber, dass auf dieser Messe wirklich kunsthandwerklich hergestellte Produkte verkauft werden – eine verlässliche Qualitätsgarantie.

Beliebte Weihnachtsmärkte

Wenn es ums Einkaufen geht, darf man auch die Weihnachtsmärkte in Palma und anderen Orten der Insel nicht vergessen. Die beiden wichtigsten Märkte Palmas finden auf der **Plaça Major** und der **Plaça Espanya** statt. Hier ist von Ende November bis Anfang Januar von Kitsch bis Kunst alles zu haben. Auch der deutsch-mallorquinische Weihnachtsmarkt im **Pueblo Español** (Poble Espanyol) in Palma (s. S. 236) ist sehr beliebt. In dem „spanischen Dorf", in dem die Wahrzeichen der verschiedenen spanischen Regionen nachgebildet sind, warten Süßigkeiten, Geschenke und Dekorationsartikel auf Käufer.

INFO

Informationen: Im **Forn des Teatre** (Plaça Weyler, 9, Mo 8–20, Di–So 9–18 Uhr) gibt es ausgesprochen leckeres Backwerk.
Das **Taller de Ceràmica es Retall** ist eine kleine Keramikwerkstatt, in der typisch mallorquinische Stücke hergestellt werden. Hier kann man schöne Keramik kaufen, aber auch selbst in der Werkstatt unter Anleitung töpfern (Carrer Monti-Sion, 5, Palma, Tel. 971 724425, www.esretall.com).

45 Manacor – die bekannteste Perlenfabrik der Welt

Im Wappen von Manacor umfasst eine Hand ein Herz – und das ist auch die Bedeutung von Man-a-Cor: „Hand am Herz". Die Einheimischen nennen sich Manacorí und Manacorina. Manacor hat den Status einer Stadt und ist zugleich landwirtschaftlicher Mittelpunkt des Ostteils der Insel. Aber ihre Popularität hat Mallorcas zweitgrößte Gemeinde ihren Perlen zu verdanken. Seit mehr als 100 Jahren werden hier Kunstperlen hergestellt.

Majorica ist die bekannteste Perlenfabrik der Welt. Der deutsche Unternehmer Eduard Friedrich Hugo Heusch aus Aachen gründete die Firma im Jahr 1902 als Indústria Española de Perlas de Imitación. Das Unternehmen erlebte eine wechselvolle Geschichte und hat heute seinen Hauptsitz in Barcelona. Die wichtigste Produktionsstätte jedoch ist nach wie vor in Manacor. Von hier aus werden Juweliere rund um den Globus mit Mallorca-Perlen beliefert. Die „spanische Perle", wie sie weltweit genannt wird, ist bei den internationalen Schmuckliebhabern besonders geschätzt. Das aktuelle Sortiment umfasst etwa 10.000 verschiedene Perlen- und Schmuckkonzepte.

In Handarbeit gefertigt: Majorica-Perlen

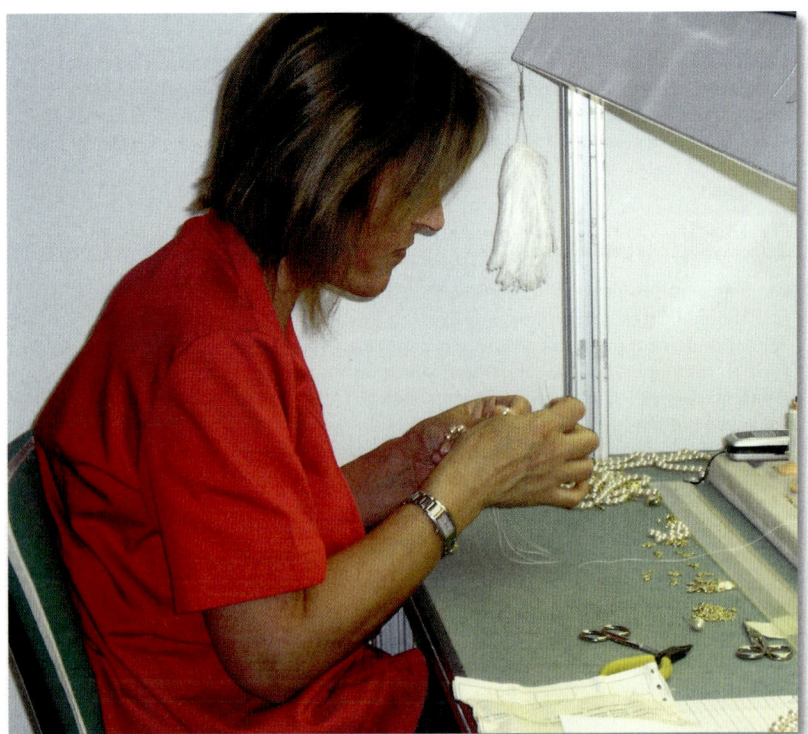

Die besten „pintxos" der Stadt

In der Tapa-Bar **Es Pintxo** hängen die Schinken noch über der Theke und auch sonst geht es eher rustikal und sehr gemütlich in dem kleinen Lokal zu. Der Abstecher in die Carrer de l'Amistat 5 in Manacor lohnt sich: Es heißt, hier gäbe es die besten *pintxos* der Stadt. Pintxos sind aufwendiger zubereitet als Tapas: Auf einer Weißbrotscheibe werden kunstvoll Fleisch, Fisch, Meeresfrüchte, Gemüse, Tortillas und vieles mehr mit einem kleinen Holzspieß zusammengehalten – der Fantasie sind keine Grenzen gesetzt (Tel. 971 550194).

Die Qualität der **mallorquinischen Perle** gilt bei Experten als hervorragend. Sie verliert ihre Farbe nicht, bricht nicht und ist von einer echten Perle kaum zu unterscheiden. Ihre Fertigung war noch von Hugo Heusch entwickelt worden und hat sich im Laufe der Jahre weiter verfeinert.

Das Verfahren klingt auf den ersten Blick kompliziert, ist aber einfach: Im Unterschied zu anderen Imitations-Perlen verzichtet man bei der Herstellung der mallorquinischen **Kunstperlen** auf die üblichen Glasperlen. Vielmehr werden unter Hochdruck Sandkerne gehärtet, die man auf eine Spezialhalterung steckt und mit einer Art Mantel umhüllt. Dieser Mantel setzt sich aus 30 Schichten einer Masse zusammen, die aus perlmutthaltigen und perlmuttähnlichen Materialien besteht wie beispielsweise Fischschuppen. Jede Schicht wird mit einem Gasbrenner so stark erhitzt, dass sich die einzelnen Moleküle fest zusammenschließen. Durch die Beimischung von farbigen Mineralien kann jede gewünschte Schattierung und Tönung der Perlen erreicht werden. Nach dem Abkühlen werden sie geschliffen und poliert. Ihr großer Vorteil gegenüber echten Perlen, die in Muscheln wachsen, sehr selten und kostbar sind, ist der günstige Preis. Eine echte Perle ist um ein Vielfaches teurer.

Wer also schon immer eine schöne Perlenkette oder Perlenohrringe tragen wollte, aber bisher den Preis gescheut hat, der findet in Manacor ein reichhaltiges Angebot aller Preisklassen. Die Mallorca-Perlen sind eines der beliebtesten Mitbringsel der Touristen.

Anfahrt von Palma: an der Carretera Palma-Manacor, im Industriegebiet am Ortsausgang kurz hinter der traditionellen Olivenholzfabrik oliv-art. **Informationen:** Die Perlenfabrik **Majorica** in Manacor veranstaltet auch einen geführten **Rundgang** durch Fabrik und Produktionsstätten – eine gute Ergänzung zu einem Einkaufsbummel auf der Insel. Hier wird demonstriert, wie die Perlen hergestellt werden, in der Regel zu den Öffnungszeiten des Ladens (Nov.–April 9–18 Uhr, Mai–Okt. 9–20 Uhr, www.majorica.com). **Verkaufsstätten der Majorica-Perlen:** im Kaufhaus El Corte Inglés, Avinguda Alexandre Rosselló, 12-16, und Avinguda Jaume III, 15, Mo–Sa 9.30–21.30 Uhr, im Einkaufszentrum in Porto Pi (südwestl. von Palma), Avinguda De Gabriel Roca, 54, Mo–Sa 10–22 Uhr, und in Palma in der Carrer Jaume II, 36, sowie Carrer Colón, 15, Mo–Sa 10–20.30 Uhr.

INFO

46 Inca: Mallorcas Lederstadt hat mehr zu bieten als Schuhe und Taschen

Die Stadt **Inca** im Herzen Mallorcas ist als Lederstadt bekannt und eine Fundgrube für Schuhe und andere Lederwaren. Die knapp 30.000-Einwohner-Stadt ist nach Palma und Manacor die drittgrößte auf der Insel. Man erreicht sie von Palma aus über die Autobahn oder bequem mit dem Zug von Palma nach Manacor. Vom Bahnhof führt eine Fußgängerzone, die **Carrer del Comerç**, direkt ins Zentrum. Inca bietet seinen Besuchern verschiedene Routen an:

Schuhroute: Sie führt zu verschiedenen Geschäften und Fabriken sowie zu einem Museum. Das erst kürzlich eröffnete **Museo del Calçat i de la Pell** (Schuhmuseum) ist in der ehemaligen Kaserne der Guardia Civil untergebracht. Im Erdgeschoss finden wechselnde Ausstellungen statt, während die Besucher im ersten Stock die verschiedensten traditionellen Maschinen finden, die früher zur Herstellung von Schuhen verwendet wurden. Inca steht für Schuhe und Lederwaren und gilt als eines der großen europäischen Zentren dieser Industrie. Mallorquinisches Schuhwerk genießt in der ganzen Welt größtes Ansehen. Wer Schuhe kaufen will, hier findet er die größte, beste und auch preiswerteste Auswahl.

Shoppingroute querbeet: Inca ist eine Gemeinde mit langer Handelstradition und gilt nach Palma als der wichtigste Ort Mallorcas mit dynamischen Wirtschaftssektoren. An der **Carrer Major**, der Haupteinkaufsstraße, liegen viele kleine Läden, die eine große Vielfalt hochwertiger Produkte anbieten, vor allem Textilien: Hemden und Krawatten, Anzüge und Kleider, bunte Schals und modische Tücher. Viel Spaß beim Stöbern.

Route der Weinkeller: Zum Entspannen führt diese Route in verschiedene Weinkeller. In den sogenannten *cellers* wird Wein gelagert, oft auch verkostet und verkauft.

Marktroute: Immer donnerstags wird der übliche **Wochenmarkt** mitten in der Stadt, nur wenige Schritte vom Rathaus entfernt, abgehalten. Die Hausfrauen haben ihre festen Routen, um frisches Obst und Gemüse, Fisch und Fleisch einzukaufen, eventuell auch das eine oder andere Haushaltsgerät zu erstehen und einen Blick auf die Auslagen der Textilhändler zu wagen.

Frische mallorquinische Produkte von Artischocken bis Zackenbarsch bekommt man täglich in der **neuen Markthalle** Incas, dem Mercat Cobert, im Zentrum an der Carrer del Pez.

Kunsthandwerkermarkt: Der Markt findet in der Fußgängerzone Carrer Major statt, die sich vom Rathausplatz bis zum Kirchplatz erstreckt. Jeden Freitagvor-

---

Der Dijous Bó, der „Gute Donnerstag"

Die Mallorquiner lieben Inca vor allem wegen eines besonderen Tages im Jahr: dem Dijous Bó, dem **Guten Donnerstag**. An jedem dritten Donnerstag im November findet ein riesiger Jahrmarkt mit Schaustellern, Viehmarkt und Ausstellungen landwirtschaftlicher Geräte statt. Tausende von Besuchern strömen dann in die Stadt, um zu gucken, zu kaufen und zu feiern. Das bunte Treiben leitet auf Mallorca den Winter ein.

Eine riesige Auswahl – Taschenfans kommen in Inca auf ihre Kosten

mittag, von Mai bis September, zeigen hier Handwerker aus ganz Mallorca, vom Korbflechter bis zum Olivenholzschnitzer, ihre Arbeiten und fertigen sie teilweise auch direkt vor Ort an.

Informationen: Inca bietet im Internet ausführliche Informationen über die Stadt und über die verschiedenen Shoppingrouten an. Die Website erscheint auch in deutscher Sprache: **www.incaturistica.es**.
In Inca werden Schuhe der auch in Deutschland sehr angesagten Kultmarke **Camper** hergestellt. Wer von Palma kommend Richtung Innenstadt fährt, passiert Fabrik und **Outlet** (am Kreisverkehr mit BP-Tankstelle links halten, dann immer geradeaus bis zum Hinweisschild Camper, dort rechts abbiegen, der Ausschilderung weiter folgen; Poligono Industrial, s/n, Tel. 971 507158, Mo-Fr 9-19, Sa 9-14 Uhr).

Übernachten: Zwei Kilometer außerhalb von Inca liegt das Finca-Hotel **Casa del Virrey**, das „Haus des Vizekönigs", an der Carretera Inca-Sencelles, Km 2,4. Das herrschaftliche Gebäude stammt aus dem 17. Jahrhundert und ist großzügig mit Antiquitäten ausgestattet. Das kleine Familienhotel verfügt über 16 Zimmer (Suiten und Doppelzimmer), Pool, Garten und das Restaurante Doña Irene. Die Übernachtungspreise inkl. Frühstück bewegen sich zwischen 70 und 120 €. Maria, die gute Seele des Hauses, spricht perfekt deutsch (Tel. 971 881018, www.casadelvirrey. net, Drei-Gänge-Menü 35 €).

INFO

47 Die schönsten Mitbringsel von der Insel

Wer sich etwas Besonderes gönnen will, sollte nach Santa Maria fahren oder sich im Atelier eines deutschen Goldschmiedemeisters in Palma inspirieren lassen.

Santa Maria del Camí (47a, s. Karte) liegt an der alten Landstraße zwischen Palma und Inca. Früher war die kleine Gemeinde die erste Raststation auf dem Weg von der Hauptstadt in den Norden. Heute fließt der Verkehr über die Autobahn um das Dorf herum, es ist ruhiger geworden hier. Und wer Santa Maria heute besucht, kommt meist nur aus einem Grund: Er will Stoffe kaufen.

Es sind die berühmten *roba de llengües (telas de lengua),* die Zungenstoffe. Die Muster erinnern an orientalisches Design. Die bekannten orientalischen „Ikats" haben große Ähnlichkeit mit den **Flammenstoffen** der Insel. Doch im Laufe der Jahrhunderte hat sich die mallorquinische Stoffkunst weiter entwickelt und genießt in der internationalen Textilbranche große Anerkennung. Auch heute noch werden die Stoffe aus Baumwolle und Leinen, manchmal auch aus Seide, in den Werkstätten in Santa Maria und Pollença auf traditionelle Weise per Hand gewebt. Die Mischung der Farben gehört zu den bestgehüteten Geheimnissen der einzelnen Betriebe.

Die Stoffe mit den ornamentartigen Mustern sieht man überall auf der Insel: auf den Polstermöbeln und Gardinen der Ferienhotels, als Vorhänge und Tischwäsche in Restaurants, als Bezüge auf den Schaukelstühlen der Fincas oder als Teppiche und Bettwäsche in den Häusern der Mallorquiner. Viele Reisende nehmen sie auch als Mitbringsel mit nach Hause. Sie werden in zahlreichen Textilgeschäften auf der Insel, vor allem aber in Santa Maria und in Palma, verkauft.

Einer der bekanntesten und ältesten Hersteller ist die kleine Firma **Bujosa** in Santa Maria. Ihr unscheinbarer Laden mit Werkstatt liegt in der Carrer Bernardo Santa Eugènia. Besucher dürfen hier beim Weben zuschauen und die uralten Web-

In der Joyeria wird jeder Wunsch erfüllt

stühle bewundern. Bujosa ist ein Familienbetrieb, in dritter Generation werden hier Stoffe hergestellt. Chef des Unternehmens ist Guillermo Bujosa, der den Betrieb ebenfalls an seinen Sohn weitervererben wird. Sein Vater hat die Werkstatt 1949 gegründet. Bujosa bietet heute 200 verschiedene Muster an. Die Kunden können ihre Lieblingsfarben selbst auswählen.

Auf die individuellen Wünsche seiner Kunden geht auch Goldschmiedemeister Boris Jakob ein. Der Düsseldorfer betreibt mit seiner Frau Connie mitten in Palma, ganz in der Nähe der Bar Bosch, ein Juweliergeschäft. Die beiden leben seit 17 Jahren auf Mallorca. Die **Joyeria (47b, s. Karte)** in der Carrer Paraires besteht aus Laden und Atelier. Das Be-

Juwelier Boris Jakob lässt sich bei der Arbeit zuschauen

sondere ist, dass die Kunden vom Verkaufsraum aus den Goldschmied bei seiner Arbeit in der Werkstatt beobachten können. Boris Jakob entwirft seine Schmuckstücke selbst, oft nach den individuellen Vorstellungen seiner Kunden. Zum Sortiment gehören Ringe, Anhänger, Ohrringe und Manschettenknöpfe. Er fertigt seine Schmuckstücke nach einer **alten, traditionellen Goldschmiedetechnik** an, benutzt dazu den Rückenpanzer eines Tintenfisches (Sepia) als Form und ritzt darin das Muster ein. Das zu verarbeitende Material wird heiß in diese Form gegossen. So entstehen faszinierende Einzelstücke – jedes für sich ein Unikat.

INFO

Informationen: Stofffirma **Bujosa**, Carrer Bernardo Santa Eugènia, 5, Santa Maria del Camí, Mallorca, Tel. 971 620054, www.bujosatextil.com, Mo-Fr 9-13, 15.30-20 Uhr.
Juwelierladen: Joyeria **Boris Jakob**, Carrer Paraires, 11, Palma, Tel. 971 728387, www.borisjakob.com, Mo-Fr 10-14, 16-20, Sa 11-15 Uhr.
Essen & Trinken: Santa Maria del Camí ist das Ziel vieler Gourmets. Sie lassen sich im Restaurant **Molí des Torrent** von Peter Himbert verwöhnen. Der Deutsche zählt zu den besten Köchen der Insel. Das Lokal in der Carretera de Bunyola 75 ist in einer alten Mühle ein paar Autominuten außerhalb des Ortes untergebracht. Himberts Frühlingsrolle mit Hummer und asiatischem Gemüse und sein Rinderfilet mit gebratener Gänseleber in Riojasauce sind ein Gedicht (Tel. 971 140503, www.molides torrent.de, Sept.-Juni Fr-Di 13-15, 19.30-24 Uhr, Juli-Aug. Fr-Mi 19.30-24 Uhr, gehobenes Preisniveau).
Übernachten: Wer in Santa Maria über Nacht bleibt, geht ins **READS**. Das Luxushotel mit 23 Zimmern liegt in einer 20.000 Quadratmeter großen Parkanlage, wenige Autominuten vom Ortskern entfernt. Die Übernachtungspreise bewegen sich im oberen Bereich (Tel. 971 140261, www.readshotel.com, mit Pool, Spa, Restaurant).

48 Naturprodukte der Insel

Die Naturprodukte der Insel gelten als vitaminreich, sehr gesund und sind äußerst schmackhaft – manchmal riechen sie auch einfach nur gut. Hier ein paar Anregungen und Tipps, wo man was am besten bekommt.

Das Parfüm Mallorcas: Der berauschende Duft steigt sofort in die Nase. Es ist das **Flor d'Ametler,** das Parfüm Mallorcas. das es nur hier auf der Insel gibt. Der Mallorquiner Bernardo Vallori begann vor 70 Jahren mit der Produktion, angeregt durch seine Mutter und Großmutter, die schon damals ihr eigenes Parfüm herstellten. Sie weichten die Mandelblüten mit Rosmarin, Lavendel, Salbei und Minze in Wasser ein und erzeugten auf diese Weise einen überwältigenden Duft. Noch heute wird das Flor d'Ametler per Hand im familieneigenen Betrieb in Pont d'Inca hergestellt. Es wird in vielen Drogerien auf Mallorca verkauft, kann aber auch online bestellt werden.

Das Salz der Insel: Es kommt vom Es-Trenc-Strand und gilt als das beste in Europa (s. auch S. 118). Das Salz wird unter der Sonne Mallorcas getrocknet und auf dem Wochenmarkt von Santanyí in verschiedenen Geschmacksrichtungen angeboten. Die Schweizerin Katja Wöhr produziert es. Sie hatte die Salzbauern in Südfrankreich bei der Ernte beobachtet und machte sich die Idee zu eigen. Mittlerweile gibt es viele Nachahmer, aber das Original ist allein das **Flor de Sal** vom Es-Trenc-Strand.

Die Früchte der Sonneninsel: Aprikosen und Orangen, aber auch Honig und Oliven gehören zu den gesündesten und leckersten Naturprodukten Mallorcas. Die besten und süßesten Aprikosen gibt es in **Porreres** im Landesinneren. Frisch gepflückt werden sie im Sommer immer dienstags von 8 bis 13 Uhr auf dem Wochenmarkt angeboten (ab Juni).

Orangen wachsen auf der ganzen Insel. Doch die schmackhaftesten Früchte kommen aus dem Orangental zwischen Sóller und Fornalutx. Hier wachsen 120.000

Porreres ist auf Mallorca für seine ausgezeichneten Aprikosen bekannt

Orangen- und Zitronenbäume. Ab Januar wird die beliebte Navelfrucht geerntet, sie ist besonders vitaminhaltig. Der Deutsche Franz Kraus betreibt neben der Markthalle von Sóller seine Firma **Fet a Soller**, einen Lieferservice für Orangen.

Wer besonderen Wert auf Ökoprodukte legt, kann Honig und Marmeladen von der Öko-Finca Son Figuerola bei Inca kaufen. Beides gehört zum Sortiment des Ökoladens **Son Figuerola Can Moreu** an der Plaça Mare de Déu de Lluc in Inca und wird gegenüber der neuen Markthalle angeboten.

Von besonderer Qualität ist das **Olivenöl**, das es auf allen Märkten und in vielen Lebensmittelgeschäften der Insel zu kaufen gibt. Zentrum des Olivenanbaus ist das Dörfchen Caimari am Fuß der Serra de Tramuntana. Alljährlich findet

Die mallorquinischen Märkte lohnen den Besuch

Mitte November in Caimari eine **Olivenmesse** statt. Olivenöl von der Insel vertreibt unter anderem das deutsche Unternehmen **Der Mallorquiner** mit Sitz in Bornheim auch online.

Wo gibt's das leckerste Eis auf Mallorca?

Wenn Sie vom Einkaufsbummel erschöpft sind, wie wäre es mit einem Eis? Überall auf Mallorca gibt es leckeres Speiseeis. In Palma, an der Küste und sogar in den Dörfern im Landesinneren. Aber das **Eiscafe Cardinelli** in Sa Ràpita gehört zu den besten auf der Insel. Die Hamburgerin Sabine Cardinahl betreibt gemeinsam mit ihrer 22-jährigen Tochter Laura den kleinen Eisladen. Die begeisterte Hobbyköchin macht ihr Eis selbst. Die gängigen Sorten sind Schokoladen-, Vanille- und Erdbeereis. Der Renner jedoch ist der Schwarzwaldbecher mit Rum, Schokoladenstreusel und ganz viel Sahne (www.cardinelli mallorca.com, Avinguda Miramar, 87).

Informationen: Flor d'Ametler, www.flordametler.com. **Flor de Sal**, www.flordesaldestrenc. com, s. auch S. 118. In Zusammenarbeit mit Sternekoch Marc Fosh entwickelt Katja Wöhr neue Salzsorten, eingefärbt und mit Beigeschmack – von Rosmarin über Hibiskus bis Koriander.

Infos auch: www.mallorquiner.com. **Fet á Soller**, www.fetasoller.com. **Son Figuerola**, Tel. 971 880721. **Der Mallorquiner**, www. mallorquiner.com. Die beste Internetadresse für Urlauber zum Thema **inseltypische Produkte** ist: www.illesbalearsqualitat.es.

INFO

49 Das Salz Mallorcas – eine Prise vom Allerfeinsten

Warum ist Meerwasser salzig? Jedes Kind auf Mallorca kann diese Frage beantworten. Ist doch ganz klar: Vor vielen Millionen Jahren fiel eine kleine Salzmühle ins Meer, sank auf den Grund und begann zu mahlen. Sie mahlte und mahlte und hörte einfach nicht mehr auf zu mahlen. Kein Wunder also, dass das ganze Meer salzig ist. Und wenn die Mühle heute noch auf dem Meeresgrund liegt, dann mahlt sie immer noch.

Das Salz Mallorcas gilt weltweit als eines der besten. Es wird auf den **Salzfeldern** im Dreieck von Ses Salines, Campos und dem kleinen Hafenort Colònia de Sant Jordi im Süden der Insel alljährlich geerntet. Touristen, die während der Sommermonate mit ihrem Mietwagen den schmalen Weg zu Mallorcas schönstem Strand Es Trenc fahren, staunen immer wieder über die hohen, weißen Salzberge. Von Weitem sehen sie aus wie Schneeberge, die in der Sonne glänzen, oder auch wie die Spitze eines Eisberges im Ozean. Hier liegt die letzte Meeressaline Mallorcas. Bereits in der Antike wurde an dieser Stelle das kostbare Natursalz gewonnen. Der industrielle Abbau des Inselsalzes begann allerdings erst 1945.

Ein paar Arbeiter bewegen sich zwischen den künstlich angelegten Teichen, die in etwa 7000 Quadratmeter große Felder unterteilt sind. Mehrere Pumpen befördern im Frühjahr das Wasser aus dem Meer über einen zwei Kilometer langen Kanal in die Felder. Vom Meer her weht der Wind und lässt das Wasser langsam verdunsten. Bei diesem Prozess wird er von der Sonne und der sommerlichen Hitze unterstützt. Das Wasser schwindet, zurück bleibt eine undefinierbare Masse, die dicker und dicker wird und deren Salzgehalt von 35 auf 235 Gramm pro Liter steigt. Im September beginnen die Arbeiter mit der Ernte. Sie brechen die Schichten mit Salzeggen ab und türmen sie zu mehreren Hügeln auf, die als **weißes Gebirge am Es Trenc (49, s. Karte)** die Aufmerksamkeit der Touristen erregen. Nun beginnt die Feinarbeit. Das aufgetürmte Salz wird gewaschen, gesiebt, vom Schlamm gereinigt und in einer Mühle zerrieben. Auf diese Weise entstehen zweierlei Salze: das grobe Industriesalz, das zur Entkalkung von Wasseranlagen in Hotels und Krankenhäusern genutzt wird, und das begehr-

Salz mit Aroma – 100 Prozent naturbelassen

Das weiße Gebirge am Es Trenc

te Speisesalz. In ihm sollen mehr als 80 lebenswichtige Mineralien und Spurenelemente zu finden sein.

Auf dieses Salz schwören nun auch Mallorcas Hausfrauen und Köche. Dem absolut naturreinen **Flor de Sal de Mallorca** wird höchste Qualität bescheinigt. Der Geschmack ist blumig, zart und doch kraftvoll. Wenn die Salzkristalle auf der Zunge zergehen, schmeckt man förmlich das Meer. Und so ist es kein Wunder, dass mehrere tausend Tonnen allein auf der Insel verbraucht werden – privat in mallorquinischen Küchen, vor allem aber in den vielen guten Restaurants.

Die in der Schweiz geborene Katja Wöhr, eine ausgewiesene Gourmet-Expertin, gilt heute als die einzige Salzproduzentin Mallorcas. Sie sah vor mehr als zehn Jahren den Bauern in der südfranzösischen Carmargue bei der Salzernte zu. „Ich spürte sofort, da liegt auch meine Zukunft. Mit dem Meer arbeiten zu können, ist ein großes Geschenk", sagt sie. Für Katja Wöhr boten die Salinen die idealen Bedingungen für die Produktion. Sie erwarb alle Lizenzen und gründete das Unternehmen **Flor de Sal d'Es Trenc**, das die edlen Salze produziert und inzwischen in alle Welt vertreibt. Sie eröffnete einen kleinen Laden, in dem sie alle ihre verschiedenen Salzmischungen verkauft, direkt neben den Salzfeldern. Ein zweites Geschäft, den Feinkostsalon **La Sal de la Vida**, gibt es in Santanyí.

Informationen: **Flor de Sal d'Es Trenc**, Gusto Mundial Balearides, Carrer Asprer, 11, Santanyí, Tel. 971 653385, www.flordesaldestrenc.com.

Feinkostladen in den Salinen: Carretera Campos–Colònia de Sant Jordi, Km 10, Campos. **Feinkostboutique** La Sal de la Vida, Plaça Major, Santanyí.

INFO

Restaurants

Schlaraffenland Mallorca: Den Serrano-Schinken sollte man unbedingt probieren

⑤⓪ Fangfrischer Fisch – bei Manolo, Toni und Joan

Wo gibt es denn nun den besten Fisch auf der Insel? Irgendwo in einem Hafen? Oder weit abgelegen in einer einsamen Bucht? Oder vielleicht doch in der Hauptstadt Palma? Die Auswahl jedenfalls ist groß. Es gibt mehr als 3000 Restaurants auf Mallorca, ein Drittel von ihnen sind reine Fischlokale. Jeder Gourmet hat nun seinen eigenen Geheimtipp. Unsere Favoriten sind Manolo, Toni und Joan.

Beginnen wir mit **Manolo in Ses Salines (50a, s. Karte)**, nicht weit vom Es-Trenc-Strand entfernt. Das unscheinbare Haus liegt neben der Kirche des kleinen Dorfes. Schon der spanische Thronfolger Felipe und seine Frau Letizia haben hier gespeist. Eines Tages stand das Paar in der Tür und bat um einen Tisch für zwei Personen. Die Aufregung war groß – denn sie hatten nicht reserviert und das Lokal war rappelvoll. Für die beiden war das aber kein Problem. Sie stellten sich an die Theke, probierten ein paar Tapas und warteten geduldig. Als der winzige Tisch gleich am Eingang frei wurde, nahmen sie Platz, bestellten Fisch und Wein und ließen es sich schmecken. „Seit dem Besuch des Prinzen und seiner Gattin bleibt der Tisch für die beiden auf Lebenszeit reserviert", sagt Apolonia, Manolos Tochter, die heute gemeinsam mit ihrem Bruder Juan das Fischrestaurant führt.

Das Lokal ist seit 1945 im Besitz der Familie Barahona. Manolos Eltern haben es damals gekauft. Anfang der Siebzigerjahre übernahmen Manolo und seine Frau Margarita das kleine Lokal und wandelten es in ein Fischrestaurant um, das inzwischen weit über Mallorcas Grenzen hinaus bekannt ist. Als Vorspeise gibt es immer noch Tapas, die nach alten Familienrezepten täglich frisch zubereitet werden. Doch das eigentliche Highlight bilden die leckeren Fischgerichte und diverse Meeresfrüchte. Manolo, selbst Fischer, weiß natürlich genau, bei welchen Kollegen er die beste Qualität bekommt. Im Lokal hat sich bis heute nichts geändert. Die Gäs-

In den Felsen der Bucht von Deià liegt das urigste Fischrestaurant der Insel, das Ca's Patró March

Schon das spanische Kronprinzenpaar ließ sich bei Manolo die Tapas schmecken

te sitzen dicht gedrängt an den kleinen Tischen. An den Wänden illustrieren Hunderte von Erinnerungsfotos die Geschichte des Lokals.

Im Hafen von **Colònia de Sant Jordi** im Süden Mallorcas betreibt Toni Gari sein Fischlokal **Port Blau (50b, s. Karte)**. Von Februar bis Ende November gibt es hier den besten Peterfisch der ganzen Insel. Er wird direkt vor der Küste der kleinen Insel Cabrera gefangen und an Toni geliefert. Außerdem bietet seine Küche Seehecht, Wolfsbarsch, Tintenfisch, Venusmuscheln und Langusten. Das Essen bei Toni ist immer ein großes Erlebnis. Die Tische stehen direkt am Wasser und während man den fangfrischen Fisch genießt, steigen einem die Düfte des Meeres direkt in die Nase.

In den Felsen der Bucht von Cala Deià versteckt liegt das **Ca's Patró March (50c, s. Karte)**, das urigste Fischrestaurant an der Westküste. „Vor 70 Jahren fuhr mein Opa noch täglich aufs Meer hinaus und fischte. Dann hat er das Restaurant gebaut", erzählt Wirt Joan. Auch heute noch bietet er Fisch an, der wenige Stunden zuvor im Meer gefangen wurde. Neuerdings hat das Ca's Patró March im August die ganze Nacht geöffnet. Wer nach dem Bad in der Bucht gut essen möchte, der sollte sich unbedingt einen Platz reservieren.

Informationen: **Casa Manolo**, an der Kirche in Ses Salines, Tel. 971 649130, www.bodegabarahona.com. Inhaberin Apolonia spricht deutsch.
Port Blau in Colònia de Sant Jordi am Hafen, Carrer Gabriel Roca, 67, Tel. 971 656555, www.portblau.com. Inhaber Toni Gari spricht deutsch.
Ca's Patró March ist über eine kurvige Straße von Deià aus zu erreichen. Am Ende der Straße gibt es Parkplätze. Tel. 971 639137. In der Hochsaison abends unbedingt reservieren.
Preise: Alle drei Fischlokale liegen im mittleren Preissegment. Ein fangfrischer Fisch wird in der Regel zwischen 14 und 18 Euro angeboten. Es gibt je nach Saison oft auch preiswertere Angebote. Teuer sind überall Fischplatten für mehrere Personen und Paellas.

INFO

51 Wo es die besten Tapas der Insel gibt

Tapas ist ein Zauberwort, denn die **kleinen Appetithäppchen** versprechen höchste Gaumenfreuden. Es gibt viele Anekdoten über die Entstehung des Namens, doch der Wahrheit kommt wohl diese Geschichte am nächsten: Immer wenn die alten Männer vor den Bars in Andalusien saßen und ihren Wein tranken, wurden sie von unzähligen Fliegen belästigt. Eines Tages legte ein Wirt eine Scheibe Brot als Abdeckung auf ein Weinglas, um das kostbare Getränk zu schützen. Der Deckel, der im Spanischen *tapa* heißt, entwickelte sich im Laufe der Jahre immer weiter. Mal kam eine Olive aufs Brot, mal eine Sardelle. Dann wurde die Leckerei auf dem Deckel immer kreativer und aufwendiger und trat schließlich einen rasanten Siegeszug durch die Bars und Restaurants weltweit an.

Als ungekrönte Tapa-Hauptstadt gilt immer noch Andalusiens Metropole Sevilla, dicht gefolgt von Palma. Einmal im Jahr, immer im Oktober, veranstaltet die Balearenmetropole ein wahres Tapa-Festival. Auf der **Tapalma** können die Schlemmerfreunde dann die verschiedensten kleinen Köstlichkeiten probieren. In zahlreichen Restaurants, Bars und Imbissstuben im Zentrum der Stadt werden im Rahmen des Festivals für jeweils zwei Euro Dutzende von Tapa-Variationen angeboten: unter anderem Oliven *(aceitunas)*, unterschiedlichste *tortillas*, die klassischen *albóndigas*, kleine Fleischklößchen, in Öl geröstete und gesalzene Mandeln *(almendras fritas)*, in Essig marinierte Sardellen *(boquerones en vinagre)*, Gambas al ajillo mit Chili und viel Knoblauch oder das beliebte *pa amb tomàquet*, Brot, das kräftig mit Tomatenfleisch, Olivenöl und Knoblauch eingerieben wird.

Tapas gibt es auf Mallorca heute während des ganzen Jahres. Jedes Restaurant und jede Bar bieten die leckeren Appetithäppchen an. Doch immer mehr Wirte betreiben spezielle Tapa-Bars. Die meisten liegen in Palmas Altstadt. Eine der beliebtesten ist die Bar **La Lonja (51a, s. Karte)** gleich neben der alten Seehandelsbörse, eine charmante Hafenkneipe im gemütlichen Holz- und Lederambiente. Auch draußen, auf der Plaça, wird serviert. Es gibt alles, was das Tapa-Herz begehrt: von eingelegten Auberginen bis zum Tintenfisch oder von den knusprigen Datteln im Speckmantel bis zum spanischen Kartoffelomelett. Die Preise für die Häppchen beginnen bei 1,50 Euro.

Eine paar Schritte weiter, im **La Boveda (51b, s. Karte)**, herrscht Hochbetrieb. Ein Dutzend Kreuzfahrt-Passagiere haben das Restaurant bei ihrem Palma-Bummel entdeckt. Sie bestellen Gambas und Serrano-Schinken. Das magere Schweinefleisch mit dem mildaromatischen Geschmack wird frisch geschnitten und auf großen Tellern serviert.

Im La Lonja wählt der Gast die Tapas an der Theke aus

Eine der besten Tapa-Adressen in Palma ist das La Boveda

Aber auch in den Inseldörfern etablieren sich die ersten speziellen Tapa-Restaurants. Eines der angesagtesten ist das **Sa Placa (51c, s. Karte)** in Alqueria Blanca im Südosten von Mallorca. Es wird von der Deutschen Katja Ickrodt und ihrem mallorquinischen Mann Toni Borrueco betrieben. Zu den Gästen zählen auch viele Deutsche, die in der Nähe eine Finca haben. Das beliebteste Gericht ist nach Auskunft der Wirtin der im Blätterteigmantel gebackene Ziegenkäse. Er wird mit Pflaumen serviert, im Sommer auch mit frischen Feigen – ein Gedicht!

Alles rund ums Essen

Die aktuellsten Infos zu 1000 der insgesamt 3000 Restaurants auf Mallorca liefert **SkyBlue Mallorca** (www.skybluemallorca.com), auch in deutscher Sprache. 250 dieser Lokale wurden getestet und ausgesucht, alle anderen Restaurants auf der Site sind ebenfalls überprüft worden. Man kann die Restaurants nach Namen, Küche oder Region suchen, die Site bietet ein Profil jeder Adresse sowie Kontaktdaten und die Möglichkeit, direkt zu reservieren. Wer mag, kann auch den Newsletter mit Neuigkeiten aus der Gastronomieszene Mallorcas abonnieren. Ca. 350 Videos von SkyBlue Mallorca sind auf dem eigenen Youtube-Kanal zu sehen. Die deutschsprachige Astrid Kauffmann und ihr Kollege Anthony de Souza gründeten SkyBlue vor sieben Jahren.

Informationen: La Lonja, Carrer Llotja del Mar, 2, Palma, Tel. 971 722799, moderate Preise, gute Tapas. Es wird fast nur Spanisch gesprochen. **La Boveda**, Passeig Sagrera, 3, Palma, Tel. 971 720026, www.restaurantela boveda.com. Riesenauswahl an Tapas, auch hier moderate, bezahlbare Preise. **Sa Placa**, in Alqueria Blanca am alten Dorfplatz, Tel. 971 164022. Sehr gute Tapas. Reiche Auswahl, kreative Gerichte, gehobene Preise.

INFO

52 Speisen mit Traumblick

Wenn die Sonne im Meer versinkt, das goldgelbe Licht in den Wellen glitzert, dann geht einem das Herz auf und man genießt das Essen auf der Terrasse eines Restaurants an der Küste auf besondere Weise. Mallorca ist in der glücklichen Lage, eine große Auswahl an Lokalen mit Traumblick bieten zu können. Oft liegen sie versteckt in den Bergen der Serra de Tramuntana oder in einem kleinen Fischerort. Wir stellen Ihnen vier Restaurants vor, die alle Gaumenfreuden auf hohem Niveau mit teilweise spektakulären Ausblicken garantieren.

Das Restaurant mit dem schönsten und längsten Sonnenuntergang heißt **Sa Xarxa**, das Fischernetz. Es liegt in der Bucht von Alcúdia im Fischerdörfchen Colònia de Sant Pere. In der kleinen Gemeinde mit ihren knapp 600 Einwohnern ist die Welt noch in Ordnung, nur wenige Touristen finden den Weg hierher. Die meisten Besucher kommen erst am frühen Abend, um den spektakulären Untergang des glutroten Sonnenballs zu beobachten. Das Naturschauspiel kann bis zu drei Stunden dauern, und die Tische des Restaurants stehen nur wenige Meter vom Meer entfernt. Auf dem Wasser spiegelt sich das Goldgelb der Sonne, und in der Ferne ragen die Gipfel des Tramuntana-Gebirges aus dem Dunst, der sich durch die aufsteigende Feuchtigkeit gebildet hat. Fast geriete das Essen bei diesem Erlebnis zur Nebensache, wäre es nicht so außergewöhnlich gut. Die Tapas und auch die Rotbrasse im Salzmantel sind äußerst schmackhaft. Sa Xarxa wird von der Hamburgerin Sabine Hagström betrieben. Die Innenräume des Restaurants erinnern an ihre Heimatstadt: Es ist mit 100 Jahre alten Möbeln ausgestattet, die ihr Lebensgefährte aus einer Hamburger Kneipe ersteigert hat.

„Hier sitzt immer unser König", pflegt Küchenchef Benet Vicens stolz zu sagen, wenn er seine Gäste zu dem kleinen, weiß gedeckten Tisch am Ende der Terrasse seines Restaurants führt. Juan Carlos I. und Königin Sofía besuchen während ihres Sommerurlaubs auf Mallorca regelmäßig das **Béns d'Avall**. Das Restaurant zwischen Sóller und Deià an der Westküste bietet eine der faszinierendsten Aussichten der Insel. Das Lokal ist seit 1971 in Familienbesitz, Benet Vicens, in Sóller geboren, gilt als einer der besten Köche Mallorcas. Sein Lieblingsgericht ist das mallorquinische Lamm aus der Serra de Tramuntana, arrangiert mit Zwiebeln und Pilzen. Er verwendet fast ausschließlich heimische Produkte. Sein Hauswein ist ein Chardonnay von der Bodega Gelabert aus Manacor.

Mallorca mit seinen traumhaften Sonnenuntergängen

Das Béns d'Avall an der mallorquinischen Westküste bietet eine der faszinierendsten Aussichten Mallorcas

Zwei weitere Feinschmeckerlokale mit traumhaften Aussichten gibt es in Canyamel an der Nordostküste und in Alcúdia im Norden. Von der Terrasse des Restaurants **Vintage 1934** des Cap Vermell Beach Hotels in Canyamel geht der Blick weit hinaus übers Meer. Das Lokal bietet eine hervorragende Mittelmeerküche: frische Langusten, fangfrischen Fisch und eine reiche Auswahl an Fleischgerichten. Das Restaurant **Mirador de la Victòria** liegt in einem Naturschutzgebiet und ist von Pinienwäldern umgeben. Der Gastraum befindet sich in einer traditionellen mallorquinischen Villa, er ist rustikal und in mediterranen Tönen dekoriert. Doch der schönste Platz des Hauses ist auf der Terrasse. Von hier hat man einen wunderbaren Blick über die Bucht von Pollença. Das Essen schmeckt ausgezeichnet. Das Restaurant ist übrigens ideal für Familien. Während die Eltern in Ruhe speisen, können sich die Kleinen auf dem hauseigenen Spielplatz vergnügen.

Informationen: Restaurant Sa Xarxa, Passeig de Mar, s/n, Colònia de Sant Pere, Tel. 971 589251, www.sa-xarxa.com.
Restaurant Béns d'Avall, zwischen Sóller und Deià, Urb. Costa Deià, Carretera Sóller–Deià, Tel. 971 632381, www.bensdavall.com.
Restaurant Vintage 1934, Plaça Es Pins de Ses Vegues, 1, Canyamel, Tel. 971 841157, www.grupocapvermell.com

Mirador de la Victòria, Carretera Cabo Pinar, Camí de la Victòria, Alcúdia, Tel. 971 547173, www.miradordela victoria.com.
Im Winter können einige der Restaurants ein paar Wochen geschlossen haben. Alle Restaurants sind **Feinschmeckerlokale:** Sie bieten eine Küche vom Feinsten, allerdings mit entsprechenden Preisen.

INFO

🔢53 Strandrestaurants – ein einfacher, aber perfekter Urlaubsgenuss

Die nackten Füße im Sand, gekühlter Roséwein auf dem wackeligen Holztisch, dazu ein Stück Schafskäse mit knusprigem Baguette. Strand und Meer in Reichweite, blauer Himmel und Sonne – wo gibt's sie noch, die einfachen Strandrestaurants, wie wir sie von früher kennen? Wir haben zwei sehr schöne entdeckt, die einen Besuch lohnen.

Hier könnte man seine gesamten Ferien verbringen. Programmpunkte könnten sein: morgens beim Kaffee einen Plausch mit Andy halten, danach ein Sprung ins Meer. Mittags ein frischer Fisch vom Grill, vielleicht mit einem Gläschen Wein. Danach ein *cortado* mit viel Zucker und anschließend ein bisschen in der Sonne dösen. Am Nachmittag ein kleiner Spaziergang am Strand oder ein Volleyballmatch mit den Einheimischen. Um 18 Uhr zur After-Beach-Party ein kleiner Cocktail. Und am Abend? Da ist das große Finale angesagt: mit fangfrischem Fisch, einer Flasche gekühltem Weißwein und als Beilage dazu etwas Asiatisches. Das Paradies heißt **El Sol (53a, s. Karte)** und ist eines der schönsten Strandrestaurants auf Mallorca. Es liegt am äußersten Ende des kleinen Ortes Son Serra de Marina im Norden der Insel. In dem beschaulichen Dörfchen leben nur Spanier und ein paar Residenten. Es gibt keine Hotels, keine Discos, nur Einfamilienhäuser, einen Lebensmittelladen, einen Bäcker, eine Apotheke und einen **kilometerlangen Sandstrand** mit unberührter Dünenlandschaft. Seit 2005 betreibt Andy Handwerker hier das El Sol. Es ist immer geöffnet, im Sommer und im Winter, an 365 Tagen im Jahr. Das Lokal am Meer ist so beliebt, dass viele Urlauber inselweit anreisen. „Sie

Am unberührten Naturstrand vor dem El Sol findet sich immer jemand zum Beachvolleyballspiel

Und noch mehr Strandrestaurants ...

Es Murters am Es-Trenc-Strand in Se Covetes: einfache Strandbude. Hier gibt's besonders frischen Fisch. Preise im mittleren Bereich. In der Regel schließen die Strandbuden um 20 Uhr, Es Murters hat meistens länger, oft bis 23 Uhr, geöffnet.
Nassau Beach Club an Palmas Stadtstrand Can Pere Antoni: Tel. 871 701159, www.nassaubeachclub.com, tgl. 9–2 Uhr nachts geöffnet. Luxuriöses Ambiente, hohe Preise (s. auch S. 38, Stadtstrand Can Pere Antoni).
Purobeach in der Cala Estancia, Tel. 971 744744, www.purobeach.com, im Sommer 11–1 Uhr, im Winter 11–19 Uhr (s. auch S. 140, Palmas Stadtstrand), luxuriöses Ambiente, hohe Preise.
Restaurant Sa Llonja in Portocristo, mit einem Traumblick auf den Hafen (nicht zu verwechseln mit der Bar La Llonja in Palma), Tel. 971 822859. Das Lokal liegt direkt am Meer und hat eine wunderschöne Terrasse. Mediterrane Spezialitäten, 3-Gänge-Menü ca. 35 € plus Wein (Dez., Jan., Febr. geschl.).
Restaurant Flor de Sal in Camp de Mar, Tel. 971 235566, im Sommer tgl. geöffnet. Einmaliger Meerblick, gute Küche, gehobenes Preissegment, 3 Gänge 38–40 €, in der Mittagszeit auch Snack- und Tapa-Menü. Im Sommer tgl. geöffnet.

sitzen hier einfach nur in der Sonne, schauen dem Spiel der Wellen zu und genießen Essen und Wein", sagt der deutsche Wirt. Wer will, kann sogar über Nacht bleiben. Andy hat über seinem Lokal eine paar **Apartments**, die er vermietet. Er selbst ist immer hier. Mit Frau und drei Kindern har er sein Paradies gefunden.

Ein ähnlich schönes Fleckchen gibt es ganz im Südosten der Insel, im Naturschutzpark der **Cala Mondrago (53b, s. Karte)**. Das gleichnamige Strandrestaurant wird seit 1986 von den mallorquinischen Brüdern Miquel und Pedro geführt. Beide sprechen deutsch, sind mit vielen Stammgästen befreundet und sorgen für eine heitere, unbeschwerte Urlaubsstimmung. Das Lokal liegt gleich am Strand, das Meer ist zum Greifen nah. Die Karte ist sehr umfangreich. Es gibt Fisch in jeder Variation: Krabben mit Knoblauch, Langusten, Seezunge und für den Gourmet, der bereit ist, etwas mehr auszugeben, Seeteufel *a la marinera* (mit Weißwein und Zwiebeln). Auch die Freunde eines guten Steaks kommen nicht zu kurz: Das Pfeffersteak ist absolut empfehlenswert. Für die Kids hat Miquel Hamburger und Würstchen im Angebot. Natürlich herrscht hier während der Hochsaison lebhafter Betrieb. Am schönsten ist es am Abend, wenn der Strand leer und der Blick frei aufs Wasser ist. Cala Mondrago hat bis Mitternacht geöffnet. Im Winter ist es geschlossen. Drei Wochen vor Ostern wird die Saison traditionell eröffnet, sie dauert hier in der Bucht bis etwa Ende November, wenn sich kein Urlauber mehr ins abgekühlte Wasser traut.

Informationen: **El Sol**, Son Serra de Marina, Tel. 971 854029, www. sunshine-bar.net. Sehr gutes Preis-Leistungs-Verhältnis: Auch für wenig Geld gibt es ein gutes Essen.

Cala Mondrago, Cafeteria & Bar, Platjas Cala Mondrago, Tel. 971 657820. Ordentliche Küche, aber hier ist natürlich alles etwas teurer, dafür ein sehr freundlicher und schneller Service.

INFO

54 Mallorcas Luxusrestaurants – etwas ganz Besonderes

Gaumengenuss auf höchstem Niveau. Hier hat Mallorca viel zu bieten: Restaurants mit Stern, aber auch ohne Michelin-Auszeichnung mit hervorragender Qualität.

Tristán Mar in Port de Portals: Das 1986 eröffnete Nobelrestaurant Tristán hat vor Kurzem seinen Michelin-Stern zurückgegeben, der seit 1987 ununterbrochen über dem Restaurant leuchtete. Küchenchef Gerhard Schwaiger verzichtete auf seinen Stern, weil er ein neues Projekt in Angriff genommen hat. Das alte Tristán wurde geschlossen, ein neues Restaurant eröffnet: das Tristán Mar. Das neue Gourmetlokal wurde auf der Terrasse eingerichtet, es bietet frische Fisch- und Meeresfrüchtespezialitäten an. Das **Bistro del Tristán** zog von der Terrasse ein paar Schritte weiter auf den Standort des alten Tristán. Schwaiger und sein Team setzen in ihren neuen Lokalitäten auf eine traditionelle Küche mit hochwertigen Produkten der Saison und versprechen sehr gute Qualität.

Zaranda in Llucmajor: Küchenchef Fernando Pérez Arellano eröffnete das Restaurant Zaranda 2005 in Madrid, im Jahr darauf bekam er seinen ersten Michelin-Stern. 2010 siedelte er mit seinem Team aus der spanischen Hauptstadt nach Mallorca um: ins luxuriöse Hilton Sa Torre Mallorca. Hier kocht er mit den besten mallorquinischen Zutaten und kombiniert sie auf erfrischende Art und Weise – ein Gaumenschmaus. Besonders empfehlenswert sind die Menüs. Da es nur wenige Tische gibt, bitte unbedingt reservieren.

Es Racó d'es Teix in Deià: Am Fuße des Teix-Berges, im malerischen Bergdorf Deià, residiert der Deutsche Josef Sauerschell in seinem Restaurant Es Racó d'es Teix, das er und seine Frau Leonor Payeras im Jahr 2000 eröffneten. Schon im Jahr darauf erhielt er einen Stern. Sauerschells Kreationen basieren auf reinen, besonderen Aromen und zelebrieren die klassische Mittelmeerküche. Sein

Gazpacho von der Roten Bete mit Königskrabbenfleisch und Kaviar

Von Gourmetkoch **Gerhard Schwaiger** – Rezept für 4 Personen

Zutaten für das Gazpacho: 2 EL Avocadoöl, 120 g rote Paprika, 120 g geschälte, entkernte Gurke, 400 g Tomaten, 700 ml frisch gepresster Rote-Bete-Saft, Salz, Pfeffer, frischer Ingwer (gerieben), Guakernmehl zum Binden.
Zubereitung: Das Avocadoöl im Topf erhitzen. Die klein geschnittenen Tomaten, Paprika und Gurke darin anschwitzen. Mit dem Rote-Bete-Saft aufgießen. Das Ganze so lange kochen, bis alle Zutaten gar sind, dann im Mixbecher mit dem Bindemittel vermengen. Anschließend passieren und mit Ingwer, Salz und Pfeffer abschmecken. Kühl stellen und später mit den Königskrabben servieren.
Zutaten für das marinierte Königskrabbenfleisch: 8 EL gekochtes Königskrabbenfleisch, 4 EL Crème fraîche, 2 EL gehackter Schnittlauch, Salz, Pfeffer, 4 EL Kaviar.
Zubereitung: Alle Zutaten miteinander verrühren und zusammen mit dem Kaviar auf der Gazpacho anrichten.

Nicht nur die Küche des Zaranda ist erlesen, auch sein Interieur überzeugt

Restaurant ist im ländlichen Stil eingerichtet. Der Speisesaal liegt auf zwei Ebenen. Von der Terrasse haben die Gäste einen herrlichen Blick auf die Berge.

Es Molí d'en Bou in Sa Coma: Tomeu Caldentey, der einzige Mallorquiner unter den Michelin-Stars, führt sein Restaurant seit dem Jahr 2000 und erkocht sich seit 2004 jedes Jahr seinen begehrten Stern. Er bringt traditionelle mallorquinische Gerichte mit frischem Touch auf den Tisch und schwört auf eine einfache, kreative Küche.

Informationen: Grupo Tristán, Local No. 1, Port de Portals, Tel. 971 675547, www.grupotristan.com, **Tristán Mar** tgl. geöffnet, **Bistro del Tristán** Di–So 13–15.30, 19–22.30 Uhr. **Zaranda Restaurante**, Camí de Sa Torre 8, 7, Llucmajor, Tel. 971 010450, www.zaranda.es, Di–So 19–23 Uhr. **Es Racó d'es Teix**, Carrer de Sa Vinya Vieja, 6, Deià, Tel. 971 639501, www.esracodesteix.es, Mi–Fr 13–17, 19.30–22.30 Uhr. **Es Molí d'en Bou**, Sa Coma Playa Hotel & Spa, Carrer Liles, s/n, Tel. 971 569663, www.esmolidenbou.es, Di–So mittags, Fr und Sa abends geöffnet.
In allen vier Restaurants sollte unbedingt vorher **reserviert** werden. Die **Preise** liegen im oberen Bereich.

INFO

55 „Menú del dia" – eine gute Alternative

Auf einer Schiefertafel am Eingang vieler mallorquinischer Restaurants wird jeden Tag das **Menú del dia** angekündigt. Da steht in weißer Kreideschrift, oft in Spanisch, Deutsch und Englisch, was es mittags zwischen 13 Uhr und 16 Uhr Leckeres zu essen gibt: Vorspeise, Hauptgericht und Dessert. In der Regel stehen jeweils drei bis sechs Gerichte zur Auswahl. Suppe oder Salat, Fisch oder Fleisch, Pudding oder Eis, dazu Brot, eine Flasche Wein, Wasser und Kaffee – und dies alles zu super günstigen Preisen, die sich zwischen sechs und zwölf Euro pro Person bewegen. Fast immer ist das Essen empfehlenswert. Wie gut es ist, kann man an der Zahl der Autos auf dem Parkplatz des Lokals erkennen. Stehen hier viele Fahrzeuge, kann man sicher sein, das Essen ist lecker.

Die Atmosphäre in den Lokalen ist entspannt. Die Gäste sind einheimische Arbeiter und Angestellte, Residenten und auch Urlauber. Oft treffen sich ganze Familien mit ihren Kindern und Freunden. Man kommt schnell ins Gespräch und kann seine ersten Spanischkenntnisse locker an den Mann bringen.

Das Tagesmenü ist gesetzlich vorgeschrieben. Jedes Restaurant ist verpflichtet, ein preiswertes *menú del dia* anzubieten. Feinschmeckerlokale und Restaurants der gehobenen Kategorie sind von dieser Verpflichtung ausgenommen, aber viele von ihnen bieten ebenfalls ein günstiges Gourmetmenü an. Einfach deshalb, um Gäste auf ihre Küche aufmerksam zu machen. Sie strengen sich dann besonders an und bieten für relativ wenig Geld einen sehr guten Mittagstisch.

Das Ca Na Toneta ist ein ausgesprochen charmantes Lokal

Auf Speisekarten allerdings müssen die Gäste verzichten. Es ist deshalb empfehlenswert, sich bereits am Eingang für das Hauptgericht zu entscheiden. Denn in der Hektik leiern die Ober die Gerichte meist schnell und kaum verständlich herunter.

Wer allerdings die Übersicht verliert und die Befürchtung hat, wegen der sprachlichen Schwierigkeiten etwas Falsches zu bestellen, sollte sich für ein Lokal entscheiden, das ein **Gran Buffet** anbietet. Ebenfalls zu einem günstigen Einheitspreis, oft unter zehn Euro, der an einer Kasse gleich am Eingang zu entrichten ist. Man bekommt eine Quittung und kann sich beliebig oft am Buffet bedienen. Eine wunderbare Einrichtung, denn man sieht die fertigen Speisen, die zur Auswahl stehen: verschiedene Fisch- und Fleischgerichte, Salate, Suppen und Saucen, die jeder für sich ganz individuell zusammenstellen kann. Erfrischungsgetränke werden in großen Kühlschränken gelagert. Wer Bier möchte, zapft es sich selbst. Die meisten Lokale mit *gran*

Viele Zutaten im Ca Na Toneta sind ökologisch angebaut

buffets sind an den Landstraßen zwischen den einzelnen Gemeinden zu finden. Hinweisschilder und bunte Reklametafeln machen auf diese Lokale aufmerksam.

INFO

Feinschmeckerlokal: Das Restaurant **L'Escrivania (55a, s. Karte)** in Porreres ist noch ganz neu. Gabriel Mora, in Porreres geboren und in der Welt herumgekommen, setzt auf höchste Qualität (am Rathaus, Tel. 971 647094, www.lescrivania.com). Das hervorragende *menú del dia* (3 Gänge) kostet 11 € inkl. Wein.

Hausmannskost: Die Schwestern Maria und Teresa Solivellas betreiben das **Ca Na Toneta (55b, s. Karte)** im Dörfchen Caimari am Fuße des Tramuntana-Gebirges. Das ökologisch angebaute Gemüse kommt aus dem eigenen Garten: Tomaten, Paprika und Zucchini. Im Winter gibt es Spinat und Kohl. Prominentester Gast war übri-

gens der deutsche Fernsehkoch Tim Mälzer (Carrer Horitzó, 21, Tel. 971 515226, www.canatoneta.com, tagesaktuelle Preise).

Gran Buffet: Das größte Restaurant Mallorcas, das ein preiswertes Tagesmenü anbietet, ist das **Es Cruce (55c, s. Karte)**. Es liegt an der Straße von Palma nach Manacor beim Abzweig Vilafranca bei Km 41. Auf den Tischkarten sind die einzelnen Gänge des *gran buffet* aufgelistet, aus der sich der Gast sein Mittagsmahl zusammenstellt. Ein Kellner bringt das Gericht zum Tisch (Tel. 971 560073, sehr preiswert, etwa 10 € für einen Mittagstisch).

56 Marc Fosh – vom Tellerwäscher zum Küchenchef

Es ist schon etwas Besonderes, bei Marc zu essen. Der Engländer Marc Fosh ist der bekannteste Koch auf Mallorca. Und einer der besten. Sein Motto lautet: „Stylish statt steif", also ungezwungener Genuss auf höchstem Niveau. Diese Philosophie zieht sich wie ein roter Faden durch das gastronomische Multikonzept der **Marc Fosh Restaurant Group**. Dazu gehören in Palma die Restaurants SIMPLY FOSH, TASCA DE BLANQUERNA und MISA Braseria + Bar.

Das **SIMPLY (56a, s. Karte)** befindet sich in den historischen Klostergebäuden des Design-Hotels Convent de la Missió. Küchenchef hier ist Marc Foshs bester Freund, der Deutsche Nils Egtermeyer. Der 29-Jährige Münsteraner präsentiert eine internationale Gourmetküche in mediterraner Atmosphäre zu bezahlbaren Preisen. „Wir bieten Glamour, den man sich leisten kann", ist Nils' Credo. Im Restaurant **TASCA DE BLANQUERNA (56b, s. Karte)** in der Carrer Blanquerna dagegen findet der Gast eher landestypische Speisen. Es gibt eine große Auswahl an Tapas. Der spanische Schafskäse Manchego, *chorizo* (scharfe Paprikawurst), *tortillas* oder *crema catalana* werden hier mit einer Prise Fosh verfeinert. Gerne lassen sich die TASCA-Köche dabei von den Gästen über die Schulter schauen. Das jüngste „Kind" der Fosh Group ist die **MISA Braseria + Bar (56c, s. Karte)** in der Carrer Can Macanet. Sie ist rustikaler als die beiden anderen, eine typische Brasserie im französischen Stil. Alle drei Restaurants liegen in der Altstadt im Umkreis von zehn Minuten. Fosh erfüllt aber auch kulinarische Wünsche in privater Atmosphäre: in der eigenen Finca oder auf der Yacht seiner Gäste. Das Fosh Catering bietet seine Dienste auf allen balearischen Inseln an.

Mit frischen, lokalen Zutaten zu zaubern liegt Marc Fosh (rechts) am Herzen

Open-air-Bereich des SIMPLY FOSH

Marc Fosh hat eine einzigartige Karriere vorzuweisen. Kochen lernte er eher zufällig. Als 15-Jähriger jobbte er in einem Restaurant und machte den Abwasch, um sich ein paar neue Fußballschuhe zu verdienen. „Nach und nach gab mir der Küchenchef mehr Aufgaben", erzählt er. „Ich lernte schnell und durfte schon bald an den Herd." 1981 begann er in der Küche des Greenhouse Restaurants in London, arbeitete dort zehn Jahre als Koch, ging dann nach Spanien und entwickelte seinen eigenen Stil. 2002 erkochte er für das Hotel Reads auf Mallorca einen Stern. Drei Jahre später gründete er sein eigenes Unternehmen. Sein Traum, es vom Tellerwäscher zum Chef zu bringen, war in Erfüllung gegangen.

Fragt man ihn, was er am liebsten kocht, dann lächelt er und sagt: „Ein ganz einfaches Gericht, eine mediterrane Fischsuppe. Dazu gibt es knuspriges Brot und ein Glas trockenen Weißwein." Und was ist sein Lieblingsgericht? „Brathähnchen", schwärmt Marc. „Mit ein bisschen Fantasie kann es zu einer echten Offenbarung werden. Wenn Sie das Huhn mit Zitronenspalten, zerdrücktem Knoblauch, frischem Thymian und vielen Gewürzen füllen, gibt das dem Fleisch eine herrlich aromatische Note." Das glauben wir ihm gerne! Guten Appetit.

Informationen: Marc Fosh Restaurant Group: Tel. 971 290108, www.marc fosh.com.
SIMPLY FOSH, Carrer de la Missió, 7a, www.simplyfosh.com, Mo-Sa 13-15.30, 19.30-22.30 Uhr, Degustationsmenü 48-65 €.

TASCA DE BLANQUERNA, Carrer de Blanquerna, 6, www.tascadeblanquer na.com, Mo-Sa 13-16, 20-22.30 Uhr, Wochenmenü unter 20 €.
MISA Braseria + Bar, Carrer Can Macanet, 1, www.misabraseria.com, Mo-Sa 13-15.30, 19.30-22.30 Uhr, Menü der Woche um 20 €.
Catering: www.cateringfosh.com.

INFO

Für heiße Disco-Nächte wie hier im Riu Palace in Palma ist Mallorca bekannt

Nightlife

57 Szeneleben: Beachclubs, Jazzkneipen und Cocktailbars

Am besten hat es der Nachtbummler, der im Puro Hotel in Palmas Altstadt wohnt, denn der wird, wann immer er möchte, kostenlos ins **Purobeach (57a, s. Karte)** gefahren. Das strahlend weiße, elegante Anwesen liegt traumhaft auf einer Landzunge in der Cala Estancia in Can Pastilla in der Bucht von Palma, 20 Minuten vom Hotel entfernt. Fast vollständig vom Meer umschlossen, ist der auf einer Klippe angelegte Beach Club des Hotels, **Oasis del Mar**, einer der Hotspots der Szene. Verständlich, denn wo lässt sich sonst so wunderbar entspannt zu chilliger Musik direkt am Wasser ein leckerer Cocktail oder ein gut gekühlter Weißwein schlürfen?

Bereits am frühen Nachmittag legen die DJs los und verwöhnen ihre Gäste bis spät in die Nacht mit relaxter Musik. Und die lassen es sich gut gehen: auf den gepolsterten Sonnenbetten unter den marokkanischen Schirmen rund um den Außenpool oder in der ebenfalls in Weiß gehaltenen Lounge im Innenbereich. Die asiatisch angehauchte Speisekarte des Restaurants vermag ebenfalls zu überzeugen – mit Beef Carpaccio, Tofu Wok oder doch lieber Thai Shrimps? Und auch das arabisch zubereitete Lamm sieht verlockend aus. Dazu einen der leckeren Weine und später dann einen Vodka on the rocks. Ein gelungener Abend!

Doch das Konzept des Hotels sieht mehr vor, nach allen Regeln der Kunst können sich die Gäste hier verwöhnen lassen. Wer mag, nimmt eine Yogastunde, meditiert ein wenig oder lässt sich am Pool massieren – Handtücher liegen aus. Wenn es dämmert, werden Fackeln entzündet. Sie tauchen die Partypeople am Pool und in der Außenbar in ein warmes Licht und brennen bis in die frühen Morgenstunden, dann gehen auch die letzten Gäste nach Hause oder einfach in eines ihrer Zimmer.

Eines der Highlights auf Mallorca: den Sonnenuntergang im Purobeach erleben

Szenelokal Purobeach Oasis del Mar

Wer noch weiter will, der ist auf einen Cocktail auch im **Atlántico Café (57b, s. Karte)** in der Altstadt von Palma im angesagten Lonja-Viertel (s. auch S. 140) richtig. Angeblich wird in der schummrigen Traditionsbar der beste Caipirinha außerhalb Brasiliens gemixt … Und auch der Crazy Angel, eine Cocktailkreation von Wirt Alex und seinem Team, hat es in sich – neben weißem und braunem Rum ist hier der Angel d'Or, der inseleigene Orangenlikör aus Sóller, verarbeitet. Salut! Das Publikum im Atlántico ist bunt gemischt, Einheimische, Residenten und Touristen jeden Alters fühlen sich hier zu Klängen von Frank Sinatra bis zu den Rolling Stones wohl.

Fast um die Ecke liegt eine der festen Größen im Nachtleben der mallorquinischen Hauptstadt, der **Jazz Voyeur Club (57c, s. Karte)**. Erst Anfang des neuen Jahrtausends hielt der Jazz Einzug in Palma, doch zwischenzeitlich hat sich das Lokal längst etabliert. Die auch bei Einheimischen beliebte, eher düstere Kneipe präsentiert allabendlich Jazz live mit Musikern aus der Region. Im Angebot sind neben Jazzrhythmen auch Cha-cha-cha, Música cubana, Latin, Soul & Funk. Die Clubbetreiber organisieren übrigens auch das jährlich im November im Teatre Principal stattfindende **Jazz Voyeur Festival**.

Informationen: Purobeach, Carrer Estancia, Can Pastilla, Tel. 971 744744, www.purobeach.com (hier auch Infos zum Hotel), Mai-Sept. 11-1 Uhr, April, Okt. 11-19 Uhr, Nov.-Jan. 10-18 Uhr, Febr., März geschl. Wer den ganzen Tag hier verbringen möchte, auch wenn er nicht Hotelgast ist, der kann am Wochenende den **Weekend Brunch** buchen (Sa, So 11-16 Uhr, ab 25 €).

Atlántico Café: Carrer Sant Feliu, 12, Palma, Tel. 619 108708, tgl. 18.30-2.30 Uhr. Es werden Snacks serviert.

Jazz Voyeur Club: Carrer Apuntadors, 5, Palma, Tel. 971 720780, www.jazz voyeur.com (mit Infos zum Festival), tgl. ab 20, Jazz live ab 22 Uhr, donnerstags **After Work Party** ab 19.30 Uhr.

INFO

58 Lange Disco-Nacht in Palma

Meetingpoint **La Lonja (58, s. Karte)**, Palmas Vergnügungsviertel in der Altstadt. Es ist 23 Uhr, auf dem glitzernden Boulevard der Küstenstraße **Passeig Marítim** herrscht reges Treiben. „Jetzt hat man noch alle Zeit der Welt. Nightlife gibt's bei uns erst nach Mitternacht", sagt Maria, eine junge Mallorquinerin, die das Nacht-leben der Hauptstadt bestens kennt. „Traditionsgemäß starten wir mit einer *bo-tellón,* einem kleinen Besäufnis", lacht sie und holt eine große Flasche Wein aus ih-rer Tasche. Sie trifft sich hier mit Freunden zum Start in eine lange Disco-Nacht. Langsam kommt die Gruppe in Stimmung.

Aus den Clubs am Passeig dringen schrille Musikfetzen nach draußen. „Samba do Brasil" lautet das Motto im **Made in Brasil**, einem populären Treffpunkt. Die La-tino-Bar platzt aus allen Nähten. Auf dem Bürgersteig drängen sich die Gäste, drin-nen auf der kleinen Tanzfläche bewegen sich knackige Brasil-Boys und rassige Spa-nierinnen zum Rhythmus der Musik. „Bars mit kleinen Tanzflächen sind sehr be-liebt", erzählt Maria. Es gibt unzählige davon: Maria Bonita, Bolsa, Salero, Havana Moon und wie sie alle heißen. Oft wechseln die Namen, eröffnen die Lokale im nächsten Jahr unter einem anderen Label.

Um 1.30 Uhr ist es Zeit für die großen angesagten Discos. Also, hinein ins über-füllte **Tito's** am Passeig Marítim. Das Markenzeichen der dreistöckigen Disco ist ihr gläserner Aufzug. Eine effektvolle Lightshow und ein paar attraktive Go-Go-Girls heizen die Stimmung an. Kaum ein Gast ist über dreißig. Der legendäre Tanz-palast ist wohl die beliebteste, wenn auch teuerste Disco in Palma.

In der Beliebtheitsskala gleich dahinter rangiert das **Abraxas**. Früher war in die-sen Räumen das Pacha untergebracht und sorgte mit seinen illustren Gästen für Schlagzeilen, so vergnügten sich Hollywoodstar Michael Douglas und Spaniens Kronprinz Felipe schon an der VIP-Bar. Mit einem Besuch im **El Divino**, einem

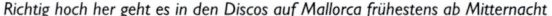

Richtig hoch her geht es in den Discos auf Mallorca frühestens ab Mitternacht

Nach so mancher durchtanzter Nacht kann man einen wunderschönen Sonnenaufgang genießen

der angesagten Treffpunkte für Partysüchtige, kann man den nächtlichen Bummel in der City beenden und mit dem Taxi zur Platja de Palma fahren.

Das **Riu Palace** gilt an der Platja als die absolute In-Disco. Hier vergnügen sich vor allem jüngere Leute bei Dancefloor, Techno und den aktuellen Charts. In der Saison gibt es regelmäßig Liveshows und Misswahlen.

Rustikal, mit deutscher Schlagermusik und Ohrwürmern zum Mitsingen punktet das **Oberbayern** bei seinen Fans. Wer es nicht ganz so laut mag, kann bequem ins **Regine's** ausweichen, es gibt sogar einen direkten Zugang vom Oberbayern aus. Hier tanzen und genießen ältere Jahrgänge die lange Disco-Nacht, die meist erst kurz nach sechs Uhr morgens endet.

Und während die Sonne aus dem Meer auftaucht, Palma und die Platja im goldenen Licht versinken, geht es müde zurück ins Hotel.

INFO

Informationen: Clubs und Discos in Palma öffnen zwischen 22 und 23 Uhr, meist lohnt sich der Besuch erst ab Mitternacht. An der **Platja de Palma**, z. B. im Riu Palace, ist es allerdings auch schon vorher recht voll. Preise zwischen 10 und 20 € (Made in Brasil frei), je nachdem sind ein bis zwei Getränke im Preis enthalten. Alle Diskotheken aktualisieren ständig ihre Programme, jede hat eigene **Partyreihen**, oft treten bekannte **DJs** auf.

Infos im Web: Aktuelle **Informationen** zu den einzelnen Lokalen: www.titosmallorca.com, www.abraxasmallorca.com, www.eldivinomallorca.com, www.riupalace.com, www.oberbayern-mallorca.tv, www.mariabonitamaritimo.com, www.bolsamallorca.com, www.salerobar.com und www.havana-moon-mallorca.com. Unter **www.mallorca-nights.com** (deutsch, mit Event-Kalender) findet man die angesagten Adressen; mit Mallorca-Karte, auf der alle aktuellen Locations eingezeichnet sind.

Achtung: Wenn Sie im Auto unterwegs sind, sollte der Fahrer keinen Tropfen **Alkohol** trinken. Es gibt viele Kontrollen auf Mallorca und die Strafen sind empfindlich.

59 Las Vegas im Kleinformat: der Mega Park in Arenal

Der ahnungslose Feriengast reibt sich verwundert und oft auch entsetzt die Augen, während es den erfahrenen Mallorca-Fan von einer Party zur nächsten treibt und er sich wie im siebten Himmel fühlt. In jedem Fall aber sorgt der **Mega Park** an der Platja de Palma in Arenal für ungeteilte Aufmerksamkeit. Der Park, eine Mischung aus Biergarten und Freilicht-Großraum-Diskothek, ist ein Phänomen. Das Gebäude gleicht einer gotischen Kathedrale und im Inneren tobt im wahrsten Sinne des Wortes die Hölle. Ein Dutzend blonder und schwarzhaariger Go-Go-Girls sorgt auf kleinen, erhöhten Podesten für akrobatische Tanzeinlagen. Eingepeitscht von einem DJ singen, grölen oder schmettern Tausende von Besuchern ihren Lieblingssong: „Ich kenne nicht deinen Namen. Scheißegal." Und alle scheinen glücklich zu sein.

„Unser Konzept heißt Erlebnis und Entertainment", sagt Andy Bucher, seit Bestehen des Spaßzentrums verantwortlich für die Öffentlichkeitsarbeit. „Vergleichbar mit Las Vegas, natürlich in Kleinformat."

Die mallorquinische Diskothekenkette **Grupo Cursach Ocio** eröffnete den Mega Park im Mai 2000. Und das Lokal schlug ein wie eine Bombe. Denn bereits morgens um 11 Uhr begann der Superspaß – und das nur wenige Meter vom Strand entfernt. Das Unternehmen lockte in der ersten Stunde mit Freibier und kostenlosem Ausschank von Sangria. Auf der Bühne wetteiferten große und beliebte

Schlagerstars um die Gunst des Publikums: Jürgen Drews, den sie alle nur den König von Mallorca nennen, Guildo Horn, Mickie Krause und viele andere.

Im Lauf der Jahre entwickelte sich der Park weiter, vergrößerte sich, wurde vorübergehend geschlossen und hat nun auf 8500 Quadratmetern mit vier Lokalitäten unter einem Dach sein vorerst endgültiges Unterhaltungskonzept gefunden – ob es gelungen ist, muss jeder für sich entscheiden.

Das Herzstück des Ganzen bildet nach wie vor der **Mega Park**, eine riesige Open-Air-Halle, in die bereits um 11 Uhr die Gäste mit Sonderaktionen wie Schaumpartys, Longdrinks im Maßkrug und Live-Veranstaltungen vom Strand gelockt werden. Bis Mitternacht ist hier und im kleineren **Mega Indoor** Unterhaltung pur angesagt. Andy, Siggi und Marc wechseln sich mit weiteren

Ein lautstarkes Vergnügen:
Oktoberfest im Mega Park

In der Mega Arena ist Ringelpiez mit Anfassen angesagt, Stunde um Stunde

DJ-Kollegen ab, um die Gäste in der Arena bei Stimmung zu halten und für den nötigen Umsatz zu sorgen. Sie sind die Dirigenten und die Stars der täglichen Show.

Und um Mitternacht geht's weiter. In der **Mega Arena**, einer Disco unter dem Mega Park für etwa 5000 Gäste und im exklusiveren **Mega Prince**. Beide Lokale öffnen bereits um 21 Uhr. Die Kunst der DJs besteht darin, die Park-Gäste kurz vor 24 Uhr nahtlos in die Arena zu locken, wo die Party weitergeht. Bis morgens um fünf.

Ein zweites Event-Zentrum bietet Mallorca im Südwesten der Insel in Magaluf. Auch das **BCM** gilt als eine der größten Discos Europas. Es bietet Platz für 5000 musik- und tanzbegeisterte Fans. Während sich im Mega Park überwiegend deutsches Publikum vergnügt, haben im BCM meist englische Feriengäste ihren großen Partyspaß. Auch hier gibt es Schaum- und Popcorn-Partys und hin und wieder Freigetränke. Das größte Ereignis ist allerdings die Lightshow, die auf der Insel als einmalig gilt. Wer's mag.

Informationen: Der **Mega Park** an der Platja de Palma liegt in Höhe des Strandabschnitts **Balneario 5** in der Gemeinde Arenal (April–Ende Okt. tgl. ab 11 Uhr, im Winter geschl. Seine Gäste können sich aktuell über alle Veranstaltungen im Internet informieren unter www.megapark-mallorca. info.
Die Internetseite von **BCM** (Avinguda S'Olivera, s/n, Magaluf, tgl. 22–6 Uhr) wird in spanischer, englischer und italienischer Sprache angeboten: www.bcmplanetdance.com.

INFO

60 Nightlife vom Feinsten – Abaco & Son Amar

Wer es edel mag und es sich leisten kann, der pflegt spätabends seinen Drink im **Abaco (60a, s. Karte)** zu nehmen. Die Bar ist in einem ehemaligen Adels-palast aus dem 17. Jahrhundert in Palmas Altstadt untergebracht. Ihr Eingang ist

Obst- und Blumendekoration im Überfluss – das Interieur des Abaco erinnert ein wenig ans Schlaraffenland ...

aus zweierlei Gründen nicht zu verfehlen: ein goldener Schriftzug preist sie an und die Touristen stehen hier Schlange. Das Ambiete überrascht: Obst- und Blumendekorationen im Überfluss versprühen den Charme vergangener Zeiten. An der langen Bar gibt's Cocktails – *mon dieu,* zu Preisen, die es in sich haben. Doch wer es sich leisten kann, sollte einmal im Leben das Flair dieser außergewöhnlichen Bar genießen.

Haben Sie das Innere erobert, sollten Sie unbedingt auch den ersten Stock aufsuchen. Hier oben erinnert noch das Originalmobiliar an die einstigen Herrschaften. Etwaige Lücken in der antiken Einrichtung wurden geschickt mit Goldstatuen, Spiegeln und Bildern aufgefüllt. Die Szenerie ist in diffuses Licht getaucht. Überall hängen massive Kronleuchter, die Tische zieren brennende Kerzen. Wer will, kann auch hier, in musealem Ambiente, seinen Drink bestellen, sich in einem der Sessel zurücklehnen und seine Gedanken den Ahnen widmen.

Einen Höhepunkt bildet der Besuch im **Garten**. Zwischen Springbrunnen und Vogelkäfigen kann man klassischer Musik lauschen. Wer freitags kommt, sollte unbedingt bis 23.30 Uhr bleiben. Dann regnet es Rosenblätter von der Decke. Und spätestens jetzt wird der Besuch im Abaco unvergesslich bleiben.

Eine Prise Flamenco, einen Schuss modernes Ballett, weiße Tiger und ihre Bezwinger, Magier, tanzende Pferde, weitere Akrobaten mit spektakulären Darbietungen, das Ganze gewürzt mit einer faszinierenden Lasershow – das bietet die Varietéshow im **Son Amar (60b, s. Karte)**, dem berühmtesten Show-Restaurant Mallorcas. Die Aufführungen, die auch in Los Angeles und anderen Städten Amerikas gezeigt werden, zählen zu den besten, und man sollte sie sich nicht entgehen lassen. Vor der Show wird ein mehrgängiges Menü serviert, dabei unterhalten internationale Künstler aus der ganzen Welt das Publikum.

Das Son Amar ist in einem feudalen Herrensitz aus dem 16. Jahrhundert untergebracht. Es liegt außerhalb von Palma, an der Straße nach Sóller.

Informationen: Abaco, Carrer Sant Joan, 1, Palma de Mallorca, Tel. 971 714939, www.bar-abaco.com, So–Do 20–1, Fr, Sa 20–3 Uhr, Cocktails ab 16 €. Die Website ist auf Spanisch, aber man bekommt dennoch einen sehr guten optischen Eindruck, dank der vielen Bilder.
Son Amar, Carretera Palma–Sóller, km 10,8, Palmanyola, ungefähr 15 Min. von Palma entfernt, Tel. 971 617533, www.sonamar.com, Ankunftszeit 19.30 Uhr, Dinner ab 20.30 Uhr, Son-Amar-Show ab 21 Uhr, Ende der Show 23.15 Uhr. Die meisten großen Reiseveranstalter haben das Son Amar in ihrem Programm. Hier kann der Besuch einer Varietéshow direkt gebucht werden. Aber auch die kleineren Hotels bieten Besuche im Son Amar inklusive eines Fahrdienstes an. Karten können auch über **www.sonamar.com** direkt übers Internet oder telefonisch (Tel. 971 617533, man spricht auch deutsch) bestellt werden. Die **Eintrittspreise** sind je nach Platz und Art der Menüs gestaffelt: 60 € für den preiswertesten Platz inklusive eines kleinen Menüs, ansonsten zahlt man zwischen 90 und 135 €.

INFO

61 Nachtleben auf höchstem Niveau in Mallorcas schönster Hotelbar

Philipp ist Herr über 120 Getränke. Was immer das Herz begehrt, er hat nahezu alles im Angebot: Wodka Martini, spanischen Cava oder den Exoten Singapore Sling mit einem Schuss Brandy, mit Zitronen- und Ananassaft und einem Spritzer Cointreau oder einen Whisky für den Herrn und für die Dame ein Glas Champagner. Philipp Hanna ist Chef der **Atriumbar** des Dorint Hotels in **Camp de Mar** im Südwesten der Insel. Sie gehört zu den bekanntesten, schönsten und aufregendsten Bars der Insel. Hier entspannen sich prominente Zeitgenossen, Geschäftsleute und Golfer, aber auch Urlauber, die nicht auf den Cent achten müssen. Wer mag, kann schon am Vormittag ab 11 Uhr einen Drink nehmen, viele Gäste kommen zur blauen Stunde am Nachmittag, aber Hochbetrieb mit einer ausgezeichneten Stimmung herrscht erst ab dem späten Abend – dann gibt's Nightlife auf hohem Niveau.

Es ist noch früh am Abend, als wir auf ein Gläschen mallorquinischen Rosé vorbeischauen. Philipp bittet uns hinter den Tresen, in sein Allerheiligstes, und gewährt uns einen kurzen Einblick in die Geheimnisse seiner Mixkunst. In einem silbernen Becher zaubert er drei Cocktails: Chilli Vanilli für die Herren und Lady's Dream für die Damen. Und wenn die lieben Kleinen Mama und Papa auf ein paar Minuten in die Welt der Erwachsenen begleiten dürfen, dann gibt's auch für sie eine kleine Überraschung: Kid's Kiss, einen Spezialcocktail, natürlich ganz ohne Alkohol (s. Info S. 147).

Draußen ist es inzwischen dunkel geworden. Immer mehr Gäste strömen in die Bar. Sie versinken in den tiefen, bequemen Sesseln oder drängen sich an der langen Theke.

Schließlich kommen auch die letzten Sportbegeisterten aus der angrenzenden Bibliothek, die dort am Fernseher noch die Formel 1 oder ein Fußballländerspiel verfolgt haben. Philipp dämpft das Licht, die Musik vom Band wird um eine Nuance lauter. Jazz, Soul und Pop – die ersten Gäste wagen sich auf die Tanzfläche. Mehrmals wöchentlich steht Livemusik auf dem Programm. Das Publikum ist international, Deutsche, Schweizer und Österreicher scheinen einen leichten „Heimvorteil" zu haben.

Philipp und seine Kollegen sind nun im vollen Einsatz. Die Getränkewünsche kommen jetzt schneller. Hier einen Cuba libre, dort eine Flasche Rotwein, auch ein Mesquida-Wein aus Porreres

Das Team bereitet sich auf den abendlichen Ansturm vor

Philipps Cocktails sind ausgefallen, spritzig und immer kreativ

ist unter den Wünschen. Ein Herr bittet um einen Whisky, einen doppelten, und um eine gute Zigarre aus der Schatzkammer der Bar. Zwei Pärchen am Tresen scheinen in gehobener Feierlaune zu sein. Sie bestellen Champagner. Die Auswahl ist groß. Sogar ein Louis Roederer Cristal Brut Rosé ist im Angebot – die Flasche für 488 Euro, das Edelste und Teuerste, was der Barchef servieren kann.

Doch Unterhaltung ist nicht alles, was die Atriumbar zu bieten hat. Man zeigt sich kunstbegeistert. Vor dem Eingang im Innenhof sind die Werke diverser Künstler zu sehen. Regelmäßig finden Ausstellungen statt. „Die Bar ist das Herz des Hotels", sagt Philipp schmunzelnd. Ihm ist anzumerken, dass er seinen Job liebt. Er besitzt eine ordentliche Portion Menschenkenntnis, und das ist mindestens genauso wichtig wie das Mischen der leckeren Cocktails.

Philipps Spezial-Drinks

Chilli Vanilli: 4 cl Likör 43, 1 cl Vanille, 1 cl Ingwer-Chilli-Sirup, 2 cl Zitronensaft, 5 cl Ananaspüree. Achtung: Der Chilli-Ingwer-Sirup ist sehr feurig.
Lady's Dream: 1,5 cl Bananenlikör, 2 cl Kakaolikör, 2 cl Bailey's, 1 cl Sahne. Dieser Cocktail ist wie ein flüssiges Dessert: leicht und schaumig.
Kid's Kiss: 2 cl Kokossirup, 6 cl Ananassaft, 2 cl frischer Organgensaft, 4 cl Kirschsaft.

Informationen: Atriumbar im Dorint Royal Golfresort, Carrer Taula, 2, Camp de Mar, Tel. 971 136565, http://hotel-mallorca.dorint.com/,

tgl. 11–1 Uhr, je nach Bedarf bleibt die Bar auch ein oder zwei Stunden länger geöffnet, freitags und samstags Livemusik.

INFO

62 Chiringuitos: Wo junge Leute nächtelang Party machen

Die Wände sind aus einfachen Brettern gezimmert, das Dach aus Palmenwedeln gebaut, Stühle und Tische stehen einfach im Sand – und wo immer man sitzt: Meerblick ist garantiert. Die Rede ist von den Chiringuitos, den kleinen Strandbuden auf der Insel.

Die ersten öffnen bereits morgens zum Frühstück, servieren mittags einen kleinen Snack und bieten abends neben leckeren Tapas und einem gekühlten Roséwein aus einer mallorquinischen Bodega fangfrischen Fisch an, der erst ein paar Stunden zuvor ins Netz gegangen ist. Und wenn die Nacht hereinbricht, werden Kerzen auf die Tische gestellt, die wild flackern. Die Gäste ziehen dann ihre Jeans über die mittlerweile getrockneten Badehosen und lauschen der Musik. Die ersten stehen auf und beginnen zu tanzen. Einfach so, im Sand. *It's Summertime* auf Mal-

Unter Piraten – Mottoparty im Es Murters am Strand von Es Trenc

Den Sonnenuntergang in einem Chiringuito genießen

lorca. Eine neue Art des Nightlifes, das sich neuerdings immer größerer Beliebtheit erfreut.

Auf Mallorca gibt's über 70 **Chiringuitos** an den Stränden. Der Name stammt ursprünglich aus Kuba, wo man in den Kiosken am Meer eine Art Espresso namens *chiringo* verkaufte. Die sprachliche Verkleinerunsgform *chiringuito* wurde schließlich auf den ganzen Verkaufsstand übertragen, wohl einfach deshalb, weil es so hübsch klang. Die ersten Strandbars in Europa gab es bereits in den Zwanziger Jahren des letzen Jahrhunderts an Spaniens Mittelmeerküste. Zu den prominentesten Gästen am Strand von La Malagueta an der Costa del Sol gehörten König Alfonso XIII. und Königin Victoria Eugenia, die zufällig wegen einer Hoteleinweihung in Malaga weilten.

Auf Mallorca wurden die Strandbars in der Achtziger Jahren des Zwanzigsten Jahrhunderts immer beliebter. Die meisten Läden schlossen jedoch am Abend, wenn der Badebetrieb zu Ende war. Neuerdings aber versammeln sich bei Einbruch der Dunkelheit immer mehr jüngere Leute, die in den lauen Sommernächten hier am Strand Party feiern wollen. Sie ziehen von Hütte zu Hütte und lassen sich dort nieder, wo die Musik am schönsten ist. Über Facebook und E-Mails erfahren sie oft schon vorher, an welcher Strandbude es besonders stimmungsvoll ist. Fast täglich wechseln so im Sommer die Locations.

Im **Es Murters (62, s. Karte)** in Ses Covetes am Es-Trenc-Strand gerieten wir in eine „echte" Piratenparty. Miquel, der junge Wirt, hatte seine Freunde eingeladen, die in ihren verwegenen Gewändern eine fröhliche Stimmung verbreiteten und ausgelassen tanzten. Die Gäste, meistens Urlauber, aßen ihren Fisch, tranken ihren Wein und schauten den jungen Leuten schmunzelnd zu. Schon bald waren sie vom Tanzfieber angesteckt – und wie es aussah, wurde aus dem einen oder anderen anfänglichen Sommerflirt schon bald eine heiße Chiringuito-Liebe …

Sport

Die Gewässer vor der Küste
sind ein beliebtes Segelrevier

63 Bei der Prominenz besonders beliebt: Golfland Mallorca

Golfziele mit ganzjähriger Saison gibt es einige in Europa. Aber keines – weder Andalusien noch die Algarve noch die Türkei – ist von Deutschland aus per Jet so oft und so rasch zu erreichen wie Mallorca mit seinen 21 öffentlichen und drei privaten Golfplätzen. In den Fliegern sitzen jährlich etwa 130.000 Golfer – Tendenz steigend. Alle gern gesehene Gäste: Denn Golfspieler lassen ein Vielfaches dessen auf der Insel, was „Normaltouristen" ausgeben.

Golfer, die Mallorca kennen, sitzen beim Landeanflug gern auf der linken Flugzeugseite. Denn kurz vor dem Flughafen breitet sich linker Hand die Anlage **Son Gual** aus, mit das Beste, was die Insel an Spielwiesen zu bieten hat. Der deutsche Architekt Thomas Hummel entwarf hier einen Championship-Platz mit gewaltigen Bunkern und großen Seen, der auch guten Spielern alles abverlangt. Den Fluglärm nehmen die meisten, voll aufs Spiel konzentriert, gar nicht wahr.

Kaum weniger schwierig, aber noch schöner, präsentiert sich **Alcanada Golf** im Norden der Insel: Dem amerikanischen Stararchitekten Robert Trent Jones gelang es hier nicht nur, die Wogen des Meeres auf den Fairways nachzuempfinden, sondern er ermöglichte auch Meerblick von 16 der 18 Löcher aus – ein golferischer Traum. Auf der Insel haben sich weitere große Namen verewigt: Jack Nicklaus, einer der weltbesten Golfer und Architekt, zeichnet für das Design des **Golfparks Puntiró** in der Inselmitte verantwortlich, und Profigolfer José Maria Olazábal überarbeitete **Pula Golf** im Nordosten. Hier findet alljährlich im Mai das einzige PGA-Turnier Mallorcas statt, eines der vier Major-Golfturniere, mit den besten, professionellen Spielern Europas: die **Iberdrola Open**.

Eilige Golfer bleiben nach der Landung gleich in Palma: Im Norden der Stadt schuf die Münchner Schörghuber-Gruppe ein Golfparadies mit drei Plätzen, darunter der älteste der Insel, **Son Vida Golf**, der 1964 angelegt wurde. Die Spieler wohnen in den drei Luxusherbergen des Konzerns in der Nähe mit ganz kurzen Wegen zu den Abschlägen. Hier und in den übrigen zwei Dutzend Luxushotels der Insel mietet sich meistens die golfspielende Prominenz ein. Besonders beliebt ist das Dorint Hotel mit der berühmten Anlage **Golf de Andratx** in Camp de Mar, die von Hockeylegende Stefan Blöcher geführt wird. Man darf getrost behaupten, dass jeder deutsche Politiker oder Film- und TV-Star, jeder Wirtschaftsboss oder Sportcrack, der gern den Schläger schwingt, mindestens einmal auf Mallorca gegolft hat. Immer wieder gern zum Golfspielen kommen der amerikanische Superstar Michael Douglas, Bundesaußenminister Guido Westerwelle, Topmodel Claudia Schiffer, Fußballkaiser Franz Beckenbauer und Tennislegende Boris Becker.

Der Sport mit dem kleinen weißen Ball ist auf Mallorca nicht unbedingt ein billiges Vergnügen. Fürs 18-Loch-Greenfee verlangen die Clubs zwischen 70 und

---

Der Gastautor

Wolfram Seifert (65) gilt als einer der besten Kenner Mallorcas und seiner Golfplätze; er war 30 Jahre lang Chef des „Mallorca Magazins". Der Golf-Enthusiast verantwortet das Portal **www.mallorca-golf-magazin.com**, das umfassend über das Golfspiel auf Mallorca informiert.

Mallorca ist eines der Topziele europäischer Golfer

140 Euro, für den Buggy zwischen 30 und 40 Euro. Am teuersten ist es in der Hochsaison, wenn in Mitteleuropa (noch) nicht gespielt werden kann, also vor allem im Winter und Frühjahr. (Wolfram Seifert)

INFO

Informationen: Der **Balearische Golfverband** in Palma bietet alle Golfplatzadressen im Überblick (Federación Balear de Golf, Avinguda Jaume III, 17-20, Tel. 971 722753, www.fbgolf.com, Website u. a. auch auf Deutsch und Englisch).

Golf-Unterkunft: Finca La Reserva Rotonda, Camí de S'Avall, km 3, Manacor, Tel. 971 845685, www.reservarotonda.com, DZ ab 250 €. Exklusives Haus mit erstklassiger Ausstattung und ebensolchem Service. Das Besondere der Anlage: Der Golfplatz beginnt direkt hinter dem Salon, eine sanft abwärts geschwungene 9-Loch-Anlage (Benutzung für Gäste gratis). Erfahrene Lehrer bieten **Kurse jeden Niveaus.**

64   Tennisinsel für Anfänger und Profis

Mallorca gilt als die Wiege ausgezeichneter Tennisspieler. Rafael Nadal, langjähri-ge Nummer eins der Weltrangliste, ist gebürtiger Mallorquiner. Er lebt zusammen mit seinen Eltern, Großeltern und seiner Freundin in Manacor. Auch heute noch trainiert er auf den Plätzen der Insel mit seinem Onkel, der ihn entdeckt hat. Seit Jahren wirbt Nadal als Tourismus-Botschafter für die Insel und seinen Sport. Eben-so wie der Mallorquiner und einstige Weltklassespieler Carlos Moyà und Tennis-schönheit Anna Kurnikowa.

Tennis ist auf der Insel Volkssport. In jedem zweiten Dorf gibt es gepflegte An-lagen mit mehreren Hartplätzen und oft mit eigenen Trainern. Auch Nicht-mitglieder sind in der Regel willkommen und können jederzeit spielen. Die Platz-mieten sind gering, liegen pro Stunde meistens unter zehn Euro.

Außerdem verfügen alle großen Ferienhotels über eigene Tennisanlagen, auf de-nen Hotelgäste fast immer kostenlos spielen können. Und mittlerweile gibt es auch auf vielen Fincas hauseigene Tennisplätze. Eines der bekanntesten Tennishotels ist das **Galatzó** in Peguera (Paguera) mit fünf gepflegten Plätzen. Sport wird auch im **Robinson Club Cala Serena (64, s. Karte)** groß geschrieben. Der Club hat 13 Quarzsandplätze, davon zwei wetterunabhängig in der Halle. Sieben Plätze sind mit Flutlicht ausgestattet. Der Club liegt in der Nähe des Hafenortes Cala d'Or in einer kleinen, feinsandigen Bucht an der Südküste Mallorcas.

Auch Boris Becker und Steffi Graf, Charly Steeb und Tommy Haas haben immer wieder auf Mallorca trainiert, meistens in der **Tennis Academy** im Tennis Cen-ter Peguera. Hier bestehen optimale Voraussetzungen für Spieler aller Altersklas-

Überall auf Mallorca warten gepflegte Anlagen auf Tennisspieler

sen. Die international renommierte Tennis Academy befindet sich in einer traumhaften Anlage zwischen Meer und Bergen im Südwesten Mallorcas. Um den größtmöglichen Trainingseffekt zu erzielen, wird für jeden Schüler ein umfassendes Trainingsprogramm individuell zusammengestellt. Dabei legen die Trainer großen Wert darauf, Spaß am Tennis zu vermitteln. Die Schüler sollen hoch motiviert und spielerisch verbessert wieder nach Hause reisen. Sportdirektor und Cheftrainer ist Ali Yenilmez. Er blickt auf eine langjährige internationale Erfahrung als Profispieler und auch als Trainer in Europa, den USA und Australien zurück. Zusammen mit einem engagierten Team trainiert er Spieler jeden Alters und aller Spielstärken, vom Anfänger bis zum Weltklassespieler auf der Profitour.

Der Robinson Club bietet gute Trainingsmöglichkeiten

Mallorca ist auch die zweite Heimat für den einstigen Profispieler Guillermo Vilas geworden. Der ehemalige Weltranglistenzweite betreibt in Palmanova eine **Tennisakademie**. Hier werden junge Tennistalente aus ganz Europa für ihre künftige Profikarriere fit gemacht. Das Turnier **Tennis Europe Junior Tournament U-16**, das alljährlich im Herbst auf Mallorca stattfindet, ist eine Art Sprungbrett in die Spitzenklasse des Welttennis. Aber auch Anfänger können hier den Sport lernen und Amateure ihr Spiel verbessern. Professionelle Trainer beraten und trainieren sie.

Informationen: Mallorca bietet beste Trainings- und Übungsbedingungen für Tennisspieler. Dafür stehen zahlreiche Einrichtungen zur Verfügung. Hier eine Auswahl:
Tennishotel Galatzó, Carretera Palma Andratx, km 20, Peguera-Calvià, Tel. 971 689600, www.galatzo hotel.com, DZ inkl. Frühstück ab 120 €, Tennis inkl.
Robinson Club Cala Serena, Cala Serena/Cala d'Or, www.robinson.com,

Mindestaufenthalt 4 Nächte, DZ mit VP ab 270 €, Tennis inkl.
Tennis Academy Mallorca im Tennis Center Peguera wird von mehreren Veranstaltern angeboten:
www.tennisacademymallorca.com, www.marksontennis.com oder www.mastertenniscoaching.com.
Vilas Tennisakademie in Palmanova: www.vilastennisacademy.com, einwöchiges Tenniscamp (VP inkl.) ab 600 €.

INFO

65 Radfahrerparadies Mallorca: Hunderttausend können nicht irren

Sie jagen das ganze Jahr über die Straßen der Insel. Schnell, geräuschlos, zielstrebig und aufs Höchste konzentriert. Kraftvoll treten sie in die Pedalen, wenn es in der Serra de Tramuntana bergauf geht. Tief geduckt liegen sie bei rasender Fahrt hinunter ins Tal über dem Lenker ihres Rennrades. Ihre von Schweiß und Anstrengung gezeichneten Gesichter kennen wir aus dem Fernsehen, wenn sie bei der Tour de France oder beim Giro d'Italia in Großaufnahme zu sehen sind. Sie alle trainierten und trainieren hier: Jan Ullrich, Eric Zabel und der Spanier Miquel Indurain, die Superstars von einst, oder Linus Gerdemann, der derzeitige deutsche Radsportstar. Und neben ihnen treten Tausende von sportlichen Radlern auf ehrgeizigen Trainingsstrecken in die Pedalen.

Mallorca verfügt über ein Straßennetz von 1250 Kilometern Länge. Etwa die Hälfte davon sind Neben- und Seitenstraßen, rund 20 Prozent Gebirgsstrecken. „Mallorca ist faszinierend, hat ein gutes Klima und eine ansprechende Natur und bietet unübertreffliche Voraussetzungen für Radwanderer wie Profisportler", lobte der legendäre irische Radrennfahrer Stephen Roche Ende der Achtzigerjahre die Insel und läutete damit eine neue Ära ein. Heute gilt die Baleareninsel als das schönste Radfahrerparadies des Mittelmeers, das jährlich von mehr als 100.000 Radsportlern besucht wird.

Der Schweizer Radprofi und ehemalige Weltmeister Max Hürzeler erkannte 1989 die Zeichen der Zeit und gründete seine Firma **Bicycle Holidays Max Hürzeler**, die den Radtourismus auf Mallorca etablierte. Das Unternehmen bietet in 18 Hotels ein umfangreiches Programm an. Verteilt über die ganze Insel gibt es acht gut ausgestattete Radsportstationen: an der Platja de Palma, am Puig de Ros, in Sa Coma/S'Illot, Colònia de Sant Jordi, Peguera, Can Picafort, Port de Pollença und in Alcúdia. Von hier aus werden die Sportler betreut, hier können sie ihre Räder mieten. Das Team von Max Hürzeler kümmert sich um alle: um die Rennfahrer, um Hobbysportler und Biker und um die gemütlichen Genussfahrer – egal, ob sie als Individualisten oder in geselligen Gruppen unterwegs sind. Ama-

Eine kurze Tagestour für Anfänger und eine lange Tour für Trainierte

40-Kilometer-Rundtour: Start in Port d'Alcúdia, dann den ausgeschilderten Weg nach Alcúdia (5 km) nehmen, anschließend weiter nach Port de Pollença (11 km). Wer noch Puste hat, kann einen schönen Abstecher nach Sant Vincenç (6 km) machen. Der Hinweg ist leicht ansteigend, kurz vor dem Dorf jedoch geht es steil bergauf, der Weg zurück geht natürlich bergab. Über Pollença und Alcúdia zurück nach Port d'Alcúdia.

77-Kilometer-Rundtour: Start in Port d'Alcúdia. Brettflach führt die Strecke über Sa Pobla, Landwirtschaftszentrum der Insel, zur Lederstadt Inca (26 km). Von dort zunächst leicht ansteigend Richtung Caimari (8,5 km). Der nächste Abschnitt führt steil hoch ins Tramuntana-Gebirge zum Kloster Lluc (41 km), dann folgt eine lange Abfahrt nach Pollença (62 km) und zurück nach Port d'Alcúdia.

Achtung: Bei allen Touren sollte ausreichend Trinkwasser mitgeführt werden.

Eine schöne Aussicht ist beim Radfahren fast immer garantiert

teurteams gehen ihrem Lieblingssport vor allem in den Monaten Februar bis Mai und im Herbst nach, wenn die Temperaturen noch gemäßigt sind. Einsame Landstraßen, Feld- und Forstwege führen zwischen den kleinen Dörfern des Inselinnern durch einmalig schöne Landschaften.

Mittlerweile bieten alle großen Reiseveranstalter eigene Radaktivitäten an. Hotels und viele Fincas verleihen Tourenräder, teilweise kostenlos. Einer der bekanntesten Radsportferien-Veranstalter ist **Philipp's Bike Team**. Hotels und Touren sind sorgfältig ausgewählt. Unter fachmännischer Leitung entdecken die Teams Mallorcas schönste Routen – auf einer Länge von 44 bis 165 Kilometern. „Wir planen Genussstrecken mit dem Rad genauso sorgfältig wie Bergetappen", versichert das Unternehmen. Die meisten Gruppenleiter sind aktive oder ehemalige Leistungssportler; per Handy sind sie mit der Bike-Zentrale verbunden und sorgen bei einer Panne dafür, dass innerhalb kürzester Zeit Hilfe naht.

Streckeninformationen: Das Internetportal **www.rad-reise-service.de** stellt auf seiner Website zahlreiche Radtouren auf Mallorca vor.
Leihräder: Wer kein eigenes Fahrrad dabei hat, kann in fast allen Hotels und immer mehr Fincas gut gewartete Tourenräder leihen, oft sogar kostenlos.
Radsportferien-Veranstalter: Bicycle Holidays Max Hürzeler, www.bicycle-holidays.com, diverse Angebote.
Philipp's Bike Team, www.radferien-mallorca.com, diverse Programme.

INFO

66 Segeln, Tauchen, Beachvolleyball – das volle Programm an Mallorcas Küsten

Übers Wasser gleiten – mit dem Segelboot oder dem Surfbrett. Einen Luftsprung wagen beim Kitesurfen. Oder abtauchen ins kristallklare Wasser in die Zauberwelt der Riffe mit ihren vielen Fischen. Oder sich einfach am Strand beim Volleyball so richtig austoben. Sport am Strand oder im Wasser – Sie haben die Wahl!

Beachvolleyball: Sand wirbelt auf. Die junge Frau lacht, klatscht sich mit ihrer Mitspielerin ab und erwartet am Netz den Aufschlag der Gegnerinnen. Der Ball fliegt hin und her. Die Zuschauer feuern die Spielerinnen begeistert an, es ist ein spannendes Spiel am Strand von Son Serra de Marina an der Nordküste Mallorcas. Beachvolleyball gehört zu den beliebtesten Sportarten der Insel. In gut organisierten **Beachcamps** auf Mallorca kann jeder sein Spiel verbessern. Professionelle Trainer, Lernwarte und Bundesligaspieler zeigen neue Trainingsmöglichkeiten und taktische Finessen und helfen den Spielern, ihre Technik zu verfeinern. Für Hobbyspieler und Fortgeschrittene wird jeweils ein spezielles Trainingsprogramm angeboten. Aber auch, wer nur mal ein Spielchen machen möchte, findet immer irgendwo an einem Strand auf der Insel ein paar Gleichgesinnte. Man steckt ein Feld ab, baut ein Netz auf und los geht's.

Die Bucht von Pollença ist bei Windsurfern ausgesprochen beliebt

Tauchen: Ein Barrakuda schwimmt langsam vorbei, wendet und verschwindet pfeilschnell in den dichten Seegraswiesen – in einer Tiefe von 30 Metern im kristallklaren Wasser vor der **Insel Cabrera**, in einem der schönsten Tauchgebiete des Mittelmeers. Das kleine unbewohnte Eiland liegt vor der Südküste Mallorcas. Felsige Erhebungen, die bis knapp über die Wasseroberfläche reichen, bilden hier die Riffe. In einem Felsentunnel breitet sich der ganze Artenreichtum der Unterwasserwelt aus:

Anhänger des Wassersports finden auf Mallorca ihr persönliches Paradies

Soldatenfische, Schleimfische, Langusten und Bärenkrebse, Drachenköpfe und ein riesiger Conger. Der schlangenartige Fisch, der zur Gattung der Meeresaale gehört, misst bestimmt anderthalb Meter.

Überall an den Küsten bieten Tauchschulen ihre Kurse an. Eine der größten ist die **Tauchschule Cala Serena** im Robinson Club in Cala d'Or. Zu ihrem Revier gehören über 20 Tauchplätze mit verschiedenen Varianten, unterschiedlichen Wetter-, Wind- und Strömungsverhältnissen. Im **Robinson Club Cala Serena** (s. S. 154) kann man Tauchpakete für Erwachsene und Kinder, Fortgeschrittene und Anfänger buchen.

Segeln: Der König macht es vor. Alljährlich gehen Juan Carlos und seine Familie während ihrer Sommerferien aufs Wasser. Mallorca ohne Segelyacht und Regatta wäre für Seine Majestät undenkbar. Tausende machen es ihm nach. Viele Segelschulen bieten Kurse schon für die Kleinsten an. Eine der ältesten ist **Sail & Surf**, die erste deutschsprachige Segelstation auf der Insel. Sie liegt neben dem Yachthafen von Port de Pollença, ist vom deutschen Seglerverband anerkannt und Prüfungszentrum für alle deutschen Segelscheine im westlichen Mittelmeer. Außerdem ist die Schule offizielles Aus- und Fortbildungszentrum des Verbandes Deutscher **Windsurfingschulen**. Die Bucht von Pollença ist eines der besten Segelreviere Europas. Gefährlichen Seegang gibt es hier nicht, da die Bucht an drei Stellen von Bergen umgeben ist. Also, Leinen los: Schließlich wollen 70 Segelschiffe und über 40 Surfboards bewegt werden.

Beachvolleyball: Eine gute Website mit vielen Informationen bietet ein Verein in Österreich an: **beachen.cc** – Verein zur Förderung des Beachvolleyball-Sports, www.beachen.cc (z. B. Beachcamp mit 6 Ü/HP ab 400 €).
Tauchen: Robinson Club Cala Serena: www.robinson.com/unsere-clubs/spanien/cala-serena oder

Tauchschule Cala Serena: moderne Tauchbasis. Auch Gäste außerhalb des Robinson Clubs können hier Tauchen lernen: www.tauchschule-mallorca.de.
Segeln: Sail & Surf, Passeig Saralegui 134, Port de Pollença, Tel. 971 865346, www.sailsurf.de.

INFO

67 Joggen und Nordic Walking: Eine Insel macht ihre Gäste fit für den Alltag

Einfach loslaufen. Irgendwo am Strand. Mit nackten Füßen über den feuchten Sand oder gleich durchs Wasser. Morgens früh, wenn es noch nicht so heiß ist. Oder am Abend, der untergehenden Sonne entgegen. Etwas Besseres gibt es kaum – weder für Ihre Seele noch für Ihre Fitness. Atmen Sie die reine Seeluft tief ein. Das Blut pocht in den Adern, der Puls schlägt kräftig – ein tolles Gefühl.

Laufen können Sie überall auf Mallorca. Entlang der Küste, querfeldein im Landesinneren oder bergauf und bergab in der Serra de Tramuntana. Sie können allein laufen, mit Freunden oder in Gruppen. Es gibt **Lauf- und Bewegungstraining** für Junge und Alte, veranstaltet von den großen Hotels und Reiseveranstaltern. Senioren, die auf der Insel ein paar Monate überwintern, treffen sich zum gemeinsamen Joggen an der Platja de Palma. Junge Leute trainieren für den nächsten Marathon in ihrer Stadt.

Denn Mallorca hat seinen eigenen **Marathon**, jedes Jahr im Oktober, veranstaltet vom Reiseveranstalter TUI. Die 42-Kilometer-Strecke führt am Meer entlang durch die Bucht von Palma, streift die Altstadt und gibt den Traumblick auf Palmas

Kaum einer der Marathonläufer hat einen Blick für Palmas Kathedrale übrig

Silhouette mit der Kathedrale frei. Mehr als 7000 Läufer aus ganz Europa nehmen in der Regel daran teil – ein Riesen-Event für die Insel mit ihren sportbegeisterten Bewohnern. Zusätzlich gibt es einen Halbmarathon, einen Zehn-Kilometer-Lauf und eine verkürzte Strecke für die Kids.

Aber auch die **Nordic-Walking-Fans** kommen auf ihre Kosten. Die Insel bietet ideale Strecken für die Wanderer mit den zwei Stöcken. Die herrlichen Strände, die Pinienwälder und die schmalen Feldwege stehen bei den Walkern hoch im Kurs. Mallorca verfügt über den ersten **Nordic Walking Park** in ganz Spanien. Er wurde in Alcúdia eröffnet und bietet verschiedene Routen in drei unterschiedlichen Schwierigkeitsstufen. Die leichte, grüne Route „Es Barçarés" verläuft größtenteils an der Küste. Die „Ruta de La Victòria" führt durch den

Mit nackten Füßen durch den nassen Sand …

mediterranen Wald und bietet immer wieder Panoramablicke. Die „Ruta del Coll Baix" ist schwierig und endet schließlich an dem kleinen Strand von Es Coll Baix, einem wunderbaren Küstenabschnitt, der nur zu Fuß oder auf dem Seeweg erreichbar ist.

Auch in Zukunft soll der Sport auf der Insel gefördert werden. Die Spanische Vereinigung des Nordic Walking, die ihren Sitz auf Mallorca hat, plant den **Ausbau neuer Routen** durch die Finca Son Real im Nordosten der Insel.

Um fürs Laufen und Walken fit zu werden, bieten nahezu alle großen Ferienhotels ausgeklügelte Programme in modernen Fitness- und Wellnessstudios an. Sportärzte und gut ausgebildete Trainer geben individuelle Tipps und stellen auch persönliche Trainingsprogramme zusammen.

Informationen: Ausführliche Informationen zum **TUI-Marathon:** www.tui-marathon.com.
Informationen über **neue Strecken und aktuelle Veranstaltungen** gibt es auf der Website **www.nordicwalking mallorca.com**. Da die Seite nur auf Spanisch erscheint, empfiehlt es sich, unter „Contacto" die angegebene Telefonnummer anzurufen. Dort wird englisch, oft auch deutsch gesprochen. Aktuelle Tourismusinformationen auf

Deutsch, auch über Nordic Walking und andere Sportarten, gibt es unter **www.infomallorca.net**.
Die Therapeutin Ute Michaela Moser bietet **Nordic-Walking-Kurse** in Alcúdia an. Sie verbindet sie mit einer Körpertherapie (Tel. 607 917086, www.mallorcasana.com).
Die Gemeinde Alcúdia betreibt eine offizielle Website, auch in deutscher Sprache. Hier findet man alle aktuellen Events: **www.alcudiamallorca.com**.

INFO

68 Sportinsel Mallorca: von Fußball bis Steinschleudern ist alles möglich

Mallorcas Bewohner sind sportbegeistert – das merkt man überall auf der Insel. Neben Golfen und Tennis, Tauchen und Segeln bietet die Insel aber noch viel mehr. Kleine Kicker beispielsweise sind in Rudi Völlers **Fußballschule** am richtigen Platz, und wer weiß, vielleicht trainieren hier die künftigen Superstars?

„Es gibt nur einen Rudi Völler …" Fußballfans kennen diesen Ohrwurm, der auf Mallorca allerdings eine besondere Bedeutung hat. Denn in Cala Millor an der Ostküste betreibt der ehemalige Nationalspieler und Trainer der deutschen Nationalmannschaft seit 1997 eine eigene Fußballschule. Im **Super Soccer Trainingscamp** werden fußballbegeisterte Mädchen und Jungen im Alter von sechs bis achtzehn Jahren trainiert. Anfänger lernen die Grundlagen des Spiels, Könner bekommen den letzten Schliff. Der Schwerpunkt liegt auf praktischen Übungen, die den Umgang mit dem Ball schulen.

Rudi Völler hat alle Trainer selbst ausgesucht, meist ehemalige oder noch amtierende Bundesliga- und Nationalspieler oder Bundesligatrainer. Mindestens einmal im Jahr schaut der heutige Sportchef des Bundesligavereins Bayer Leverkusen selbst vorbei und trainiert die Kids. Weit über 10.000 Kinder und Jugendliche haben die Fußballschule bereits besucht. Einer von ihnen: Pierre-Michel Lasogga trainierte hier zehnmal. Mit großem Erfolg: Heute ist er Torjäger bei Hertha BSC Berlin.

Ungewöhnlich: Steinschleudern

Viele Jahrhunderte vor Christus waren die **balearischen Steinschleuderer** bereits gefragte Kämpfer, als Söldner machten sie Dienst in fremden Heeren. Die Steinschleuder hat auf Mallorca die Jahrhunderte überdauert: Seit 1984 ist das Steinschleudern eine anerkannte Sportart auf den Balearen. Dem damals gegründeten Dachverband gehören etwa 170 Aktive an, die in sieben Clubs organisiert sind, fünf Vereine allein gibt es auf Mallorca. Von April bis Ende Oktober werden in einer Mallorca-Liga **Pokalwettbewerbe** ausgetragen. Höhepunkt ist die alljährliche **Balearen-Meisterschaft**, an der aber nur lizenzierte Spitzenschleuderer teilnehmen dürfen. Geschleudert wird auf eine weiße Zielscheibe mit schwarzem Zentrum. Die Distanz beträgt zwischen 20 und 50 Metern. Der Sport gilt als gefährlich. Mit einer Spitzengeschwindigkeit von 200 Stundenkilometern fliegen die Geschosse weit über 100 Meter. Bei den **Wettkämpfen** wird auf allergrößte Sicherheit Wert gelegt. Die meisten Steinschleuderer basteln ihr Wurfgerät selbst. Die Steine sammeln sie am Strand oder auf den Feldern. Sie müssen etwa so groß wie eine Mandarine sein, trainiert wird meist mit Tennisbällen. Aktuelle Informationen über das Schleudern auf den Balearen, das auf Mallorquinisch **Tir de Fona** heißt, gibt es auf der Website www.tirdefona.org, die teilweise auch in deutscher Sprache ist. **Masio Vicenç**, Direktor von Grupotel Natur, beherrscht das Steinschleudern perfekt. Bei seinen Wanderungen zeigt er den Teinehmern gerne, wie sie die Schleuder korrekt einsetzen. Er warnt jedoch dringend davor, die Sportart ohne Anleitung im privaten Kreis auszuüben (www.grupotel.com).

Mallorca hält für Bergsteiger und Kletterer zahlreiche Spots in petto

Immer beliebter wird auf Mallorca auch die Funsportart Klettern. **Kletterer** und **Freeclimber** finden hier eine riesige Auswahl an hervorragenden Routen – und zwar ganzjährig. Sowohl im Landesinneren als auch am Meer, wo die Kletterfelsen aus griffigem Tuffgestein oder Kalk bestehen. Mallorca gilt in der Szene als Tipp für alle, die abwechslungsreiches Klettern schätzen. Viele Routen im Landesinneren sind durchgängig sehr gut ausgebaut. Angesagt ist beispielsweise eine klassische Klettertour im Tramuntana-Gebirge, die auf den Sa Cova führt, einen gewaltigen Felsen bei Port de Sóller – nach der Anstrengung ist ein atemberaubender Ausblick garantiert. Und die hohen Steilwände an der Küste der Cala Santanyí laden ebenfalls zum Aufstieg ein – oder das Klettergebiet der Cala Magraner bei Portocristo. Es gibt Hunderte Touren, alle warten darauf, erprobt zu werden. Ein Führer sollte allerdings immer mit vor Ort sein. Auch für Familien mit Kindern gibt es spezielle Touren.

Fußballschule: Weitere Informationen zur **Rudi-Völler-Fußballschule** gibt es im Internet: www.calamillor.org/freizeit/fussball (Online-Buchung möglich, auch mit Flug und Hotel oder Privatunterkunft). Ein Kurs dauert fünf Tage von montags bis freitags, immer von 10 bis 12 Uhr. Die Kinder werden mit einem Bus vom Hotel abgeholt und später wieder zurückgebracht. Kombiniert werden kann die Fußballschule mit Hotels in Cala Millor und Sa Coma.

Klettern/Freeclimben: Klettertouren kann man bei **Nikos** buchen, einem der erfolgreichsten Outdoor- und Eventanbieter der Insel. **Outdoorcamp Mallorca** bietet darüber hinaus auch noch Offroadtouren, Powerschnorcheln, Katamaran- und Kajakfahren, Wandertouren, Gleitschirmfliegen, Wakeboarden und Wasserski an (www.outdoorcamp-mallorca.com).

INFO

Wandern

Ein ideales Wanderrevier: Mallorcas Serra de Tramuntana

69 Serra de Tramuntana: eine Rundwanderung um den Tossals Verds

Mallorcas berühmtester Wanderweg besteht aus zwei Buchstaben und drei Zahlen: GR 221. Der **Gran Recorrido 221** wird auch Ruta de Pedra en Sec, Trockenmauerroute, genannt. Er verläuft von Port d'Andratx bis nach Pollença quer durch die Serra de Tramuntana, vorbei an vielen Mauern, die in der Trockenbauweise, ohne Mörtel, gebaut wurden (s. S. 222). Die Hauptwanderroute von 132 Kilometern ist in acht Etappen unterteilt. Der Weg verläuft oft in Küstennähe und führt mancherorts auf die höchsten Gipfel. Hier oben leben Mönchsgeier, die bereits vom Aussterben bedroht waren und heute dank des Wiederansiedlungs-Programms wieder häufig anzutreffen sind. An den Steilküsten nisten Fischadler und der Eleonorenfalke. Wanderer aus der ganzen Welt haben das Tramuntana-Gebirge, das 2011 zum Unesco-Welterbe ernannt wurde, als eines der schönsten Tourengebiete entdeckt. Nachfolgend stellen wir eine schöne Rundwanderung vor.

Zwölf Wanderer haben sich auf dem Parkplatz am **Cúber-Stausee** (Embassament de Cúber) versammelt. Ein paar junge Deutsche, ein schottisches Ehepaar,

Unterwegs auf dem GR 221

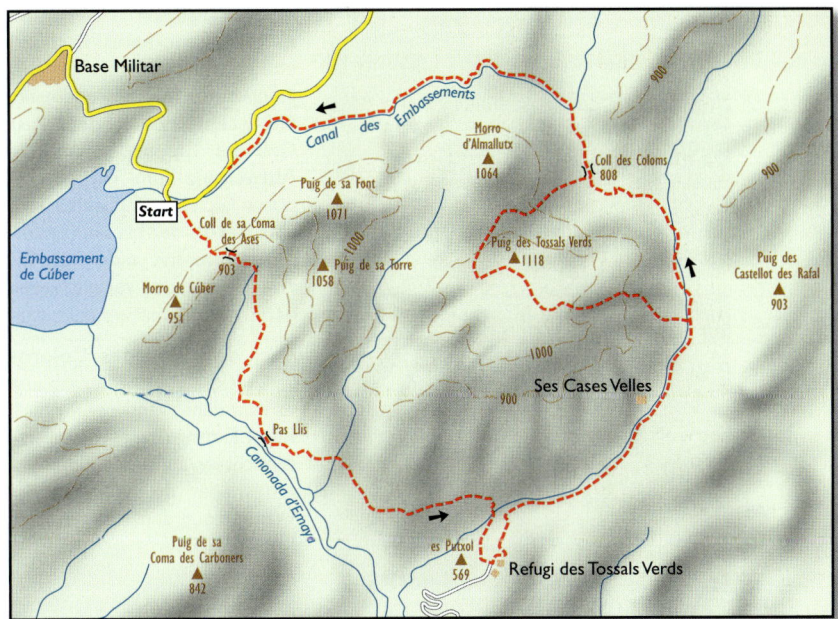

drei Franzosen und ein Mallorquiner. Der See liegt 750 Meter hoch und ist ein wichtiges Wasserreservoir für die Stadt Palma. Es ist 9 Uhr früh. Eine gute Zeit zum Aufbruch für eine Wanderung rund um das imposante Massiv des **Tossals Verds**, das im Zentrum der Serra de Tramuntana liegt. Zwischen fünf und sechs Stunden wird diese anspruchsvolle Wandertour dauern.

Vom Parkplatz aus passiert die Gruppe den Zugang zum Stausee, biegt scharf nach links ab und folgt dem ausgeschilderten Wanderweg in Richtung Tossals Verds. Schon nach knapp 50 Metern geht es hinter einer Trockenmauer rechts ab auf einen schmalen Pfad, der sich in Serpentinen zum Pass **Coll de sa Coma des Ases** auf 903 Meter hoch schlängelt. Der Blick zurück ist ein Traum: Weit unten liegen die Stauseen Cúber und Georg Blau und dahinter der alles überragende **Puig Major**, mit 1443 Metern der höchste Berg Mallorcas.

Vom Pass geht es bergab, vorbei an den Überresten eines verunglückten kleinen Flugzeuges, dessen Pilot die Bruchlandung überlebte, in Richtung Torrent-d'Almadrá-Flussbett zum Pass Llis. Es folgt eine kürzere schwierige Strecke, die jedoch mit zwei Drahtseilen abgesichert ist. Der anschließende Pfad ist sehr steinig, es geht hinauf und hinab, durch Olivenhaine direkt auf eine Felswand zu. Rechts führt die Route an einem Holzgeländer entlang und endet schließlich an der Berghütte **Refugi des Tossals Verds**. Wer mag, kann hier übernachten oder eine kräftige Brotzeit zu sich nehmen.

Gestärkt geht es eine Dreiviertelstunde in Serpentinen aufwärts. Das Etappenziel: der verlassene Bauernhof **Ses Cases Velles**. Der Weg wird besser, teilweise ist

Gut ausgeschildert: der GR 221

er sogar gepflastert. Man passiert ein ausgetrocknetes Bachbett und gelangt wieder auf die ausgeschilderte Trockenmauerroute GR 221. Kurz vor dem Pass Coll des Coloms kommt die Abzweigung zum 1118 Meter hohen Gipfel des **Puig des Tossals Verds**, der hin und zurück mindestens mit anderthalb bis zwei Stunden zu veranschlagen ist.

Nach dem **Coll des Coloms** verläuft die Strecke bergab und verleiht dem Wanderer förmlich Flügel. Entlang einer Wasserrinne erreicht er auf bequemen Wegen wieder den Ausgang der Wandertour, den Parkplatz des Stausees Cúber.

INFO

Anfahrt zum Parkplatz: in Palma Autobahn Richtung Airport, über die Via Cintura (Ringautobahn) Richtung Andratx (ausgeschildert), Ausfahrt Sóller, über die Ma-11 durch den Tunnel (4,25 € pro Durchfahrt) nach Sóller, weiter ostwärts über die gut ausgebaute, steil ansteigende Landstraße (Ma-10) an Fornalutx vorbei durch die Serra de Tramuntana. Knapp 18 km bis zum Stausee Cúber. Hier gibt's Parkplätze.
Informationen: Alle Informationen über den **Fernwanderweg**, über geführte Wanderetappen und die besten Wanderkarten findet man auf der Website des Consells de Mallorca: **www.gr221.info**.
Unterkunft in den Refugis: Die fünf **Wanderhütten** Tossals Verds, Muleta, Can Boi, Son Amer und Pont Romà (in den Wintermonaten geschl.) kann man online buchen über www.consellde

mallorca.net/mediambient/pedra (auch auf Deutsch) oder telefonisch unter 971 173700. Das **Refugi des Tossals Verds** liegt auf einer Höhe von 525 Metern und verfügt über 30 Schlafplätze in drei Schlafsälen (Übernachtung ca. 11€, Handtücher und Bettwäsche werden gegen ein kleines Entgelt gestellt, Frühstück ca. 4,50 €, es können zudem auch ganze Menüs und Picknickkörbe gebucht werden; Voranmeldung notwendig). Die Herberge ist ein idealer Ausgangsort für verschiedene Ausflüge.
Organisierte Wanderungen: Alpine Skischule Innsbruck (ASI): www.asi.at, Ansprechpartner: Silvio de Felice, Tel. 0043 512 54600015.
Escull Aventura, www.escullaventura.com. Das mallorquinische Abenteuersportunternehmen bietet Wanderungen und Klettertouren an.

Der Reitweg des Erzherzogs – auf den Spuren von Ludwig Salvator **70**

Es ist wohl die bekannteste Wanderroute in der Serra de Tramuntana: der legendäre **Erzherzogweg**. Ende des 19. Jahrhunderts hatte Erzherzog Ludwig Salvator, Mitglied der österreichischen Kaiserfamilie, den Bau des Weges im unwegsamen Zentralmassiv des Gebirges in Auftrag gegeben. Ludwig Salvator liebte Mallorcas Natur, er kaufte mehrere Ländereien und ließ sich im Jahr 1872 endgültig auf der Insel nieder. Sein Herrensitz **Son Marroig**, in dem ihn sogar die österreichische Kaiserin Elisabeth (Sissi) besuchte, liegt zwischen Valldemossa und Deià und ist heute ein Museum. Sein Landhaus S'Estanca gehört seit vielen Jahren Hollywoodstar Michael Douglas. Die weißen Zinnen der maurischen Villa sind vom Wanderweg aus zu sehen.

Es kostet allerdings einige Mühe, den berühmten Rundweg zu erreichen … Ausgangspunkt ist das Ende der Straße **Carrer de les Oliveres** am oberen Ortsrand von Valldemossa. Einziger Hinweis auf den Wanderweg ist eine Eisenkette, die eine Zufahrt für Fahrzeuge verhindern soll. Es geht gleich steil aufwärts. Der ehemalige Karrenweg ist steinig und endet nach etwa 200 Metern an einer Mauer. Über eine Holzleiter klettert man hinüber auf die andere Seite und geht dort durch einen schattigen Steineichenwald weiter. Nach etwa einer Stunde ist in 685 Metern die Hochebene **Pla des Pouet** erreicht, eine Waldlichtung mit einer Zisterne.

Wer die Wanderung um etwa eine Stunde verlängern möchte, kann von hier zum Aussichtspunkt **Mirador de Can Costa** weitergehen. Dieser Platz ist wie geschaffen für eine längere Rast mit einem herrlichen Ausblick. Auf dem weiteren Weg bieten die Steineichenwälder viel Schatten. Auf den steinigen Waldpfaden ist allerdings Vorsicht geboten, es gibt einige nicht ungefährliche Steilabbrüche. Unterwegs kommt man an der Ruine einer ehemaligen Schutzhütte vorbei, die sich der Erzherzog für den Notfall hatte errichten lassen.

Hier gelangt man wieder auf den Pfad, der zum Pass **Coll de Son Gallard** führt. In der Nähe liegt die Einsiedlerhöhle **Cova de S'Ermita Guiem**, die noch bewohnt ist. Weiter geht es bis zu den Felsklippen bergauf. Erst jetzt ist der klas-

Seine Liebe galt Mallorca

Ludwig Salvator, Erzherzog von Österreich und Prinz von Toskana, wurde 1847 in Florenz geboren und starb 1915 in Böhmen. Er machte sich mit naturwissenschaftlichen und landeskundlichen Studien des Mittelmeerraums einen Namen. Seine große Liebe aber galt Mallorca. Sein siebenbändiges Monumentalwerk **Die Balearen** ist auch heute noch ein zuverlässiges und genaues Zeugnis jener Epoche. In den sieben Bänden hat der Erzherzog Daten und Informationen über die Balearen zusammengetragen und systematisiert. Auf Mallorca erwarb er an der Costa Nord einen 16 Kilometer langen Küstenstreifen zwischen Valldemossa und Deià. Hier durfte kein Baum gefällt, kein Haus errichtet werden und alle Tiere, die nicht zu Nahrungszwecken gehalten wurden, konnten bis zu ihrem Tode ein ungestörtes Leben genießen.

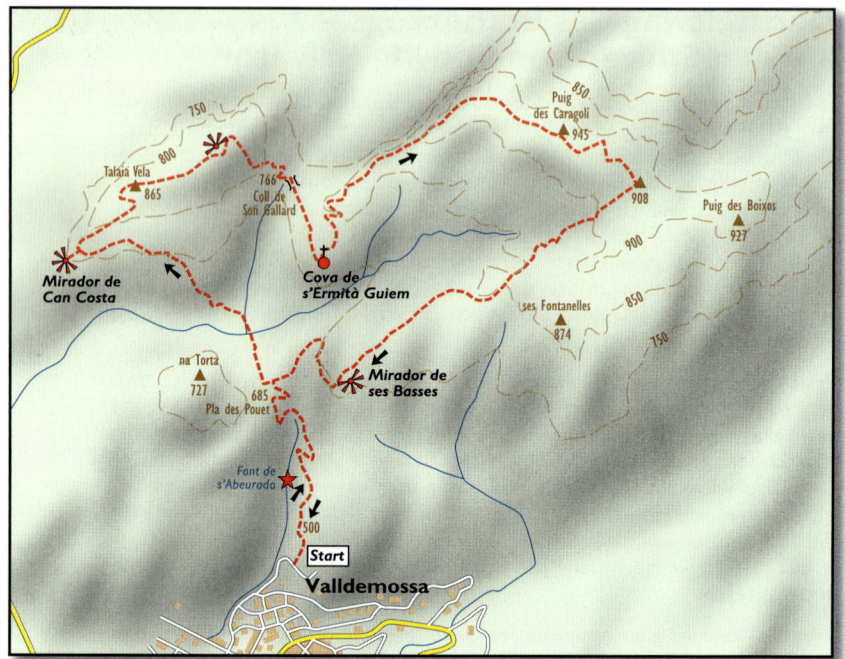

sische Abschnitt des Erzherzogwegs erreicht. Hier war Ludwig Salvator oft allein mit seinem Pferd unterwegs. Den Erzherzog, der von den Mallorquinern **s'Arxiduc** genannt wurde, faszinierte schon damals der einmalige Blick bis zum zwei Kilometer entfernten Mittelmeer und zur Halbinsel Sa Foradada.

Der Weg führt nun etwa 20 Minuten an einem Kamm entlang, auf der einen Seite geht es steil hinunter, die andere fällt flach ab. Aber auch die schmalste Stelle des Kamms ist gut passierbar. Steinmännchen markieren den weiteren Verlauf. Die Route führt am 945 Meter hohen **Puig des Caragolí** vorbei und erreicht schließlich eine Wegkreuzung.

Rechts geht es dann wieder zurück zum **Pla des Pout**. Der Ausgangspunkt am oberen Ende von Valldemossa ist nach etwa dreieinhalb Stunden Wanderzeit erreicht.

Für Musikliebhaber

Son Marroig bildet im Frühjahr und Sommer auch die traumhafte Kulisse für das **Deià International Music Festival**. Das renommierte Kammerorchester-Festival findet mit stetigem Zuspruch seit 1987 statt. Ein weiterer kleiner intimer Veranstaltungsort ist die **Gemeindekirche von Deià**. Im Kreis von maximal 200 Musikliebhabern kommt man hier in den Genuss ausgesprochen stimmungsvoller Konzerte.

Auf dem Erzherzogweg trifft man immer wieder andere Wanderer

INFO

Anfahrt von Palma: auf der **Ma-1130** nach Valldemossa.

Informationen: Entlang des ehemaligen Reitwegs gibt es keine Einkehrmöglichkeit. Deshalb ausreichend **Proviant und Wasser** mitnehmen. Der Erzherzogweg ist sehr beliebt, man trifft unterwegs immer wieder andere Wanderer.

Die Wanderung gilt als **mittelschwer:** teilweise steiler Anstieg, holprige Strecke, steinige Trampelpfade. Sie ist nichts für Anfänger. Geübte Wanderer dürften aber keine Probleme haben,

Museu Arxiduc Lluís Salvador de Son Marroig: Das **Museum** liegt zwischen Valldemossa und Deià an der Carretera Valldemossa–Deià und ist montags bis samstags von 9.30 bis 19.30 Uhr geöffnet (Mittagspause zwischen 14 und 15 Uhr, Eintritt 3 €, Tel. 971 639158, www.sonmarroig.com). Im **Landsitz** sind insbesondere Erinnerungsstücke an den Erzherzog zu besichtigen. Außerdem sind **Zeichnungen** von u. a. Antoni Ribas Prats, Joan Bauçà und Joaquim Mir sowie **Keramik** aus phönizischer, griechischer und römischer Zeit zu sehen.

Ein weiteres Highlight ist der **Garten** des Anwesens, der wunderschön gestaltet ist und von einer Felsnase einen **traumhaften Blick** auf das Mittelmeer und die Küstenlandschaft gestattet.

Deià International Music Festival: www.dimf.com, Infos und Reservierungen für die Konzerte (April–Sept.) unter Tel. 678 989536.

🛈 Vom Künstlerdorf Deià nach Sóller – eine Wanderung wie im Bilderbuch

Es ist eine der abwechslungsreichsten Wanderungen auf Mallorca: Man streift zwei wunderschöne Orte, das Künstlerdorf Deià und das Städtchen Sóller, eine traumhafte Bucht, eine Küste mit einem himmlischen Blick und eine urwüchsige Landschaft. Der Wanderer erlebt vier bis fünf Stunden lang die schönste Seite der Insel hautnah – eine Wanderung wie im Bilderbuch.

Die Tour beginnt am Ortsausgang von **Deià**, gleich unterhalb des Hotels La Residencia, wenige Meter von der Bushaltestelle entfernt. Ein schmales Sträßchen zweigt von der Hauptstraße nach Sóller links ab; es ist mit dem Zeichen des Fernwanderwegs GR 221 markiert. Der Weg kreuzt mehrere Male die kurvenreiche Straße zur Cala Deià, bis es schließlich ein letztes Mal über eine Holzbrücke geht. Der offizielle Wanderweg setzt sich über einen Holztritt, der einen Zaun überbrückt, auf einem schmalen Pfad fort. Doch es ist empfehlenswert, diesen Weg nicht zu nehmen und stattdessen der schöneren Strecke zu folgen. Dazu biegt man nach der Brücke links ab und läuft geradewegs entlang der Straße in Richtung **Cala Deià** weiter.

Blick auf Deià

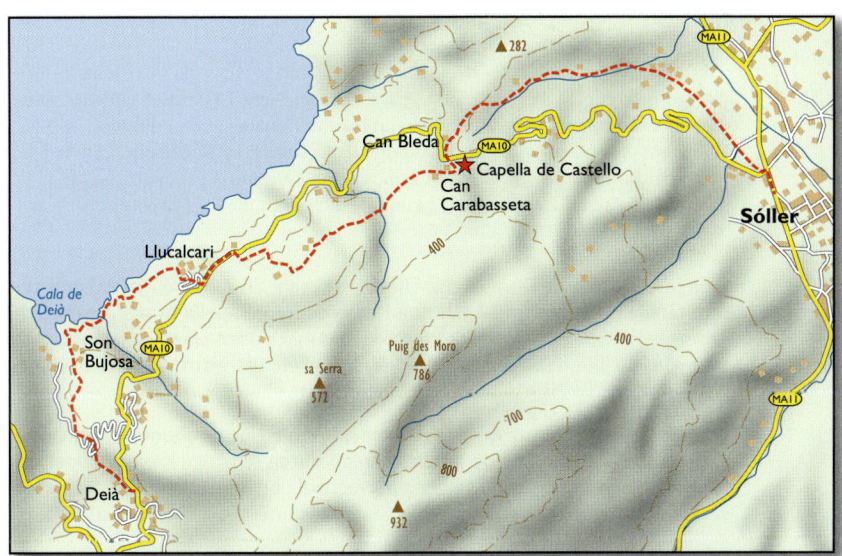

Schon der Blick auf die Bucht lässt erahnen, in welch paradiesischen Gefilden der Wanderer sich hier befindet. Links ein bizarrer Felsen, darauf ein **Fischrestaurant**, das auf eine mehr als 50-jährige Geschichte zurückblickt, rechts ein Kieselstrand, dahinter eine **kleine Bar** mit wackligen Holztischen und -stühlen. Im Wasser dümpeln ein paar Boote, Wellen schlagen sacht gegen Felsen und weit draußen auf dem Meer gleiten weiße Segelboote durchs Wasser. Es ist ein urwüchsiger Strand, kein Ort für Strandliegen und Sonnenschirme. Ein wenig riecht es hier nach Abenteuer … Ein idealer Tummelplatz für Kids und jung gebliebene Eltern, die gut schwimmen und tauchen können (s. auch S. 51). Hollywoodstar Michael Douglas wollte diese Traumbucht kaufen, bot zehn Millionen Dollar – doch der Bürgermeister von Deià winkte ab: „Unverkäuflich!"

Ein paar Meter von der Bucht entfernt geht es nun rechts ab über einige Steinstufen nach oben. Schon nach wenigen Minuten folgt ein kleiner Schwenk nach links, um die Cala von oben zu umgehen. Am Ende der Bucht geht es leicht nach rechts und dann immer entlang der Küste. Überall liegen entwurzelte Kiefern, Opfer der Wirbelstürme vergangener Jahre. Nach etwa einer halben Stunde kommt eine Wegkreuzung. Hier verlässt man den Küstenweg, geht abermals nach rechts und gelangt auf eine Teerstraße, die direkt in das Dörfchen **Llucalcari** führt, eine Ansammlung von schönen Häusern nebst einigen alten Wachtürmen. Auch ein Hotel und ein Restaurant findet sich hier.

Nach einer kurzen Rast geht es weiter bergauf direkt zur Hauptstraße. Doch zuvor sollte man einen Moment innehalten und sich umdrehen und einen der schönsten Blicke über die Insel genießen. Gleich nach der ersten Kurve der Hauptstraße führt ein geteerter Weg rechts steil nach oben. Schon nach wenigen Minuten zweigt in einer scharfen Linkskurve ein Pfad ab, der zum Camí de Castelló führt. Hier, an der **Capella de Castelló**, befindet man sich mitten im Hoch-

Jugendstilmuseum Can Prunera

Das Museum an der Carrer de sa Lluna 90 in Sóller zeigt eine beachtenswerte **Sammlung von Jugendstilkunst** spanischer und internationaler Künstler. Das besondere Augenmerk gilt den Werken lokaler Künstler. Can Prunera (1909–11) steht unter Denkmalschutz und gilt als **Besonderes Kulturgut**. Eine Stiftung der Eisenbahnergesellschaft ermöglichte Kauf und Restaurierung des Gebäudes. An der Finanzierung beteiligte sich auch die EU (www.canprunera. com, Di–So 10.30–18.30 Uhr, 5 €).

gebirge der Serra de Tramuntana. Die Gipfel, mehr als tausend Meter hoch, sind zum Greifen nah. Die im 17. Jahrhundert errichtete Kapelle ist der Jungfrau del Roser gewidmet. Leider verfällt sie mehr und mehr, doch einen Hoffnungsschimmer gibt es: Die Inselregierung hat versprochen, das historische Gebäude zu restaurieren.

Von der Capella de Castelló wandert man direkt auf einem gekennzeichneten Weg nach Sóller. Gut eine Stunde geht es bergab, durch schattige Kiefernwälder und Olivenhaine, mal über einen geteerten Weg, mal über einen schmalen Pfad durch ein Gatter und zum Schluss ein paar Stufen hinunter bis zum Ziel: **Sóller**.

INFO

Anfahrt von Palma: Autobahn Richtung Airport, über die Via Cintura (Ringautobahn) Richtung Andratx, Ausfahrt Valldemossa, weiter nach Valldemossa (Ma-1130), Deià, Richtung Sóller, ca. 4 km hinter Deià geht es links ab steil hinunter zu Küste nach Llucalcari (kurvenreicher, sehr schmaler Weg).

Informationen: Parken ist in Deià problematisch. Es gibt im Dorf zwar ein paar gekennzeichnete Einstell- und kleine Parkplätze, doch diese sind meistens besetzt. Deshalb: Auto in einem Parkhaus an der Plaça Espanya in Palma abstellen und mit dem **Bus** nach Deià fahren. Von der Plaça Espanya geht die Buslinie L 210 nach Deià. Fahrtdauer: eine gute Stunde, Preis: knapp 3 € (ändert sich halbjährig). Die Rückfahrt nach Palma erfolgt ebenfalls mit der Linie 210. Die Haltestelle liegt im Zentrum von Sóller. Siehe auch **www.soller1.com**.

Übernachten in Sóller: Hostal Nadal, Carrer Romaguera, 29, Sóller, Tel. 971 631180, http://www.mallorica.de/ kleinehotels_stadt.htm#, DZ ab 40 €, Frühstück ab 6 €. Die 26 Zimmer des **familiengeführten Hostals** in der Nähe der Plaça von Sóller sind typisch mallorquinisch eingerichtet und bieten z. T. Blick auf die Berge. Frühstück gibt es in einem großen Esszimmer, einen *café sólo* – klein, pechschwarz und stark – an der Bar.

Einkehren in Sóller: Restaurante Ca'n Gata, Carrer de la Luna, 51, Tel. 971 638634, nur mittags geöffnet, Tagesmenü ab 8 €. Mallorquinische Küche, tgl. wechselndes Menü, frisch zubereitet. **Cafe Sóller**, Plaça Constitucion, 13, gegenüber der Pfarrkirche Sant Bartolomeu, Tel. 971 630010.

Moderne Bistroküche und landestypische, leckere Tapas.

Einkehren in Port de Sóller:
Restaurante Es Passeig, Platja Repic, Tel. 971 6302171, www.espasseig. com, März–31. Okt. tgl. 12.30–23 Uhr. Mediterrane Küche zu erschwinglichen Preisen.

Vom Mirador de ses Barques zur Cala Tuent: Olivenhaine, Wehrtürme und traumhafte Aussichten

72

Hier ist der Weg das Ziel. Grandiose Aussichten erwarten den Wanderer, es geht vorbei an Olivenhainen und durch Schatten spendende Steineichenwälder – und dies alles in einem angenehmen Tempo! Vier Stunden dauert die Tour bei 250 Metern Aufstieg und 650 Metern Abstieg.

Die Wanderung beginnt am **Mirador de ses Barques**, der Aussichtspunkt ist der Ausgangspunkt für eine beliebte Wanderung durch das Bàlitx-Tal. Er liegt in einer Kurve am Kilometerstein 44,8 an der MA-10, die von Sóller nach Lluc führt.

Unterwegs auf dem Wanderweg zur Cala Tuent

Doch vor dem Start empfiehlt es sich, die Aussicht auf Port de Sóller zu genießen. Der Wanderweg ist nicht zu verfehlen. Er ist deutlich gekennzeichnet und führt vom Parkplatz über ein paar Stufen hinauf in den Berg. Etwas außer Atem gelangt man auf einen Fahrweg, der im ebenen Gelände an einem hundertjährigen Olivenhain vorbei führt. Vor der Finca Bàlitx d'Amunt geht es nach rechts ab, später dann über einen alten gepflasterten Weg weiter geradeaus bis zur **Font de Bàlitx**. Unmittelbar davor schlägt der Weg einen scharfen Linkskurs ein. Auf dem folgenden Stück ist Vorsicht geboten: Das holprige Pflaster ist rutschig und nicht mehr im besten Zustand.

Nach einem Rechtsschwenk gelangt man zu den Ruinen des Bauernhofes **Bàlitx d'Enmig**, das Haupthaus wird gerade wieder instandgesetzt. Vor dem Eingang steht ein außergewöhnlicher Olivenbaum, ein paar Meter weiter ein zweites Prachtexemplar. An der Kreuzung zeigt ein Hinweisschild (Bàlitx d'Avall, Tuent, Sa Calobra) den richtigen Weg an. Die Strecke zur Finca **Bàlitx d'Avall** geht sich angenehm. Für durstige Wanderer hält die Bäuerin frisch gepressten Orangensaft bereit. Und es besteht sogar die Möglichkeit, auf dem Hof zu übernachten.

Etwa 30 Minuten dauert der Weg von Bálitx, der über ein ausgetrocknetes Flussbett führt, zum **Wachturm von Na Seca**. Er liegt 514 Meter hoch, wurde im Jahr 1579 gebaut und ist leider in einem schlechten Zustand. Ab dem Turm geht es abwärts. Zuerst über den 365 Meter hohen Biniamar-Pass, dann zehn Minuten lang über einen Fahrweg durch einen Steineichenwald. Am Ende des Wegs beginnt rechts der gepflasterte Pfad zur **Cala Tuent**.

Hier beginnt der schönste Teil der Wandertour. Der Blick zur Küste und weit übers Meer hinaus ist atemberaubend. Eine gute halbe Stunde ist purer Genuss angesagt. Eine Kreuzung ist das nächste Etappenziel. Links geht es zur Quelle Font des Verger, geradeaus wieder leicht aufwärts in 45 Minuten zum Pass **Coll de na Pola**. Von hier oben führt die Strecke weiter bergab, sie mündet auf einen Fahrweg und biegt dann links vor dem Bauernhof Capapuig ab. Kurze Zeit später geht es einige Steinstufen weiter nach unten und über einen Pfad zum Restaurant **Es Vergeret**.

Hier gibt es alles, was das Wandererherz begehrt. Der Wirt hält eine große Auswahl an Speisen und Getränken bereit. Und wer ein erfrischendes Bad im Meer nehmen möchte, der kleine Badestrand der **Cala Tuent** liegt gleich unterhalb des Restaurants, das eine wunderschöne Terrasse hat.

Der Badestrand der Cala Tuent lädt zum Verweilen ein

INFO

Anfahrt von Palma: Autobahn Richtung Airport, dann auf die Via Cintura (Ringautobahn) Richtung Andratx, Ausfahrt Sóller, über die Ma-11 durch den ca. 3 km langen Tunnel direkt nach Sóller und weiter nach Port de Sóller. **Informationen:** Wie kommt man zum Mirador de ses Barques und wie aus der Cala Tuent wieder zurück? Ausgangspunkt ist Port de Sóller. Von hier fährt um 9 Uhr ein **Linienbus** zum Mirador, auch eine **Taxifahrt** ist nicht ganz so teuer, wenn man sich den Preis mit mehreren Wanderern teilt. Die Rückreise kann mit dem **Schiff** erfolgen. Speziell für Wanderer macht das Boot von Sa Calobra nach Port de Sóller zwischen 16.30 und 17.15 Uhr in der Cala Tuent Halt. Wer es verpasst, kann vom Restaurant aus ein Taxi rufen. **Essen und Trinken: Es Vergeret**, Carretera Cala Tuent, s/n, Cala Tuent, Escorca, Tel. 971 517105, www.esvergeret.com, Hauptgerichte ab 15 €. Auf den hungrigen Gast warten eine ausgezeichnete Paella, gute Reisgerichte, frischer Fisch und diverse leckere mallorquinische Gerichte. Schöne Terrasse mit traumhaftem Blick **Übernachten: Bàlitx d'Avall**, Carretera Sóller–Lluc, Fornalutx, Tel. 639 718506, Preise auf Anfrage. Schönes, im Landhausstil eingerichtetes Agroturismo-Hotel in einem alten Gebirgshof mit Turm. Hier hat man – fernab von TV und Internet – seine Ruhe, geradezu ideal für naturverhaftete Individualisten. **Pool** und Sauna versüßen den Tag, die typisch mallorquinische Küche trägt das ihre dazu bei. Sehr persönlicher Service. Die **Säfte** kosten pro Glas ca. 2 €.

Ⓨ Von Sóller über Fornalutx und Biniaraix zurück nach Sóller – ein Rundwanderweg zum Genießen

Der **Rundwanderweg durchs Tal der Orangen** ist etwas für ausgesprochene Genießer. Am schönsten ist es hier im Frühjahr. Für Urlauber, die bislang noch nie oder nur wenig gewandert sind, ist dies eine ideale Strecke. Gemütlich führt die zweieinhalbstündige Tour durch Natur und Dörfer und bietet überall diverse Möglichkeiten zu einer erholsamen Rast.

In **Sóller** geht es los. Wer mit dem Zug von Palma gekommen ist (s. S. 240), kann vom Bahnhof aus den Schienen in zwei Minuten bis zur **Plaça de la Constitució** im Zentrum des Ortes folgen – eine wunderbar friedliche Atmosphäre umfängt den Wanderer hier. Kleine Geschäfte, Restaurants, Bars, Cafés, die Kathedrale und das Rathaus rahmen den Platz ein. Überall warten Stühle und Tische auf Gäste. Es ist Frühstückszeit: Kaffee und frische Croissants duften köstlich und laden zur Rast ein. Jeder in Sóller scheint jeden zu kennen. Quietschend kommt eine Straßenbahn um die Ecke. Die Fahrgäste winken fröhlich, die Passanten am

Wandern im Tal von Sóller

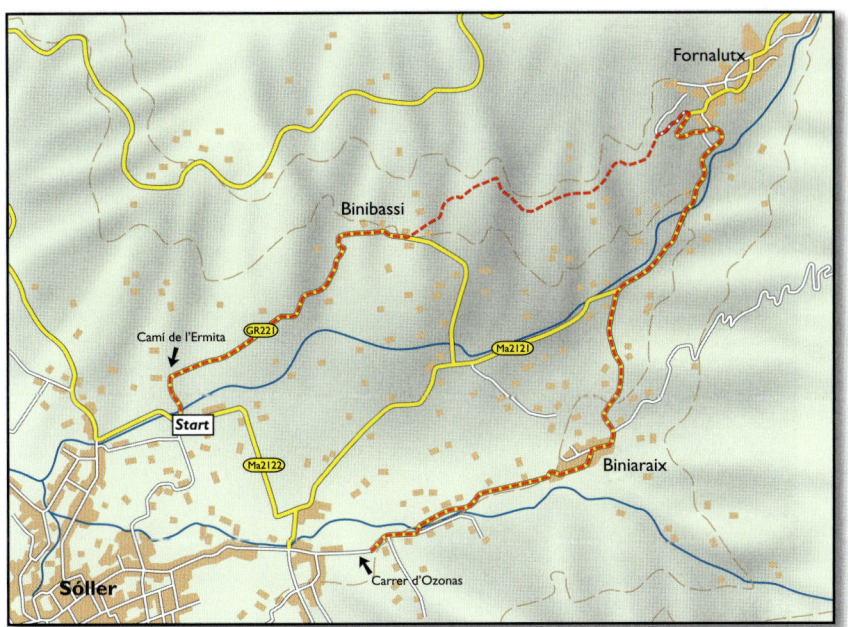

Straßenrand lachen. Fast möchte man in dieser Idylle verharren und ein paar Stunden bleiben. Doch weiter geht es.

Der Weg durch Sóller ist einfach: Den hübschen Platz mit seinem einmaligen Ambiente auf der rechten Seite überqueren und den Ortskern über die Straße Carrer de la Victòria wieder verlassen. Fast an jeder Kreuzung ist der Weg nach Fornalutx mit einem Hinweisschild ausgezeichnet. Vorbei geht es an einem Fußballplatz, im Anschluss an einem Flussbett entlang und dann über einen gepflasterten Weg in Richtung der Mini-Ortschaft **Binibassi**. Wer Stille sucht – hier findet er sie. Man hat den Eindruck, hier wohne überhaupt niemand. Vor einem Haus parkt ein Auto, das einzige Fahrzeug in dem mallorquinischen Dörfchen.

Der berühmte Fernwanderweg **GR 221** (s. S. 166) zwängt sich zwischen den paar Häusern von Binibassi hindurch und führt nach wenigen Metern auch gleich wieder hinaus. Nach einem halben Kilometer wird der ausgewiesene Pfad verlassen, es geht scharf links nach Fornalutx ab. Die schmale Straße zu dem kleinen Bergdorf führt mitten durch die Orangenplantagen. Die Äste hängen voller reifer goldgelber Früchte. Im Tal von Sóller wächst übrigens etwa ein Viertel der gesamten Orangenernte Mallorcas.

Nach einer knappen halben Stunde ist man im schönsten Dorf Spaniens angelangt. Diesen Titel erhielt **Fornalutx** vor vielen Jahren bei einem nationalen Wettbewerb – zu Recht! Überall blühen Geranien und Bougainvilleen. Im Dorfkern scheint die Zeit stehen geblieben zu sein. Ruhe ist offensichtlich die erste Bürgerpflicht. Auf dem kleinen Platz mit dem immer sprudelnden Brunnen und der

Liefern wichtige Vitamine: Zitrusfrüchte im Tal von Sóller

Turmuhr haben ein paar Wanderer ihre Rücksäcke abgelegt und genießen in der Bar einen *cortado,* einen Espresso mit etwas Milch.

Weiter geht's, Aufbruch ins nächste dörfliche Paradies: Die Straße führt kurvenreich wieder aus dem Ort heraus. Der Hinweis auf **Biniaraix** ist deutlich sichtbar hinter der nächsten Kurve angebracht. Nach 20 Minuten erreicht man das ehemalige Waschhaus des Dorfes, das am Fuße des Gipfels des **L'Ofre** Ausgangspunkt für viele, große Bergtouren ist.

Der Rückweg nach **Sóller** ist einfach und nicht zu verfehlen. Vielleicht sollte man noch einen kurzen Aufenthalt im Städtchen planen und es sich in einem der netten Restaurants gut schmecken lassen.

Mallorca abseits des Massentourismus ...

... entdecken, kann man mit **Grupotel Natur**, einem Angebot der mallorquinischen Hotelgruppe Grupotel. Das Touren- und Abenteuerangebot umfasst zahlreiche Ausflüge und Events für Individualgäste. Wenig bekannte Ecken Mallorcas stehen auf dem Programm, beispielsweise versteckte Höhlen. Es gibt **Vollmondtouren** oder **Coasterings**, Küstenwanderungen, bei denen man über Felsen klettert und kleine Buchten durchschwimmt. Angeboten wird auch eine **Wassertour** mit Katamaran und Kajak. Ausgebildete und ortskundige Wanderführer begleiten die Gruppen, die in der Regel sehr klein sind (nicht mehr als 10 Personen; mehr Infos: www.grupotel.com).

Rund um die Orange

Nicht nur die Strecke durch das Tal der Orangen ist etwas für Genießer, auch die Produkte, die aus den Zitrusfrüchten des Tals gewonnen werden, sind etwas ganz Besonderes. Orangen gehören zu den beliebteten Früchten der Welt, und auch in Deutschland sind sie sehr begehrt. Im ungemütlichen deutschen Winter versüßen uns die leckeren Orangen so machen kalten Tag und versorgen uns mit den wichtigen Vitaminen A, B1, B2, und C sowie Mineralstoffen wie Kalium, Kalzium und Phosphor.

Wer Orangen, Mandarinen, Zitronen und Grapefruits über alles liebt, der wird beim Online-Shop **www.fetasoller.com** fündig. Neben Zitrusfrüchten sind hier auch andere Qualitätsprodukte aus Sóller wie Honig, Olivenöl und *sobrassada* (mallorquinische Wurstspezialität) im Angebot. Leckerstes cremiges **Orangeneis** gibt's in Sóller direkt gegenüber der Markthalle in der Eisdiele der **Fàbrica de Gelats** – hergestellt natürlich aus den Orangen des Tals von Sóller. Und wer doch einmal etwas anderes probieren möchte: Mehr als 40 weitere Geschmacksrichtungen laden dazu ein (Carrer Romaguera, 12; im selben Haus betreibt **Fet a Sóller**, was nichts anderes als „in Sóller hergestellt" heißt, auch ein kleines Ladenlokal). Wer sich die sonnenverwöhnten Orangen lieber aufs Brot streichen möchte – kein Problem: Fruchtige **Orangenmarmelade** verkauft die **Cooperativa Agrícola Sant Bartomeu** in der Carreterra Fornalutx 8 (ebenfalls in Sóller).

Anfahrt von Palma: Mit dem Auto der Autobahn in Richtung Airport folgen, auf die Via Cintura (Ringautobahn) Richtung Andratx abbiegen, die Ausfahrt Sóller nehmen, dann die Ma-11, durch den ca. drei km langen Tunnel direkt nach Sóller.
Mit der Bahn: an der Plaça Espanya in Palma den Zug (**Roter Blitz**, s. S. 240) nach Sóller nehmen (einfache Fahrt 9 €, Hin- und Rückfahrt 14 €).
Informationen: Ausführliche Infos über das Städtchen Sóller gibt es im Internet unter **www.soller1.com**.
Essen und Trinken: in Sóller s. S. 174.
Restaurante Café Med, Ca Sa Plaça, 7, Fornalutx, mitten im Ort am Dorfplatz, Tel. 971 630900, Anfang März–Ende Okt, 3-Gänge-Menü ab 35 €, Reservierung fürs Abendessen wird empfohlen. Ein wunderbarer Platz, um eine gute regionale mediterrane Küche zu genießen (sehr schönes Lokal, ausgezeichneter, dezenter Service, gutes Essen, gehobene Preisklasse). Lecker ist der Salat mit Lammfiletspitzen.
Übernachten: Das Zwei-Sterne-Hotel **El Guia** in Sóller ist ideal für Wanderer. Es liegt in einer Seitenstraße nahe der Station der Eisenbahn **Der rote Blitz** (ausführliche Infos zu diesem alten Inselrelikt s. S. 240). Vom 15. November bis Ende Februar hat es geschlossen. Das **Restaurant** des Hauses ist allerdings ganzjährig geöffnet und gilt vielen Mallorquinern als Geheimtipp. Die Gäste kommen zum Speisen sogar aus Palma, denn es wird eine **hervorragende Inselküche** serviert (www.sollernet.com/elguia, Tel. 971 630227, s. auch S. 241). Eine andere schöne Übernachtungsmöglichkeit bietet das **Hostal Nadal**, s. S. 174.

INFO

74 Mit Prinzessin Astrid auf den Gipfel des Sa Gubia

Astrid dreht sich um und fragt sorgenvoll: „Ein kleines Päuschen?" Jens aus Hamburg lächelt tapfer: „Nicht nötig." Langsam geht die Gruppe weiter. Der Puls pocht, Schweißperlen bilden sich auf der Stirn. Der Gipfel des **Sa Gubia** bei Sóller ragt steil in den blauen Himmel Mallorcas. Noch etwa dreihundert Meter. „Zwanzig Minuten, dann haben wir es geschafft", muntert Astrid die anderen auf, eine kleine Gruppe, nur die wenigsten wandern regelmäßig. Astrid hat eine nicht allzu schwere Bergtour mit toller Aussicht versprochen.

Kaum jemand kennt schönere Wege und spektakulärere Aussichten als Prinzessin Astrid zu Stolberg, zurzeit Mallorcas **prominenteste Wanderführerin**. Sie erkundet seit mehr als 15 Jahren die Berglandschaften der Insel, geht Wanderroute für Wanderroute ab und zeichnet sie auf einem GPS-Gerät auf – eine ideale Ergänzung zu gutem Kartenmaterial. In den Bergen sind die Pfade oftmals schlecht beschildert. Auf ihrem Navigationsgerät hält die Prinzessin jede Route fest. Der Wanderer muss nur der vorgegebenen Linie auf dem Display folgen und findet auch in unbekanntem Gebiet so zu seinem Ziel.

Das Gebiet um Sa Gubia gilt als Paradies für Bergsteiger

Startpunkt der Tour ist ein Parkplatz beim Abzweig zum Bergdorf **Bunyola** an der Straße von Palma nach Sóller. Ein schmaler Feldweg führt an einer Finca vorbei. In Serpentinen geht es aufwärts. Die letzten beschwerlichen Meter führen jetzt ebenfalls steil über Geröll und Gestein direkt nach oben.

Geschafft: Der 609 Meter hohe Gipfel des Sa Gubia bei Sóller ist erreicht. Eine **gigantische Bergwelt** breitet sich vor dem Wanderer aus. Das Licht der hoch stehenden Sonne reflektiert sich in den Felsen. In der Ferne liegen Strände und Meer, im Dunst taucht die Insel Cabrera auf, zur Rechten, weit hinten am Horizont, erstreckt sich Palma, deutlich ist die Kathedrale zu erkennen. Die gewaltigen, fast senkrecht abfallenden Felsenwände der umliegenden Berge sind zum Greifen nahe. In der Wand hängen drei durch Seile gesicherte Kletterer: Das Gebiet um den Sa Gubia gilt als **Paradies für Bergsteiger**.

Auf der Kletterstiege: Prinzessin Astrid

Dreieinhalb Stunden dauert die 13 Kilometer lange Tour mit der Prinzessin, 437 Höhenmeter werden dabei überwunden. „Trinken und essen ist wichtig", ermahnt Astrid ihre Mitwanderer und packt aus ihrem Rucksack Baguette, Käse, Oliven und eine Flasche Wasser aus. Ihre Tipps für eine Wandertour? Das Wichtigste seien knöchelhohe Wanderschuhe, erklärt sie. Und natürlich solle jeder Wanderer ausreichend zu trinken, etwas zu essen und Kleidung für nasses und kaltes Wetter im Rucksack haben.

Der Abstieg ist beschwerlicher als gedacht. Es geht über Geröll und rutschige Wege nach unten. „Adéu, bis zur nächsten Tour", verabschiedet sich Astrid. Die nächsten Tage sind bereits verplant: fünf Routen zwischen drei und acht Stunden. „Schön", sagt die Prinzessin, die seit 1995 auf der Insel lebt, „dass so viele Menschen das andere Mallorca kennenlernen wollen."

Anfahrt von Palma: Autobahn Richtung Airport, abbiegen auf die Via Cintura (Ringautobahn) Richtung Andratx, Ausfahrt Sóller, über die Ma-11 bis zum Abzweig Bunyola.
Informationen: Infos über das Wandern mit Prinzessin Astrid sowie über das Tourengehen mit GPS und ihre persönlichen Wellness- und Schönheitstipps für Damen finden Sie unter: **www.prinzessin-stolberg.com**. Ihr Angebot reicht von **einfachen Wanderungen für Anfänger** bis zu **Ganztagestouren** mit Kletterstiegen – wobei Sie das Tempo vorgeben. Der Festpreis für eine individuell geführte Tour beträgt pauschal 180 € pro Tag für ein bis sechs Personen (ab 7 Pers. günstiger).

INFO

75 Puig de Randa: eine Pilgertour auf den heiligen Berg

Die Mallorquiner sprechen vom **Puig de Randa** als ihrem heiligen Berg: Denn auf der fünf Kilometer langen Bergstrecke zwischen dem Dörfchen Randa und dem 542 Meter hohen Gipfel befinden sich drei Klöster. Die Erhebung zwischen den Orten Llucmajor und Algaida im Inselinneren ist wegen ihrer markanten Form schon weithin sichtbar und erinnert an einen Tafelberg. Insbesondere die ballonartige, weiße Radarkuppel auf der Spitze macht den Puig de Randa unverwechselbar. Für Wanderer immer wieder eine echte Herausforderung: der Pilgerweg, der in dreieinhalb Stunden zu bewältigen ist.

Ein idealer Ausgangspunkt ist der Parkplatz am Ortseingang von **Randa** gleich gegenüber der Kirche. Über eine gepflasterte Straße geht es steil bergauf, vorbei am **Es Recó des Randa**, einem kleinen Landhotel mit einem Restaurant, das für seine gute mallorquinische Küche auf der ganzen Insel bekannt ist. Nach 1,3 Kilometern erreicht man die Toreinfahrt zum ersten und wohl auch schönstem der drei Randa-Klöster.

Das **Santuari de Nostra Senyora de Gràcia** geht auf eine Wallfahrtskapelle zurück. Franziskaner errichteten dieses Gotteshaus im 15. Jahrhundert unter Einbeziehung einer Höhle unterhalb der Steilwand. Es lohnt sich, einen Blick ins Innere der Klosterkirche zu werfen. In dem fast fensterlosen Raum dauert es einige Augenblicke, bis sich die Augen an die Dunkelheit gewöhnt haben. Erwähnenswert ist die Taufkapelle gleich links. Sie ist mit bunten Fliesenbildern verziert. An den Umbauten des Komplexes im 20. Jahrhundert war übrigens der wohl bekannteste spanische Architekt, Antoni Gaudí, beteiligt. Vor dem weiteren Aufstieg empfiehlt es sich, kurz auf einer Bank im Garten der Einsiedelei zu verharren, die herrliche Aussicht über die Tiefebene und die Ruhe zu genießen.

Nach einem knappen Kilometer weist ein Schild auf das zweite Kloster hin. Das **Santuari de Sant Honorat** entstand im Jahr 1394. Der mallorquinische Ritter Arnau Desbrull, der damals bereits 30 Jahre als Einsiedler auf dem Berg Randa lebte, bat den Bischof von Mallorca um die Erlaubnis, eine Kapelle zu Ehren von Sant Honorat zu errichten, dem Schutzheiligen von Algaida. Die ursprüngliche Kapelle wurde 1670 durch eine neue Kirche ersetzt, die noch heute besteht. Eine alte Steintafel oberhalb des Kirchentors erinnert an die Kapelle von damals. Erst im Jahr 1890 entstand hinter dem neuen Gotteshaus ein Kloster, das lange Zeit für die Öffentlichkeit gesperrt war. Heute bewohnen es drei Mönche, und an den Wochenenden wird es oft von Seminargruppen genutzt.

Kurvenreich führt der Pilgerweg weiter nach oben. Hin und wieder gibt es Abkürzungen: Der Wanderer kann querfeldein den direkten, aber mühsameren Weg über schmale Trampelpfade zum Gipfel nehmen. Hier oben thront das Kloster **Santuari de Nostra Senyora de Cura**, kurz Santuari de Cura genannt. Das Franziskanerkloster ist nach dem Kloster Lluc der zweitwichtigste Wallfahrtsort der Insel. Auch die Cura war einst eine Einsiedelei. Sie entstand nach der Rückeroberung Mallorcas durch König Jaume I. von Aragón im Jahr 1229. Das Kloster ist eng mit dem Namen Ramón Llull verbunden. Der katalanische Philosoph und Theologe lebte im 13. Jahrhundert zehn Jahre als Eremit auf dem Berg (s. S. 218).

Randa ist ein guter Ausgangspunkt für die Wanderung zum Santuari de Cura

INFO

Anfahrt von Palma: Autobahn Richtung Sineu, am Flughafen vorbei, Ausfahrt Llucmajor, über die Ma-5010 Richtung Algaida, nach drei Kilometern rechts ab auf Ma-5017 bis Randa.

Informationen zum Weg: Der **Pilgerweg** nach oben ist sehr steil; wer querfeldein geht, muss trittfest sein. Der schmale Pfad ist mühsam, oft auch rutschig. Zwei Stöcke wie beim Nordic Walking können sehr hilfreich sein.

Übernachten im Santuari de Cura: Das Kloster bietet eine **angenehme Unterkunft** für die Wanderer. Es besitzt modern eingerichtete 31 Zimmer und vier Apartments. Im klostereigenen Restaurant gibt es Frühstück sowie mittags und abends einfache, typisch mallorquinische Speisen. **Bar** und **Restaurant** des Gästehauses befinden sich in der ehemaligen Bibliothek und dem ehemaligen Speisesaal des alten Klosters (tgl. geöffnet). Von der Terrasse aus hat man einen **wunderschönen Blick** über die Bucht von Palma. In der Sala de Gramática wurde zu Ehren Ramón Llulls ein **Museum** eingerichtet. Im **Souvenirshop** erhält man neben Heiligenfiguren und Ikonen den berühmten Kräuterschnaps von Randa, der nach einem uralten Geheimrezept hergestellt wird. Ihm werden heilende Wirkungen zugesprochen (Tel. 971 120260, www.santuariodecura.com).

Essen & Trinken: Es Recó des Randa, Carrer Font, 21, Randa, www.esrecodes randa.com, Tel. 971 660997, Tagesmenü 18 €, s. auch S. 75. **Schöne Restaurantterrasse.**

76 Der „Schnee von Mallorca" – Mandelblüten-Tour

Der Anblick verzaubert immer wieder. Ein dichter Schleier in Weiß und Zartrosa liegt über dem Tal – ein Blütenmeer so weit das Auge reicht. „Die duftende Wolke aus den Blüten der Mandel ist für uns so wichtig wie der Schnee für Sankt Moritz", stellt Pedro Iriondo, Präsident des Tourismusverbandes Fomento del Turismo, fest. Eine Million Besucher kommen jährlich, um den **Schnee von Mallorca** zu bewundern, von Alaró bis Artà, von Binissalem bis Bunyola, von Selva bis Son Servera.

Wanderführer Masio Vicenç ist mit einer Wandergruppe an der Küste im Norden der Insel unterwegs. Die Wanderer haben den Ort Colònia de Sant Pere verlassen, sie laufen in südlicher Richtung, überqueren die schmale Küstenstraße nach Betlem und tauchen ein in das Blütenmeer. Hunderte, Tausende von Mandelbäumen säumen hier die schmalen Wege. Es ist kein offizieller Wanderweg, keine anstrengende Tour, die irgendwo steil in die Berge führt, sondern ein **Spaziergang entlang der Küste**. Weit hinten auf der linken Seite ist das Meer, rechts das einmalige Naturschauspiel der weißen Blüten zu sehen. „Hier oben im Norden startet alljährlich Mitte Januar die Mandelblüte", sagt Masio und erzählt die Anekdote vom Schnee auf Mallorca. Eine Prinzessin sei es gewesen, die vor vielen Jahrhunderten auf der Insel lebte und von einer schneebedeckten Landschaft träumte. Wenn sie morgens aufwachte, habe sie nur den einen Wunsch gehabt, in die Berge zu reisen, um die weiße Pracht einmal selbst zu sehen. Doch der Weg war viel zu weit. Aber wie das so in Märchen ist, sei ein Prinz gekommen und habe ver-

Mandelbäume so weit das Auge reicht

sprochen, ihren Wunsch schon bald zu erfüllen. Und ein paar Wochen später führte er die Prinzessin auf einen Berg und forderte sie auf, hinab ins Tal zu schauen. Sie sah unzählige Mandelbäume, deren weiße Blüten sich wie ein Schleier übers Land gelegt hatten. „Das ist der Schnee von Mallorca", sagte der Prinz.

Am nächsten Tag steht ein neues Ziel auf der Agenda, das auch ohne Führung leicht zu erreichen ist: Zwischen den Dörfern Ca's Concos und Alqueria Blanca im Südosten der Insel befände sich die zweite Station der „Blüteninvasion", hat uns Masio gestern verraten. Die sechs Kilometer lange schmale Straße zwischen beiden Orten führt durch leicht hügeliges Gelände. Von Ca's Concos geht es erst eine Viertelstunde lang abwärts, dann steigt die Strecke wieder leicht an. An beiden Seiten des Weges blühen die Bäume, auf den saftiggrünen Wiesen grasen Schafe. Nach knapp anderthalb Stunden erreicht man eine leichte Anhöhe. Vor ihr liegt das 1000-Einwohner-Dorf Alqueria Blanca, und weit hinten am Horizont glitzert im Sonnenlicht das Meer. Tag für Tag breitet sich die Mandelblüte ein Stück weiter westwärts über die Ebenen aus. Anfang März entfalten die Bäume am Fuße des Tramuntana-Gebirges als letzte ihre zarte Pracht. Dann stehen **fünf Millionen Mandelbäume** auf Mallorca in voller Blüte.

Alqueria Blanca bietet sich mit seinen kleinen Bars und Restaurants für eine Pause an. Vor dem Tapa-Restaurant **Sa Placa** (s. S. 125) stehen Tische und Stühle. Die Wirtin empfiehlt ihren Ziegenkäse und ein Glas Wein aus dem nahen Felanitx. Gleich nebenan liegt die Kapelle **Mare de Déu de la Consolación**, die im 16. Jahrhundert als Verteidigungsturm vor den Angriffen der Piraten gebaut wurde. Dann geht es auf demselben schönen Weg wieder zurück zum Ausgangspunkt.

Eine Besonderheit zur Mandelblüte hat sich ein deutsches Ehepaar ausgedacht: Frank und Andrea Eickhoff sind auf Touren mit kleinen Gruppen spezialisiert. Ihre **schönste Wanderung** führt über einen alten Pilgerpfad von Sóller aus durch die wildromantische Schlucht Biniaraix, an Wasserfällen vorbei zum Mirador de Xim Queseda mit grandiosem Ausblick auf die Bergwelt und durch das Tal von Sóller mit seinen blühenden Bäumen. Und spätestens jetzt vergisst man für einen Augenblick den kalten Winter in der Heimat.

INFO

Anfahrt von Palma: nach **Colònia de Sant Pere**, Autobahn Richtung Manacor (Ma-15), Abfahrt Petra auf die Ma-3340 immer weiter nördlich; nach **Sóller**, Autobahn Richtung Airport, abbiegen auf die Via Cintura (Ringautobahn) Richtung Andratx, Ausfahrt Sóller, über die Ma-11 durch den ca. drei km langen Tunnel direkt nach Sóller (ausgeschildert); nach **Ca's Concos**, Autobahn (Ma-19) nach Santanyí, hier links abbiegen nach Ca's Concos.

Mandelblüten-Touren: Masio Vicenç ist Wanderführer von **GrupotelNatur** (www.grupotel.com). Infos zu den Eickhoffs: **www.Natur-Erlebnis-Touren.de**.

Ausstellung rund um Mandeln: In der Finca **Els Calderers** in Sant Joan (Ausfahrt km 37 an der Hauptstraße Palma-Manacor, großes Hinweisschild) wird das Landleben vergangener Zeiten auf Mallorca lebendig. In der Kornkammer des Landhauses werden Utensilien gezeigt, die früher zur Ernte und Verarbeitung der Mandeln genutzt wurden (Tel. 971 526069, www.elscalderers.com, April–Sept. tgl. 10–18 Uhr, Okt.–März tgl. 10–17 Uhr, 9/4,50 €).

Die „Tanzenden Mallorquinerinnen" sind ein wahres
Kunstwerk. Sie schmücken einen Verkehrskreisel auf
der Ma-15 bei Vilafranca

Kultur & Ereignisse

77 Kultur-Finca Son Bauló: große Namen vor einem kleinen Publikum

Es war am späten Nachmittag des 24. Dezember 1984, als Will Kauffmann am Flughafen in Palma ins Taxi stieg und als Fahrziel die **Finca Son Bauló** in Lloret de Vistalegre angab. „Was wollen Sie denn Heiligabend am Friedhof?", fragte der Fahrer entsetzt, denn das Anwesen liegt direkt neben der dörflichen Begräbnisstätte. Vier Wochen zuvor hatte der Frankfurter Werbefotograf den Landsitz von einer mallorquinischen Familie erworben; alle 18 Angehörige waren zur Unterschrift im Büro des Notars erschienen. Zwei von ihnen, des Schreibens nicht mächtig, bekundeten den Eigentümerwechsel mit einem Fingerabdruck.

Heute ist die Finca in dem 800-Seelen-Dorf in der Inselmitte das **Ziel vieler prominenter Künstler**, unter ihnen der legendäre Musiker Paul Kuhn, der peruanische Pianist Vladimir Valdivia, die Solistin des Chicago Philharmonic Orchestra, Suzanne Bradbury, Tatort-Kommissar Jörg Schüttauf, der weltberühmte mallorquinische Dirigent Philippe Bender und die Bestsellerautorin Sabine Schiffner („Kindbettfieber").

Auf der Finca dreht sich alles um die **schönen Künste:** von Malerei über Musik bis hin zu Literatur und Theater. Außerdem werden auch Seminare über Philosophie, Dialektik und Unternehmenskultur, Archäologie, Fotografie, Steinbildhauen und Bronzegießen, Yoga oder gesellige Kochkurse und Weinseminare angeboten – ein buntes Programm.

Will Kauffmann ist es gemeinsam mit seiner Frau Petra, einer Malerin und Fotografin, gelungen, den 500 Jahre alten Gutshof zu einem **internationalen Treff-**

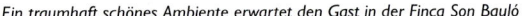

Ein traumhaft schönes Ambiente erwartet den Gast in der Finca Son Bauló

In der Showküche des Son Bauló finden Kochkurse und Weinseminare statt

punkt zu entwickeln. „Son Bauló soll für Künstler und Besucher wie eine Oase im Paradies sein", ist seine Philosophie. Und in der Tat – wohin das Auge auch schaut, überall sind blühende Sträucher, Palmen, Kakteen, Feigen- und Mandelbäume zu sehen. Eine Obstplantage, Getreidefelder und ein Teich komplettieren das Anwesen. Versteckt in all der Pracht liegt die Kultur-Finca, mittlerweile eine Institution auf Mallorca. Auch Maler und Bildhauer sind hier immer wieder mit ihren Ausstellungen zu sehen. Kauffmann stellt das Gelände zudem Fotografen und Filmleuten als Kulisse zur Verfügung; so trieben hier TV-Detektiv Magnum und Mr. Higgins bei ihren Spielfilmproduktionen ihr Unwesen.

Besonders beliebt sind bei Urlaubern und deutschen Residenten die **Abendveranstaltungen** auf dem Anwesen. Seit mehr als zehn Jahren bietet Kauffmann monatlich zwei bis drei stilvolle kulturelle Events wie Konzerte, Theater, Ballett oder Flamencovorführungen an, aber auch Auftritte mallorquinischer Volkstanzgruppen in farbenfrohen Originaltrachten stehen auf dem Programm. „Meine Devise heißt: Künstler zum Anfassen", sagt er. „Große Namen vor kleinem Publikum."

An solchen Abenden verwandelt sich Son Bauló auch immer in einen kleinen **Gourmettempel**. Die mediterrane Küche des Hauses mit süddeutsch-asiatischem Akzent ist immer für eine Überraschung gut. Wer mag, kann im Haus der Kunst auch über Nacht bleiben: sechs Suiten und fünf Doppelzimmer stehen zur Verfügung. Und zum Frühstück serviert der Hausherr persönlich Eier von den eigenen Hühnern, selbst gebackenes Brot, hausgemachte Marmelade und besten Serranoschinken. Was will man mehr?

Informationen: Alle aktuellen Informationen über die Kultur-Finca **Son Bauló** finden Sie im Internet unter www.son-baulo.com, Tel. 971 524206 (DZ mit Frühstück ab 96 €, Suite ab 120 €, Drei- bis Vier-Gänge-Menü ca. 25 €). Auf der Finca kann man auch **Produkte aus eigenem Anbau** kaufen, zum Beispiel feinstes Olivenöl. Weitere Waren je nach Angebot.

INFO

78 Fundació Pilar i Joan Miró – zum Gedenken an Joan Miró

„Wenn er malt, dann ist es so, als baue ein Vogel sein Nest", hat der französische Schriftsteller Jean Cocteau, ein enger Freund Joan Mirós, einmal gesagt. Und wie in einem Nest lebte und arbeitete dieser auf Mallorca, mehr als vierzig Jahre lang.

Miró wurde am 20. April 1893 in Barcelona geboren. Sein Vater stammte aus Montroig bei Tarragona, die Mutter aus Sóller auf Mallorca. Die Eltern waren von der Begabung ihres Sohnes nicht überzeugt und veranlassten ihn, einen „ordentlichen Beruf" zu erlernen. Daher absolvierte er eine Drogistenlehre. Das ging ein Jahr lang gut, dann brach Miró unter dem Psychostress zusammen. Die besorgten Eltern begriffen nun, dass er malen musste.

1911 entstanden Mirós erste Ölgemälde, sieben Jahre später folgte seine erste große Ausstellung in Barcelona. Im Jahr darauf reiste er nach Paris, wo er Picasso und andere Künstler kennenlernte, darunter den Schriftsteller Ernest Hemingway und Paul Éluard, einen der bekanntesten Poeten des Surrealismus. Damals war Miró ein armer Schlucker. „Ich aß wenig und schlecht. Ich habe gesagt, dass mir zu jener Zeit der Hunger Halluzinationen verursachte, die mir Ideen für Bilder gaben", berichtete er später. 1929 heiratete er auf Mallorca Pilar Juncosa aus Sóller, mit der er zeitlebens zusammenblieb, 54 Jahre lang. Sie war seine Muse und sein Lebensnerv.

Miró arbeitete, schuf und schöpfte und gab den Dingen eine neue Realität. **„Den surrealistischsten aller Maler"** nannte ihn der französische Schriftsteller An-

Blick in das Atelier von Miró – fast so, als hätte er es gerade erst verlassen

dré Breton. Es folgten große Erfolge, Ausstellungen in Barcelona und Paris, in Osaka und New York. 1940 flüchteten Joan Miró und Pilar Juncosa vor dem Einmarsch der deutschen Truppen in Paris nach Mallorca. Hier kauften sie am Fuße der Serra de Na Burguesa in Cala Major ein Haus. Dieser Ort gehörte damals noch zu Palma und war eine Idylle. Später entstanden hier viele Hochhäuser, die den Blick aufs Meer verbauten. Doch sein Landsitz **Son Abrines** blieb stets sein Zuhause.

1955 kaufte er ein weiteres Grundstück in der Nähe seines Wohnhauses. Es war von jeher sein Traum gewesen, ein Atelier mit viel Platz und viel Licht zu besitzen. 1959 kam noch die benachbarte alte Finca Son Boter hinzu. Miró ließ sich nun für immer auf Mallorca nieder. Während der Franco-Zeit vermied er jeden öffentlichen Auftritt. Als er 1968 zum Ehrenbürger Palmas ernannt werden sollte, wusste er nicht recht, wie er ablehnen sollte. Als er erfuhr, dass der damalige Tourismus- und Informationsminister Manuel Fraga Iribarne persönlich zu der Ehrung anreiste, schickte er seine Frau Pilar zum Festakt – mit einem Entschuldigungsbrief, der vor Ironie nur so troff. Nach Francos Tod 1975 schenkte er der Stadt Palma allerdings die Skulptur **Personnatge**, die heute am oberen Ende des S'Hort del Rei in Palma steht, dort, wo die Treppe von den Gärten zur Kathedrale hinaufführt. 1981 traf er ein Abkommen mit der Stadt Palma: Im **Territori Miró**, das sowohl das Atelier, die Finca Son Boter und ein Stiftungsgebäude umfassen sollte, wollte der Künstler sein umfangreiches Werk und die zahllosen Dokumente aus mehreren Jahrzehnten bewahren.

Joan Miró starb Weihnachten 1983. Drei Jahre später gab seine Witwe Pilar 42 Gouachen und Ölbilder zu einer Versteigerung in Paris frei. Damit war der finanzielle Grundstock für ein Miró-Museum in Palma gelegt. Der Architekt Rafael Moneo wurde mit der Planung und Ausführung beauftragt, und am 19. Dezember 1992 wurde die **Fundació Pilar i Joan Miró** eröffnet. Das Museum zeigt heute wechselnde Ausstellungen mit Werken von Miró aus dem Fundus der Stiftung und Sonderausstellungen meist avantgardistischer Künstler. Zu besichtigen sind auch das Atelier **Son Abrines**, entworfen und gebaut von Josep Sert, und die **Finca Son Boter** mit den Originalgraffitis des Künstlers. Dieses alte Haus diente dem Künstler als Meditationsraum und Rückzug. Gelegentlich gibt es geführte Rundgänge. (Gabriela Kunze)

Die Gastautorin

Gabriele Kunze, geboren in Frankfurt, studierte Romanistik und Anglistik. Seit 1980 lebt sie als freie Journalistin und Autorin auf Mallorca. Neben ihrer langjährigen Tätigkeit für das **Mallorca Magazin**, für das sie vor allem über Kunst und Kultur, Gastronomie und Garten schreibt, verfasste sie mehrere Bücher über die Insel.

Informationen: Fundació Pilar i Joan Miró, Carrer de Saridakis, 29, Palma, Tel. 971 701420, miro.palmademallorca.es,

16. Sept.–15. Mai Di-Sa 10-18 Uhr, So, feiertags 10-15 Uhr, 16. Mai-15. Sept. Di-Sa 10-19 Uhr, So und feiertags 10 - 15 Uhr, 6 €.

INFO

79 **Es-Baluard-Museum in Palma: ein Bollwerk für die Kunst**

„Majestät, hier ist das Museum!" Lächelnd empfängt der mallorquinische Zeitungs-verleger Pere A. Serra Spaniens König Juan Carlos an der Porta de Santa Catali-na in Palma. Es ist der 30. Januar 2004. An diesem Freitag wird das neue Museum für moderne und zeitgenössische Kunst, **Es Baluard**, eingeweiht. Möglich gemacht hat es der Medienunternehmer Serra: Er schenkte dem Museum 400 Werke aus seiner Privatsammlung und stellte weitere 600 als Leihgabe zur Verfügung. Serras Kunststiftung bildete gemeinsam mit der Stadt Palma, Mallorcas Inselrat und der Balearenregierung eine Stiftung zur Verwaltung des Hauses. Bereits 20 Jahre zu-vor hatte Juan Carlos den Unternehmer gedrängt: „Pere, die Stadt braucht ein Mu-seum."

Es Baluard bedeutet in der katalanischen Sprache Bollwerk – ein Bollwerk für die Kunst, aber auch in puncto Museumslage ein Bollwerk. Denn das Museum entstand als neues Gebäude innerhalb einer alten Befestigungsanlage der Renaissance-Stadt-mauer. Die als Baluard de Sant Pere bekannte Festung stand kurz vor dem Ver-fall und hätte abgerissen werden müssen. Die Stadt war deshalb bereit, die Bas-tei und das Grundstück für einen Neubau zur Verfügung zu stellen.

Das Museum hat eine **Gesamtfläche von 5000 Quadratmetern** und erstreckt sich über drei Stockwerke, die über Rampen, Balkone und Galerien miteinander verbunden sind. Tageslicht fällt durch Oberlichter ein. Spektakulär ist der Blick von den Terrassen über Stadt und Bucht, hinüber zum Castell de Bellver und zur Ka-thedrale. Den Vorplatz schmücken Skulpturen zeitgenössischer Bildhauer.

Eines der wichtigsten Ziele von Es Baluard ist es, dem Besucher die **internatio-nale moderne und zeitgenössische Kunst** nahezubringen. Es Baluard werde immer an das künstlerische Schaffen auf den Balearen erinnern. Damit unterschei-

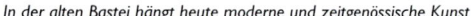

In der alten Bastei hängt heute moderne und zeitgenössische Kunst

Das neue Museum fügt sich überraschend gut in die alte Stadtmauer ein

de es sich von vielen anderen Häusern, hatte Museumsdirektorin Marie-Claire Überquoi das Konzept ihres Hauses vorgestellt.

Das Museum zeigt eine vielfältige Sammlung von Gemälden, Zeichnungen und Skulpturen seit dem 19. Jahrhundert, unter anderem Werke von Paul Cezanne, Paul Gauguin und Pablo Picasso. Der Schwerpunkt liegt aber auf Arbeiten, die einen **Bezug zu Mallorca und den Balearen** haben. Von postimpressionistischer Landschaftsmalerei aus der Zeit zwischen 1880 und 1905 bis zu postmodernen Arbeiten von gebürtigen Mallorquinern oder auf der Insel lebenden Künstlern wie beispielsweise dem katalanischen Maler, Grafiker und Bildhauer Antoni Tàpies und dem in Felanitx geborenen Maler und Bildhauer Miquel Barceló. Und immer wieder der Miró. Kein Wunder, denn Kunstmäzen Pere A. Serra war mit Joan Miró befreundet.

Informationen: Es Baluard, Plaça Porta de Santa Catalina 10, Palma, Tel. 971 908200, www.esbaluard.org, Di-Sa 10-20, So 10-15 Uhr, auf der Website werden die Öffnungszeiten regelmäßig aktualisiert, 6 €, für die Wechselausstellungen 4 €. Freitags beträgt der Mindesteintritt 0,10 €, also 10 Cent – man kann im Rahmen von „Du entscheidest", einer Daueraktion, um Leute ins Museum zu locken, mehr zahlen. Dem Museum ist ein **Restaurant** mit einer **schönen Terrasse** angeschlossen, Tel. 971 908199.

INFO

80 Gran Hotel an der Plaça Weyler – vom Hotel zum Kulturzentrum

Das Gran Hotel an der Plaça Weyler in Palma gilt als einer der **schönsten Jugendstilbauten** der Insel. Der Bau spiegelt gleichzeitig die Geschichte des mallorquinischen Fremdenverkehrs wider.

Ab 1890 erschienen die Artikel des mallorquinischen Journalisten Miquel de los Santos Oliver, „Von meiner Terrasse", in denen er die Schönheiten der Insel rühm-

Im ehemaligen Gran Hotel ist heute das Kulturzentrum Fundació la Caixa untergebracht

te. Das hatte Folgen: Die ersten Touristen kamen, wenn auch die Verkehrsverbindungen erbärmlich und die Unterbringungsmöglichkeiten miserabel waren. Es gab so gut wie keine Hotels – also musste eines her, und zwar ein repräsentatives Haus. 1902 entschloss man sich zum Bau eines Grand Hotels und wählte als Standort die bevorzugte Lage an der Plaça Weyler.

1905, nach drei Jahren Bauzeit, eröffnete das **Gran Hotel**. Es hatte 109 Zimmer und je ein Bad auf jeder der vier Etagen. Auch in den folgenden Jahren, als der Tourismus auf Mallorca weiter wuchs, blieb das Gran Hotel die Nummer eins auf der Insel – bis im Spanischen Bürgerkrieg italienische Legionäre dort Quartier nahmen. Hier endet die Hotelgeschichte. 1942 erwarb der spanische Staat das Gebäude, 1979 bezog ein Teil der Justiz die ehemalige Nobelherberge, doch die Herren Richter suchten sich 1983 eine neue Bleibe.

Seitdem wartete der modernistische Bau des berühmten Architekten Lluís Doménech i Montaner auf einen potenten Käufer: Das katalanische Kreditinstitut **La Caixa** erhielt für 151 Millionen Pesetas den Zuschlag. Den Käufern war klar, dass eine stilvolle Restaurierung mindestens noch einmal die gleiche Summe kosten würde. Doch die Kulturstifung des Kreditinstitutes schreckte das nicht: Im Haus sollte das **Kulturzentrum Fundació la Caixa** entstehen. Die Innenräume sollten nach der Restaurierung modern und funktionell sein, die Fassade indes sollte so bleiben, wie sie einmal war: Der Jugendstilcharakter des Hauses werde zelgen, dass es sich um ein „historisches Gebäude mit kulturellem Herzen" handele. Die feierliche Eröffnung fand am 28. Juli 1993 statt.

Das Gebäude, in dem die Kulturstiftung Caixa Forum jetzt ihren Sitz hat, verfügt über ein Untergeschoss und vier Etagen. Im Parterre gibt es ein Auditorium sowie einen Tagungsraum. Das Erdgeschoss beherbergt einen Ausstellungsraum von 200 Quadratmetern. Hier werden oftmals spektakuläre **Wechselausstellungen** gezeigt: Dokumentationen über Fellini oder Chaplin, Retrospektiven von Giacometti oder der deutschen Expressionisten, Kunst aus Buthan oder Kambodscha, um nur einige zu nennen. Im ersten Stock ist eine Dauerausstellung mit Werken – Gemälde, Zeichnungen, Lithografien, japanische Drucke – des Katalanen **Anglada-Camarasa** (1871–1959) eingerichtet. Er war ein bekannter Maler des Postimpressionismus und des Jugendstils. Im Gran Hotel haben seine Arbeiten einen würdigen Rahmen gefunden. Desweiteren finden im Haus kulturelle, soziale, pädagogische und umweltpolitische Veranstaltungen, Konzerte und Lesungen statt – ein engagiertes Projekt hat hier eine neue Heimstatt gefunden.

Im Erdgeschoss ist neben einer Kunstbuchhandlung auch ein schönes Café untergebracht. Das schicke **El Café** hat sich längst zu einem In-Treff gemausert und ist auch architektonisch interessant. Das alte Sofa und die Sessel sind übrigens noch Überbleibsel der ursprünglichen Einrichtung. (Gabriele Kunze)

Informationen: Gran Hotel am Plaça Weyler, **Fundació La Caixa**, 3, Palma, Tel. 971 178500, www.fundacio.lacaixa.es, Mo-Sa 10-21, So und feiertags 10-14 Uhr, Eintritt frei.

Essen und Trinken: Schräg gegenüber lohnt die viel fotografierte Konditorei **Forn des Teatre**, ebenfalls mit einer Fassade im Jugendstil, den Besuch (Mo-Sa 7.30-20 Uhr).

INFO

81 Mallorcas berühmtester Literat des 20. Jh.: Llorenç Villalonga

Der in Deutschland kaum bekannte Schriftsteller gilt als einer der bedeutendsten katalanischen Autoren des 20. Jh. 1897 in Palma in eine Offiziersfamilie hineingeboren, studierte er zunächst Medizin mit Schwerpunkt Psychiatrie auf dem spanischen Festland. 1931 erschien sein erster Roman „Mort de Dama" (Tod einer Dame), eine Satire über den Niedergang des aristokratischen Mallorca der 1920er-Jahre. Es handelte sich um einen der ersten modernen katalanischen Romane über Mallorca und von einem Mallorquiner überhaupt. Vor und während des Bürgerkriegs schrieb Villalonga vor allem aufgrund seiner antikatalanistischen Einstellung auf Spanisch, erst später kehrte er wieder zum Katalanischen zurück.

Im Laufe seines Lebens publizierte er 15 Romane, daneben Erzählungen und Theaterstücke sowie hunderte Zeitungsartikel. Als einer der Klassiker der katalanischen Literatur gilt sein Roman **„Das Puppenkabinett des Senyor Bearn: Ein mallorquinischer Familienroman"**. Der Roman spielt Ende des 19. Jh. und erzählt in Briefform die Geschichte eines mallorquinischen Aristokraten und seines dekadenten Lebens aus der Sicht des Kaplans der Familie. Die Verfilmung des Romans aus dem Jahr 1983 von Jaime Chavárri wurde in dem seit Sommer 2012 wieder für die Öffentlichkeit zugänglichen historischen Landgut **La Raixa** bei Bunyoles (www.raixa.cat) gedreht. Vor allem die Gartenanlagen lohnen einen Besuch.

In das historische Haus Can Sabater aus dem 15. Jh. in Binissalem zog sich Villalonga während des Spanischen Bürgerkrieges zurück, später verbrachte er die Sommermonate dort. Heute ist hier ein Museum untergebracht, das sich dem Menschen Villalonga und seinem Werk widmet. In vielen Zimmern sind die Original-Möbel erhalten, zudem ist eine umfangreiche Sammlung von persönlichen Gegenständen wie Postkarten, Manuskripten, Büchern und Fotos ausgestellt. Villalongas Haus in Palma, in dem er von 1942 bis zu seinem Tod im Jahr 1980 wohnte, findet man in der Carrer d'Estudi General 15.

Festival de Poesia de la Mediterrània

Alljährlich kommen auf Mallorca Dichter aus dem gesamten Mittelmeerraum zusammen. Das Festival de Poesia de la Mediterrània findet 2012 schon zum 14. Mal statt. Von Mai bis Ende Juni gibt es zahlreiche Veranstaltungen auf der ganzen Insel, die während der **Nit de la Poesia**, der Nacht der Poesie, im Teatre Principal von Palma ihren Höhepunkt finden (www.teatreprincipal. com). Jeder Dichter liest in seiner Muttersprache, sodass den Besucher ein buntes Programm mit Sprachen aus aller Herren Länder erwartet.

Das Festival wird organisiert von der Stiftung Llorenç Villalonga, die nach dem berühmtesten mallorquinischen Schriftsteller benannt ist und in Binissalem ein Museum zu seinem Andenken eingerichtet hat. Auch einem weiteren mallorquinischen Literaten, dem „Vater" der mallorquinischen Volksmusik Rafel Ginard i Bauçà, bekannt als **Padre Ginard**, ist in Sant Joan ein kleines Museum gewidmet (c/ Socies 7, nur Fr u. Sa 16–10 Uhr).

Ein Villalonga-Roman am Strand, dann ein Besuch des Museums in Binissalem

Information: Casa Museu Llorenç Villalonga, c/ Bonaire 25, 07350 Binissalem, Tel.: 971 88 60 14, www.fundaciocasamuseu.cat, Di–Fr 10–14, Di und So auch 16–20 Uhr, Sa 10–13, So geschlossen.

Anfahrt: Von Palma die Autobahn MA-13 in Richtung Inca, Abfahrt 17 Consell, dann die MA-13A bis Binissalem. Das Museum bietet neben zahlreichen kulturellen Veranstaltungen auch geführte Touren unter dem Motto „Mallorca literària" (literarisches Mallorca) an, bei dem literarische Schauplätze besucht werden und auf den Spuren mallorquinischer Autoren gewandelt wird. Infos auf der Homepage.

Literaturtipps: Nicht allzu viele Autoren aus Mallorca wurden ins Deutsche übersetzt, zu den jüngeren und erfolgreicheren zählt Baltasar Porcel (*1937) aus Andratx. Sein Roman **„Galopp in die Finsternis"** erzählt die Geschichte eines jungen Mallorquiners, der sich auf die Suche nach der Geschichte seiner Vorfahren begibt. Antònia Vicens (*1941) aus Santanyí wurde mit **„39 Grad im Schatten"** bekannt, das Buch handelt vom Schicksal der Souvenirverkäuferin Miquela zu Beginn des Tourismus-Booms. Beide Romane sind im Elfenbein Verlag erschienen (www.elfenbein-verlag.de).

INFO

⑧² Musikfestivals für den verwöhnten Geschmack

Lieben Sie Brahms? Oder schwärmen Sie doch mehr für Chopin? Wie wäre es mit Jazz, mit Eliana Elias, der brasilianischen Sängerin und Pianistin? Mallorca ist die Insel der großen, internationalen Musik-Events. Von der Klassik bis zum Jazz – der anspruchsvolle Musikliebhaber wird mit einem Repertoire der besonderen Note verwöhnt. Hier eine kleine Auswahl: drei Festivals, drei Highlights.

Beginnen wir in **Valldemossa**, mit dem **Chopin-Festival** im August, mitten in der Hochsaison. Unbeeindruckt von der Hitze des Tages reisen die Liebhaber klassischer Musik, unter ihnen zahlreiche Urlauber aus Deutschland, aber auch viele Mallorquiner, in das idyllische Bergdörfchen der Serra de Tramuntana. Um 22 Uhr an jedem der Augustsonntage bitten dann namhafte Pianisten im Kartäuserkloster zum Konzert. Hier verbrachte der Komponist Frédéric Chopin mit seiner Geliebten, der Schriftstellerin George Sand, den kalten Winter 1838/39 und widmete sich ganz seiner Musik (s. auch S. 220).

Ein Priester war es, der 1930 in Gedenken an den großen Komponisten das erste Chopin-Festival veranstaltete. Joan Maria Thomàs, selbst Komponist, aber in erster Linie Organist der Kathedrale in Palma, holte bekannte Musiker und Interpreten nach Valldemossa. Einer von ihnen, der spanische Komponist Manuel de Falla, komponierte und dirigierte im Jahr 1934 ein Chorwerk über eine Ballade von Chopin.

Doch zwei Jahre später begann der Spanische Bürgerkrieg und das Chopin-Festival wurde aus dem mallorquinischen Veranstaltungskalender gestrichen. Erst nach 45 Jahren erinnerten sich einige Mallorquiner des einst so beliebten Musik-Events. Unter ihnen auch die ehemalige Balletttänzerin Rosa Capllonch und ihr Bruder Jaume. Die beiden gründeten 1981 den **Verein Festival Chopin de Valldemossa**. Natürlich wurde der Kreuzgang der Kartause wieder Veranstaltungsort. Bis heute sorgten Pianisten von internationalem Ruf wie Alicia de Larrocha, Alfred Brendel oder Aldo Ciccolin sowie die neue Generation von Pianisten wie Mikhail Pletnev oder der Deutsche Christian Zacharias für die außergewöhnliche Qualität des Festivals. Immer öfter werden aber auch begabte Nachwuchskünstler eingeladen.

Ein Höhepunkt wurde das Jahr 2010: Mallorca feierte den 200. Geburtstag von Chopin mit einem Galakonzert in der Kartause von Valldemossa. Zusätzlich gab es mehrere **Ausstellungen**, unter anderem zu dem Thema wie junge Künstler der Balearen Chopin interpretieren. Heute gehören Ausstellungen, die sich mit Chopin und seiner Musik befassen, zum festen Bestandteil des „Klavierfestivals".

Eine Stadt voller Musik: So präsentiert sich im Sommer eines jeden Jahres das mittelalterliche **Pollença** ganz im Norden der Insel. Das **Musikfestival** wird im Juli und August unter dem Sternenhimmel im historischen Kreuzgang des Klosters Santo Domingo veranstaltet. Das erste Konzert fand am 1. September 1962 statt. Der berühmte Geiger Philip Newman hatte das internationale Musik-Event ins Leben gerufen. Newmann, der zu jener Zeit bereits auf der Insel lebte und später in Palma starb, holte seine Künstlerfreunde aus der ganzen Welt nach Pollença und organisierte herausragende Konzerte. Das Programm umfasst Konzerte des Balearischen Symphonieorchesters und des Universitätschors der Balearen. Auch der berühmteste Sänger der Flamencoszene, José Mercé, konnte für einen Auftritt im Sommer 2012 gewonnen werden, ebenso Israels führende Konzertkünstlerin Noa und die in Paris geborene Gitarristin Thanh Hang Nguyen.

Inzwischen haben die Tourismusbehörden erkannt, dass sich mit dem Festival sehr gut für Qualitätstourismus werben lässt. Parallel finden zahlreiche Veranstaltungen statt, die bekannteste ist die **nachgespielte Schlacht von 1550**, in der die Mauren versucht haben, die Stadt einzunehmen. Die mutigen Bürger von Pollença konnten dies allerdings verhindern und vertreiben die Piraten. Anfang August wird alljährlich mit großem Spektakel an das historische Ereignis erinnert.

Klavierabend mit Elisabeth Leonskaja in der Kartause

Aber auch die Freunde des Jazz kommen auf Mallorca zu ihrem Recht. Überall auf der Insel gibt es zahlreiche Veranstaltungen, die größte ist das **Jazz Voyeur Festival**, das alljährlich im November und Dezember in Palma stattfindet, meistens im **Teatre Principal**. In diesem Rahmen trat nicht nur die brasilianische Musikerin Eliana Elias auf, auch der richtungsweisende Jazz- und Fusion-Bassist Stanley Clarke und die prominenten Gospelsänger des Late Night Chor aus den USA begeisterten ihre Fans. Doch, wenn Sie nicht auf den Winter warten wollen, schauen Sie doch einfach mal in den **Jazz Voyeur Club** in der Carrer Apuntadores im Lonja-Viertel in Palma. Außer montags gibt es hier Jazz vom Feinsten jeden Abend bis spät in die Nacht (s. auch S. 139).

INFO

Anfahrt von Palma: nach **Valldemossa** Autobahn nehmen, Via Cintura (Ringautobahn), Ausfahrt Valldemossa, dann knapp 20 km bis zur Kartause; nach **Pollença** direkt Autobahn nehmen, Entfernung ca. 53 km. **International Chopin Festival:** Tel. 971 612351 (Tickets ab Mitte Juli 10–13 Uhr), www.festivalchopin.com (Ticketreservierung ab Mitte Mai), **Kartenvorverkauf:** Musicasa (Plaça Forti, Palma), Abendkasse am Konzerttag ab 19 Uhr, Konzertbeginn an den vier Sonntagen im Aug. jeweils um 22, Einlass ab 21.30 Uhr, 15 und 25 €. **Festival Pollença:** Kloster Santo Domingo, **Infos, Tickets, Reservierungen:** Festival Office, Carrer Guillem Cifre de Colonya, Tel. 971 535077, www.festivalpollenca.org, Tickets 28–45 €. **Jazz Voyeur Festival:** Carrer Asipo, 4, Poligono Can Valero, Palma, Tel. 971 905292, www.jazzvoyeurfestival.com, Eintritt 20–35 €.

83 Palmas Galerien – internationale Anerkennung garantiert

In Palma gibt es **17 Galerien**, auf den Balearen-Inseln insgesamt 29. Wobei die Definition Schwierigkeiten mit sich bringt. Denn: Was ist eine Galerie? Im modernen Sprachgebrauch bezeichnet man die Ausstellungsräume von Kunsthändlern als Galerie.

Palma liegt an vierter Stelle der spanischen Großstädte hinter Madrid (141), Barcelona (100) und Valencia (43), was die Zahl der Galerien anbelangt. Betrachtet man die Statistik anders, liegen die Balearen neben der Provinz Girona ganz vorne, nämlich bei der Zahl der Galerien pro Einwohner. Die Balearen verfügen damit über 41,3 Galerien pro eine Million Einwohner. Womit wieder einmal bewiesen ist: Kunst und Tourismus haben doch miteinander zu tun.

Die meisten Galerien nehmen Künstler nur exklusiv unter Vertrag, wobei von Verträgen nur in zwanzig Prozent der Fälle die Rede sein kann. In achtzig Prozent genügt ein Handschlag und das gesprochene Wort. Im Durchschnitt behalten die Galerien rund die Hälfte des Verkaufspreises als Kommission ein. Rund dreißig Prozent der spanischen Galeristen haben sich der Moderne und Avantgarde verschrieben, die restlichen vertreiben traditionelle Kunst oder wollen sich nicht festlegen.

Der wichtigste Galerist auf den Balearen ist Pep Pinya. Er eröffnete 1969 die **Sala Pelaires** und kämpfte gegen Vorurteile und Unverständnis, bezeichnet das Mallorca jener Zeit noch heute als „kulturelle Wüste". Doch er hatte das Glück, bald nach der Eröffnung seiner Galerie Joan Miró kennenzulernen und mit ihm Ausstellungen zu organisieren. Nach kurzer Zeit gaben sich die Großen der zeit-

genössischen Kunst in der Sala Pelaires die Klinke in die Hand: Andreu Alfaro, Anthony Caro, Eduardo Chillida, Fernando Botero, Antoni Clavé, Henry Moore, Robert Motherwell, Antoni Tàpies. Die Liste ließe sich beliebig fortsetzen. In den Achtzigerjahren kamen dann mallorquinische Künstler dazu: Maria Carbonero, Guillem Nadal, Antoni Socías, Rafa Forteza, José Maria Sirvent.

Im Jahr 1990 konnte Pep Pinya das historische Kloster der Trinitarier im 1625 erbauten Palast Son Verí restaurieren und hier das schönste private Kulturzentrum einrichten: **Centre Cultural Contemporani Pelaires (83, s. Karte)**. König Juan Carlos weihte es ein. Der Patio und die großen, lichten Räume auf zwei Stockwerken bieten

Palmas bekanntester Galerist: Pep Pinya

Schreibt seit 1969 Erfolgsgeschichte: die Galerie Sala Pelaires in Palma

beachtliche Ausstellungsmöglichkeiten. „In diesem Haus gibt es gute Schwingungen", findet Pep Pinya. Hernández Pijuan, Jaume Plensa, Miguel Navarro, Rafael Canogar und viele andere haben hier ausgestellt.

Die guten Galerien brauchen den Vergleich mit anderen Großstädten nicht zu scheuen. In der **Galería Altair** sind regelmäßig Anthony Caro, Jannis Kounellis oder Erwin Bechtold zu sehen. Die **Galería Maior** – mit Sitz in Pollença und Palma – zeigt internationale Avantgarde wie Jürgen Partenheimer, Jaume Plensa oder Amador Vallina.

Joan Oliver „Maneu" betreibt drei Galerien, eine in Inca und zwei in Palma. Wobei er streng trennt nach Avantgarde-Kunst und der Kunst des späten 19. und frühen 20. Jahrhunderts, als Mallorca eine Vielzahl von hervorragenden Landschaftsmalern besaß. Die möchte Oliver bis heute gut repräsentiert sehen. (Gabriela Kunze)

Informationen: Sala Pelaires, Carrer Pelaires, 5, Palma, Tel. 971 723696, www.pelaires.com.
Centre Cultural Contemporani Pelaires, Carrer Can Verí, 3, Palma, Tel. 971 720375, www.pelaires.com.
Joan Oliver „Maneu", Carrer Montcades, 2 und 5, Palma, und Plaça Espanya, 3, Inca, Tel. 971 721342, www.maneuart.com.
Galería Maior, Carrer Can Sales, 10, Palma, Tel. 971 728098, Plaça Major, 4, Pollença, Tel. 971 530095, www.galeriamaior.es.
Galería Altair, Carrer Sant Jaume, 15, Tel. 971 716282, www.galeriaaltair.com.

INFO

84 Heilige Drei Könige: das schönste Fest für Kinder auf Mallorca

Es ist der Abend der Kinder. Sie fiebern ihm förmlich entgegen. Der Abend des 5. Januar ist für sie das größte Fest des Jahres. Wenn um 18 Uhr die Turmuhr in ihrem Dorf schlägt, kennen sie kein Halten mehr. Sie zerren ihre Eltern förmlich aus dem Haus und drängen zum Marktplatz. Sie warten auf Kaspar, Melchior und Balthasar. Auf die **Heiligen Drei Könige**, auf „Les Reis", wie die drei Weisen aus dem Morgenland auf Mallorca genannt werden. Sie sind es, die den Kindern ihre lang ersehnten Wünsche erfüllen werden. Der Abend vor dem Dreikönigsfest am 6. Januar ist auf Mallorca ein **romantisches Spektakel**. Die Aufführung der wunderschönen biblischen Geschichte zieht auf der Insel alle, Junge und Alte, Einheimische und Touristen, immer wieder aufs Neue in ihren Bann.

Das kleine mallorquinische Dörfchen **Porreres** mit seinen etwa 5000 Einwohnern liegt abseits der Touristenhochburgen im Inneren der Insel. Schon am Nachmittag des 5. Januar herrscht rund um den Rathausplatz Hochbetrieb. Mütter eilen von einem Geschäft zum anderen und kaufen fürs große Festessen am nächsten Tag ein. Väter schleppen riesige Pakete ins Rathaus, wo alle Geschenke der Eltern gelagert werden. Puppen, Laptops, Handys, iPhones und Fahrräder sind hübsch verpackt. Kinder haben hier an diesem Nachmittag keinen Zutritt.

Am frühen Abend rollen drei Lastwagen vor, die Fahrer laden die Pakete auf und gehen am Dorfrand mit ihren Fahrzeugen in Stellung. Auch Kaspar, Melchior und Balthasar warten bereits hoch zu Ross auf ihren Einsatz. Ebenso zwei Bauern, die ihre Traktoren festlich geschmückt haben. Auf einem der Anhänger sitzen Maria und Joseph zwischen Strohballen in einem Stall, liebevoll hält Maria das kleine Jesuskind in ihren Armen. Auf dem zweiten Anhänger haben die Engel Platz genommen. Die Dorfkapelle führt den Zug an, der sich gegen 20 Uhr langsam in Bewegung setzt.

Die Aufregung rund um den Rathausplatz hat inzwischen ihren Höhepunkt erreicht. Die Kinder sind kaum mehr zu bändigen. Langsam zieht der **festliche Zug** durch die schmalen Dorfgassen. Fast eine Stunde dauert es, bis er das Rathaus erreicht hat und weiter zur Dorfkirche zieht, der Endstation. Und dann geht es los.

Dia del Reis

Der 5. Januar eines jeden Jahres verläuft in allen 53 Gemeinden Mallorcas ähnlich: Der **Dreikönigstag**, einer der höchsten katholischen Feiertage, wird seit Mitte des 19. Jahrhunderts in Spanien vor allem als **Fest der Kinder** gefeiert. Seit 1850 schreiben die Kleinen den Heiligen Drei Königen Briefe mit der Bitte um Geschenke. Dieser Abend bedeutet den Kindern auf Mallorca genauso viel wie bei uns in Deutschland den Gleichaltrigen der Heilige Abend. Den größten Umzug auf den Balearen gibt es in der Hauptstadt. Die Heiligen Drei Könige gehen jedes Jahr mit dem **Boot im Hafen von Palma** vor Anker und ziehen dann stundenlang durch die Stadt. Tausende Menschen säumen die Straßen, zum Teil sind Tribünen und Zelte aufgestellt. Am **6. Januar** ist dann in ganz Spanien **Feiertag**, alle Geschäfte sind geschlossen.

Werden mit großem Pomp gefeiert: Les Reis, die Heiligen Drei Könige

Die drei Lkws mit den Geschenken fahren langsam durch die Straßen, begleitet jeweils von einem der drei Könige und ein paar Engeln. Vor jedem Haus, in dem ein Kind wohnt, hält der Lkw. Der Heilige auf dem Pferd, assistiert von seinen himmlischen Helfern, reicht nun das begehrte Paket dem aufgeregt wartenden Mädchen oder Jungen herab. Und weiter geht's zum nächsten Haus. Wer Pech hat, bekommt erst gegen Mitternacht sein Geschenk. Denn so lange haben Kaspar, Melchior und Balthasar an diesem Abend in einem Dorf wie Porreres zu tun.

INFO

Anfahrt von Palma: Autobahn Richtung Santanyí, Ausfahrt Nr. 10 „Platja de Palma/Manacor", Richtung Manacor, wieder auf die Autobahn und bis zur Ausfahrt Montuiri fahren, dann der Beschilderung nach Porreres folgen. Im Ort gibt es einen Parkplatz.

Übernachten: Wenige Autominuten von Porreres entfernt liegt das Landhotel **Sa Bassa Rotja** (4 Sterne), ein alter mallorquinischer Besitz aus dem 13. Jahrhundert. Es verfügt über 25 Luxussuiten, mehrere Aufenthaltsräume, eine Bibliothek, ein sehr schönes Restaurant, einen Swimmingpool und eine Tennisanlage. Das Hotel ist auch ein idealer Ausgangsort für Wanderungen und Radtouren (Camí Sa Pedrera, s/n, Tel. 971 168225, www.sabassa rotja.com, DZ inkl. Frühstück ab 150 €, Suite ab 200 €, Dinner ab 32,50 €). Gemütliche Zimmer gibt es auch in der schönen **Finca Son Roig**, Carrer de la Torre, Porreres, Tel. 971 168189, www.fincasonriog.com/hotel-mallorca, DZ inkl. Frühstück ab 140 €.

85 Sant Antoni und Sant Sebastian – Feuerwerk und Partystimmung

Wer einmal erleben möchte, wie ausgelassen die Mallorquiner feiern können, sollte im Januar ein paar Tage Urlaub auf der Insel machen. Dann sind in den Dörfern die Teufel los, und in Palma ist die ganze City von Musik erfüllt. Zwei Heilige zeichnen für die Stimmung verantwortlich: Sant Antoni und Sant Sebastian.

Der heilige Antonius, kurz **Sant Antoni** genannt, ist der Schutzpatron der Tiere. Das kleine Städtchen **Sa Pobla (85, s. Karte)**, landwirtschaftlicher Mittelpunkt der Insel, ehrt den Heiligen auf besonders intensive Weise. In der Nacht vom 16. auf den 17. Januar herrscht in der Gemeinde Partystimmung. Auf den Straßen brennen große Holzfeuer. Ihre Flammen lodern die ganze Nacht.

Nach der Legende wurde der heilige Antonius in der zweiten Hälfte des dritten Jahrhunderts in Ägypten geboren. Der wohlhabende Mann folgte dem Ruf des Evangeliums, überließ sein Vermögen den Bedürftigen und zog als Eremit in die Wüste. Dort wurde er immer wieder vom Teufel in Versuchung geführt. Als er im Sterben lag, legten sich zwei Löwen neben ihn und gruben ihm ein Grab. Während sie seine Hand ein letztes Mal beschnupperten, segnete er die beiden Tiere. Seitdem gilt er als **Schutzpatron der Tiere**.

Das Feuerwerk zu Sant Antoni brennt die ganze Nacht zu Ehren des Heiligen

Beim Fest in Sa Pobla, das bereits seit dem Jahr 1356 gefeiert wird, spielen heute noch die Teufel, die sogenannten **Dimonis**, eine große Rolle. Überall ziehen Menschen als Teufel verkleidet durch die dunklen Gassen und erschrecken andere Passanten. Doch die meisten kennen den Brauch und lachen nur über den Spuk. Sie verabreden sich mit Freunden in den Bars und an den Imbissständen, essen und trinken gemeinsam. Bevorzugte Speise an diesem Abend ist das mallorquinische Gericht **Espinagada**, ein Blechkuchen mit Gemüse und Süßwasseraal. Alljährlich trifft sich in Sa Pobla dann auch die politische Prominenz der Insel. Den **musikalischen Hintergrund** geben die sogenannten Ximbombas, die Xeremies und die Glossars, rythmische Sprechgesänge auf *mallorquin,* deren Texte manchmal erst beim Singen erfunden werden.

Auch in den anderen Inseldörfern wird das Fest des heiligen Antonius gefeiert. Größtenteils ähneln sich die Feste, manchmal gibt es unterschiedliche Bräuche. In **Pollença** beispielsweise wird an die Spitze einer eingeseiften, von Ästen befreiten Pinie ein Korb gebunden, in dem sich ein Hahn befindet. Junge, mutige Männer erklimmen den etwa 20 Meter hohen glitschigen Baum, um den Korb mit dem Gockel herunterzuholen. Wem das als Erstem gelingt, der darf den Hahn behalten.

Am nächsten Morgen, am 17. Januar, lassen die Mallorquiner ihre Tiere mit Weihwasser segnen. Sie besuchen mit ihren Kanarienvogeln, Hamstern, Katzen und Meerschweinchen die Messen in den Kirche und lauschen andächtig dem Pfarrer. Anschließend werden die Tiere gesegnet.

Nahtlos setzen sich die Feierlichkeiten aus den Dörfern bis in die Hauptstadt fort. Palma gedenkt seines Schutzpatrons **Sant Sebastian**. Vor rund 500 Jahren soll er die Stadt von der Pest befreit haben. Die Seuche endete angeblich erst, als man die Knochen des heiligen Sebastian in die Stadt brachte. Am 20. Januar 1524 ernannten ihn die Stadtväter zum **Schutzheiligen von Palma**. Aus diesem Anlass feiert die Hauptstadt der Balearen jedes Jahr am Vorabend eine große Fiesta mit viel Musik. In den Gassen und auf den Plätzen spielen Dutzende von Bands, auf den Straßen tanzen die Menschen. Zum Höhepunkt der Festlichkeiten, am Abend des 19. Januar, scheint die Innenstadt ein einziger Grillplatz zu sein. Überall brennen Feuer, und es riecht nach Grillfleisch. Und am 20. Januar gibt es im Parc de la Mar unterhalb der Kathedrale ein großes, buntes **Feuerwerk**.

INFO

Anfahrt von Palma: Autobahn (Ma-13) Richtung Alcúdia, hinter Campanet rechts nach Sa Pobla abbiegen.
Übernachten: Das Hotel-Restaurant **Fonda Europa** in Sa Pobla ist ein Tipp für eine einfache Unterkunft (Carrer Misteri, 3, Tel. 971 540303, www.fondaeuropa.com, Übernachtung 20 €). Wer es komfortabler liebt, findet im etwa sieben Kilometer entfernten Nachbarort Llubí das **Hotel de la Vila (**Plaça de Son Remi, 5, Tel. 971 857181, www.hoteldelavila.com, DZ ab 80 €, mit Dachterrasse).
Restaurant: Plaça Vuit, Plaça Major, 8, Tel. 971 544 400, www.placavuit.es, große Auswahl an Snacks unter 3 € und Pizzas, alle unter 9 €. Außerdem werden Fleischgerichte (Schweinefilet, Lammschulter, Entenbrustscheiben oder Entrecôte) zwischen 12 und 19,50 € serviert.

86 Semana Santa: Prozessionen bestimmen das Bild der Insel

Es ist für den Besucher jedes Mal ein Spektakel mit Gänsehautstimmung. Unheimlich vermummte Gestalten mit langen, spitzen Kapuzen, die an den amerikanischen Geheimbund Ku-Klux-Klan erinnern, ziehen durch Straßen und Gassen, begleitet von langsamer, getragener Marschmusik und durchdringenden Klageliedern. Die **Semana Santa**, wie der spanische Begriff für die Heilige Woche von Palmsonntag bis Ostersonntag lautet, ist in allen Dörfern und Städten Mallorcas eines der größten Ereignisse des Jahres.

Die Festlichkeiten auf der Insel beginnen am **Palmsonntag** in der Kathedrale von Palma. Nach der Passionsmesse ziehen Bischof, Priester und Gläubige durch die Stadt. Während der ganzen Karwoche gibt es auf der Insel **Prozessionen**. Sie werden von den frommen Bruderschaften organisiert, Vereinigungen, die sich aus den mittelalterlichen Zünften entwickelt haben. Heute ist jede Bruderschaft einer bestimmten Gemeinde zugeordnet. Die Mitglieder kommen, wie die Angehörigen einer Loge oder Berufsvereinigung, mehrmals im Jahr zusammen, um für ihre Kirche zu sammeln und um die Prozessionen der Karwoche vorzubereiten. Allein in der Hauptstadt gibt es 30 Bruderschaften, in ganz Mallorca etwa 50.

Die Mitgliedschaft in einer **Bruderschaft** wird meist vom Vater auf den Sohn vererbt, neuerdings auch von der Mutter auf die Tochter. Heute gibt es auch Bruder-

Semana Santa: ein Spektakel mit Gänsehautstimmung

schaften, die nur aus Frauen bestehen. In früheren Jahrhunderten war Frauen die Teilnahme an den Prozessionen versagt. 1988 wurde in Palma die erste Bruderschaft von Frauen gegründet. In der Cofradía Cristo de la Agonía schlossen sich zunächst 40 Büßerinnen zusammen. Männer haben keinen Zutritt. Die Bruderschaften unterscheiden sich durch die verschiedenen Farben ihrer Trachten und durch ihre Banner. Anonymität und Diskretion sind auch heute noch die besonderen Merkmale der Prozessionen. Niemand fragt, warum jemand den Bußgang, oft mit Ketten an den Füßen oder einem schweren Holzkreuz auf den Schultern, auf sich nimmt.

Kreuzabnahme Jesu

Die wichtigste Prozession in der Hauptstadt während der Karwoche ist am **Jueves Santo**, am Gründonnerstag. Dann wird Palmas bedeutendster Heiliger, Cristo de la Sang (Christus vom heiligen Blut), durch die Straßen getragen. Der gesamte Verkehr ruht an diesem Abend in der City. Mehr als 100.000 Menschen begleiten die Prozession, die bis weit nach Mitternacht dauert.

Viel beachtet ist auch die **Kreuzabnahme** (Devallement) in Pollença am Karfreitag. Die Christusfigur wird in der Kirche auf dem Kalvarienberg vom Kreuz genommen und auf eine Art Katafalk aufgebahrt. Dann trägt man sie die 365 Stufen des Kalvarienberges hinab zur Gemeindekirche. In Sineu findet am selben Tag die **Prozession der Heiligen Grablegung und der Heiligsten Maria der Einsamkeit** statt. Diesen Brauch gibt es in dem Landstädtchen seit dem Jahr 1667. Ebenfalls am Karfreitag findet auf den Treppen vor Palmas Kathedrale ein besonderes Theaterstück statt: **Via Crucis**, der Heilige Kreuzgang. Die dramatischen Momente des Kreuzweges und der Kreuzigung von Jesus Christus werden von der Theatergruppe „Taula Rodonda" mit Texten des mallorquinischen Poeten Llorenç Moyà in Szene gesetzt. Ein kultureller Höhepunkt der Osterwoche. Das Schauspiel vor der beeindruckenden Kulisse der Kathedrale beginnt um 12 Uhr.

Am **Ostersonntag** versammeln sich die Gläubigen auf Mallorca in der Kathedrale und in den Kirchen der Dörfer, um die Auferstehung des Herrn zu feiern.

Termine der wichtigsten Prozessionen

Gründonnerstag: Prozession Cristo de la Sang in **Palma**, ab 19 Uhr, an der Kirche La Sang an der Plaça de l'Hospital. Es kann sein, dass die letzten Bruderschaften die Kathedrale erst nach Mitternacht erreichen.
Karfreitag: Gegen 23 Uhr beginnt die Prozession der Heiligen Grablegung in **Sineu**. Bei Anbruch der Dunkelheit Kreuzabnahme mit anschließender Prozession vom Kalvarienberg zur Pfarrkirche in **Pollença**.

87 Festa des Vermar: Weinfest mit Traubenschlacht

Binissalem ist die mallorquinische Hauptstadt des Weins. Schon im 14. Jahrhundert wurde hier Wein gekeltert. Über 500 Jahre steigerten die Winzer regelmäßig die Produktion, doch Anfang des 20. Jahrhunderts beendete eine Katastrophe den lukrativen Weinanbau auf Mallorca. Die Reblaus, von Amerika über Frankreich nach Mallorca eingeschleppt, vernichtete nahezu alle Weinberge. Erst viele Jahre später lebte der Weinanbau auf der Insel wieder auf. Resistente Reben, denen die Schädlinge aus den USA nichts anhaben konnten, wurden angebaut. Doch die Pflanzen waren von schlechter Qualität, der mallorquinische Wein galt als minderwertig. Die Wende zum Guten, zum Qualitätswein, kam in den Achtzigerjahren. Die Winzer von Binissalem hatten mit Beginn der neuen Weinepoche gleich eine Vorreiterrolle inne. Sie informierten sich weltweit über modernen Weinanbau und entwickelten neue Weinsorten. Ihr Einsatz wurde belohnt: Heute ist **Binissalem** ein Garant für hochwertige Weine. Der Ertrag liegt bei jährlich mehr als zwei Millionen Litern.

Das bekannteste der knapp 16 Weingüter in der Region ist die **Bodega José Luís Ferrer**, die seit Anfang der Dreißigerjahre heute in dritter Generation geführt wird. Vom Großvater José Luís Ferrer bis zu den Enkeln Sebastián und José Luís hospitierten alle im Ausland, um neue önologische Technologien kennenzulernen. Der preisgekrönte weiße und rote Wein mit dem auffälligen orangefarbenen Etikett auf der Flasche ist in allen Supermärkten Mallorcas erhältlich. Wer will, kann das Weingut besichtigen, den Wein vor Ort probieren und kaufen.

Alljährlicher Höhepunkt in Binissalem ist Ende September das große Weinfest, zu dem mehr als 100.000 Menschen kommen. Zur **Festa des Vermar**, die seit ewigen Zeiten nach dem gleichen Schema abläuft, trifft sich die ganze Insel. Zum Auftakt des Festes gibt es eine **spektakuläre Traubenschlacht**, an der sich vor allem junge Leute beteiligen. Alle können mitmachen: Einheimische und Touristen. Jeder bewirft jeden mit Weintrauben. Ein großer Spaß, über den sich das Weindorf nach der anstrengenden Weinernte köstlich amüsiert. Den Zuschauern wird empfohlen, möglichst in Deckung zu gehen, um nicht die eine oder andere Traube ins Gesicht zu bekommen.

In den folgenden Tagen wird viel gegessen und getrunken. Den Startschuss gibt das Restaurant Ca'n Arabi mit dem **Fideuà-Essen**. Eine Legende besagt, dass dieses traditionelle spanische Nudel-

Viel Spaß macht das traditionelle Traubentreten

Das Weinfest mit Tanz und Weinverkostung erfreut sich großer Beliebtheit

gericht zufällig erfunden wurde, weil einst ein Gastgeber bei der Zubereitung einer Paella feststellen musste, dass er vergessen hatte, Reis zu kaufen und nur Nudeln im Haus waren. Tags darauf folgt die **Sopar a la fresca**, das Essen im Freien. In allen Straßen und Gassen des Ortes stellen die Bewohner lange Tische auf und schlemmen mit Nachbarn und Freunden die ganze Nacht. Natürlich fließt auch der Wein in Strömen. An der Sopar a la fresca können keine Fremden teilnehmen, die Bewohner Binissalems wollen bei ihrem „großen Fressen" ganz unter sich bleiben.

Außerdem veranstaltet Binissalem **Umzüge** mit prächtig geschmückten Wagen, die von örtlichen Musikgruppen begleitet werden. Zum Abschluss lädt die Gemeinde zur **Big Party** mit Tanz und Weinverkostung ein. Für ein paar Euro kann man dann die besten Weine direkt aus dem Fass des Winzers verkosten.

Buchtipp

Binissalem ist auch Geburtsort von **Llorenç Villalonga** (1897–1980), der heute als einer der bedeutendsten katalanischen Autoren gilt. In seinem Werk befasst er sich immer wieder mit dem Leben der Menschen auf der Insel. Sein bekanntester Roman, **Das Puppenkabinett des Senyor Bearn**, wird als das große Meisterwerk mallorquinischer Literatur gehandelt (s. S. 198).

Anfahrt von Palma: Autobahn (Ma-13) in Richtung Alcúdia bis Binissalem.
Informationen: Das komplette **Programm des Weinfestes** veröffentlicht die Gemeinde alljährlich ab 7. September auf ihrer Website **www.ajbinissalem.net**.

Weinprobe: Die **Bodega José Luís Ferrer** liegt an der Hauptstraße (C-713), am Ausgang von Binissalem (Carrer Conquistador, 103, Tel. 971 511050, www.vinosferrer.com). Die Kellerei bietet von montags bis freitags um 11 und 16.30 Uhr Besichtigungen an (6 €).

INFO

88 Weihnachten und Silvester auf mallorquinisch

Weihnachten ohne Sibylle ist für einen Mallorquiner unvollständig. Der **Gesang der Sibylle** erklingt Heiligabend in allen Kirchen Mallorcas in der Mitternachtsmesse. Gesungen wird das Lied von einem Mädchen, das mit dem Schwert vor den Altar tritt und mit gregorianischem Singsang vom Jüngsten Gericht erzählt. Eine wunderschöne Melodie, aber der Inhalt ist eine Ansammlung wüster Drohungen gegen die Menschheit. Der mittelalterliche Kirchengesang ist heute nur noch auf Mallorca und auf Sardinien zu hören. 2010 wurde der Gesang der Sibylle übrigens zum Unesco-Weltkulturerbe ernannt. Besonders eindrucksvoll wird er zur Christmesse in der Kathedrale von **Palma** und im **Kloster Lluc** dargeboten.

Nach dem Kirchgang geben sich die Mallorquiner weltlichen Freuden hin. Höhepunkt ist das **Dinar de Nadal**, das Festessen am Mittag des ersten Feiertages. Zu diesem Mahl trifft sich nur der engste Familienkreis. Ein typisches Weihnachtsgericht ist der Gall de Nadal, der Weihnachtshahn. Das Tier wird gebraten, mit Blumen geschmückt und mit einer Rose im Schnabel im Ganzen serviert. Zunächst wird der Hahn ausgiebig bewundert und dann von der Hausfrau tranchiert. Die Portionen verteilt das Familienoberhaupt. Doch viele Mallorquiner weichen heute auf einen ganz gewöhnlichen Braten aus: Lamm oder Spanferkel, Geflügel, Pute, Ente oder Fisch darf es inzwischen auch sein.

Ohne **Torró** allerdings kommt kein Weihnachtsfest aus – dieses leckere Mandel-Honig-Gebäck gibt es in unzähligen Varianten. Abgerundet wird das Essen mit dem **Weihnachtswein**, der nicht in den Kopf steigt und keinen Kater hinterlässt, behauptet wenigstens der Volksmund … Auch heutzutage wird reichlich getrunken, inzwischen allerdings verstärkt Weine von der Insel. Alles in allem lassen es sich die Mallorquiner zu Weihnachten gut gehen.

Der **Jahreswechsel** auf Mallorca ist immer ein besonderes Erlebnis, das Wetter auf der Insel ist in den Tagen um Silvester meistens schön. Oft scheint die Sonne, und es kann bis zu 20 Grad warm werden. In Palma, an der Küste und auch in den Dörfern herrscht nach den Weihnachtstagen eine heitere Gelassenheit. Viele Touristen kommen regelmäßig um die Jahreswende nach Mallorca, weil sie die fröhliche Atmosphäre der Insel um diese Zeit zu schätzen wissen. Die Urlauber machen lange Strandspaziergänge, einige wagen sich sogar ins Wasser, das um diese Zeit noch genauso warm ist wie die Außentemperatur. Auch die meisten Mallorquiner genießen ihre freie Zeit zwischen den Feiertagen.

Die Insulaner starten bereits am 28. Dezember fröhlich in den Jahreswechsel. Der **Dia de los Inocentes** ist vergleichbar mit dem 1. April in Deutschland. Man versucht, ein Familienmitglied, einen Freund oder auch die Kinder mit einer lustigen Flunkerei an der Nase herumzuführen, sie mit erfundenen und verfälschten Geschichten hereinzulegen. Die schönsten Stories werden dann am Abend im Familien- oder Freundeskreis zum Besten gegeben.

Die Tage vor **Silvester** verbringt man im Familien- oder Freundeskreis. Verwandte werden besucht oder eingeladen, die Bars in den Dörfern sind voll. Auch der Abend von **Sant Silvestre** gehört der Familie. Man isst gemeinsam zu Hau-

Feuerwerk über Palma

se. Erst kurz vor Mitternacht bricht die gesamte Familie auf und geht ins Dorf, wo sich bereits viele Einwohner versammelt haben. Man redet und lacht miteinander, trinkt ein Gläschen Sekt und wartet auf den großen Augenblick. Wenn Punkt zwölf Uhr die Turmuhr der Dorfkirche schlägt und die ersten Silvesterböller knallen, bricht allgemeine Hektik aus. Alle Anwesenden holen eine **Tüte mit Weintrauben** heraus und bei jedem der zwölf Glockenschläge essen sie eine Traube. Dieser Brauch soll Glück fürs Neue Jahr bringen.

Besonders turbulent geht es in der Hauptstadt Palma zu. Hier versammeln sich schon am frühen Abend mehr als 300.000 Menschen in der Altstadt und am Hafen und warten auf das **Feuerwerk**. Die Restaurants sind überfüllt, in einigen Hotels wird getanzt. Wer hier mitfeiern möchte, muss rechtzeitig ein Hotelzimmer und einen Tisch fürs **Silvestermenü** reservieren. Aber Vorsicht mit Alkohol: Die Polizei ist in dieser Nacht auf ganz Mallorca präsent.

Informationen: **deutschsprachiger** ökumenischer Gottesdienst am 24. in der Kathedrale (15.30 und 17 Uhr). Wer den **Gesang der Sybille** hören möchte, der sollte die Christmette um 23 Uhr in der Kathedrale besuchen.

Übernachten: Für eine Silvesternacht in Palma bieten sich die Stadthotels an, z. B. das gehobene Vier-Sterne-Haus **Tres** in der Carrer Apuntadors, 3 (www.hoteltres.com, Tel. 971 717333) und preisgünstiger das **Born** in der Avinguda Jaume III (www.hotelborn.com, Tel.

971 712942). Beide liegen in der Altstadt (s. auch S. 85).

Essen und Trinken: In der Nähe der Hotels liegt das sehr gute Restaurant **Forn de Sant Joan** in der Carrer Sant Joan, 4, gegenüber der berühmten Bar Abaco. Das Restaurant serviert am 31. ein **dreigängiges Silvestermenü** (Tel. 971 728422, www.forndesantjoan. com, ca. 150 €, inkl. einem Glas Champagner, Wein, Wasser, Kaffee, Petit Fours, Glückstrauben und einer Partytüte).

INFO

Ramon Llull, Mallorcas berühmtester Sohn, vor der Kathedrale in Palma, dem bedeutendsten Bauwerk der Insel

Geschichte

89 Talayots – Wohnstätten der mallorquinischen Ureinwohner

Die Ureinwohner Mallorcas hatten keinen Privatbesitz, ernährten sich vegetarisch und galten als friedliebende Menschen. Die ersten von ihnen waren vor 4500 Jahren vom Festland auf die Insel gekommen. Sie besaßen zuerst keine festen Behausungen, lebten in freier Natur und später in Höhlen. „Trotzdem können wir noch heute viel von ihnen lernen", sagt Archäologin Cristina Rihuete. Sie ist Leiterin des Archäologischen Museums Son Fornés in der Gemeinde Montuïri an der Autobahn von Palma nach Manacor.

Son Fornés ist die **wichtigste Fundstätte der Frühgeschichte** auf Mallorca. Hier wurden bei Ausgrabungen alte Siedlungen entdeckt: die ersten Behausungen der Ureinwohner, die im ersten Jahrtausend vor unserer Zeitrechnung entstanden. Die sogenannten Talayots bestehen aus riesigen Steinblöcken, die übereinander geschichtet sind. Steinerne Zeugnisse dieser Episode finden sich aber auch an anderen Stellen auf der Insel. Besonders gut erhalten sind die Talayots **Capocorb Vell** bei Llucmajor und **Ses Païsses** bei Artà.

Im **Museum Son Fornés (89, s. Karte)** in Montuïri sind alle Funde der gleichnamigen Ausgrabungsstätte ausgestellt. Die archäologischen Relikte verteilen sich über ein drei Hektar großes Grundstück, das zweieinhalb Kilometer vom Zentrum der Gemeinde entfernt liegt. Son Fornés wurde schon 1966 zum historischen Denkmal erklärt. Die Ausstellung zeigt die Forschungsergebnisse der ersten acht Ausgrabungen. Sobald die Arbeiten abgeschlossen sind, sollen auch die neuen Funde im Museum gezeigt werden.

Die **Talayots** waren namengebend für eine ganze Epoche: das Talaiotikum (13. bis 2. Jh. v. Chr.), das auf Mallorca und teilweise auch auf Menorca verbreitet war. Äußeres Kennzeichen dieser Megalithkultur zwischen Ende der Bronze- und Beginn der Eisenzeit sind ihre Turmbauten. Der Name „Talayot" ist vom katalanischen Begriff „talaia" abgeleitet und bedeutet Beobachtungs- oder Wachturm. Der Ursprung des Wortes kommt aus dem Arabischen, „at-talayi", das mit Nachtwache übersetzt werden kann.

Faszinierend ist zu sehen, wie die Ureinwohner ihre Behausungen weiterentwickelten. Aus einzelnen Talayots entstanden Siedlungen mit mehreren steinernen Wohnbefestigungen. Die Wände der Steinbauten wurden mit Schlamm und Zweigen abgedichtet,

Säulen stützten die Dächer der Talayots

Viel Arbeit steckt in den ordentlich aufgeschichteten Mauern der Talayots

Säulen oder Pfähle stützten die Dächer. Später entstanden die ersten Freiluftplätze und Gassen, wurden Felder angelegt, Lagerräume für Lebensmittel, Werkstätten und sogar Müllhalden für den täglich anfallenden Abfall eingerichtet. In einer solchen Siedlung lebten etwa 100 Menschen. Die meisten Talayots liegen auf einem Hügel mit Wachturm. Von hier oben konnten die Bewohner rechtzeitig sehen, wenn sich Fremde näherten und Gefahr drohte.

INFO

Anfahrt von Palma: Autobahn (Ma-15) Richtung Manacor, nach etwa 30 km die Ausfahrt nach Montuïri nehmen. Museum und Ausgrabungsstätten sind ausgeschildert.
Informationen: Museu Arqueològic de Son Fornés: Das Museum befindet sich in Montuïri in der restaurierten Molí des Fraret, einer Windmühle aus dem 18. Jahrhundert (Carrer Emil Pou, s/n, www.sonfornes.mallorca. museum, Di-So März-Okt. 10-14, 16-20 Uhr, Nov.-Febr. 10-14 Uhr, 4 €).
Die **archäologische Ausgrabungsstätte Son Fornés** befindet sich 2,5 km vom Stadtzentrum Montuïris entfernt in Höhe des Kilometersteins 4 der Landstraße in Richtung Pina.
Die **Talayots Capocorb Vell** liegen in der Nähe von Llucmajor an der Ma-6014, Kilometerstein 23. In der angeschlossenen Snackbar, die auf *pa amb oli* spezialisiert ist, gibt's die Tickets für die Ausgrabungsstätte (www. talaiotscapocorbvell.com, Fr-Mi 10-17 Uhr, Eintritt).
Ses Païsses liegt am südlichen Ortsrand von Artà (Camí de la Corballa, s/n, www.sespaisses.es, Website nur auf Spanisch, April-Okt. Mo-Sa 9.30-13, 15-19 Uhr, Nov.-März Mo-Fr 9-13, 14-17 Uhr, Eintritt).

90 Ramon Llull, Mallorcas berühmter Sohn

Er ist allgegenwärtig. Hoch aufgerichtet steht er an der belebten Kreuzung vom Passeig Marítim und der Avinguda de Antoni Maura in Palma, die Kathedrale und den Almudaina-Palast im Blick, den Hafen und das Meer im Rücken. Um ihn herum rauscht 24 Stunden lang der Verkehr. In der linken Hand hält er ein Buch, in der rechten eine Feder. Sein Blick schweift in die Ferne, so, als schaue er in die Zukunft. **Ramon Llull** ist von seiner Insel nicht wegzudenken – auch 700 Jahre nach seinem Tod nicht. Das Denkmal am verkehrsreichsten und prominentesten Platz Palmas hält die Erinnerung an Mallorcas großen Sohn für immer wach.

Der Philosoph, Dichter und Theologe hat die Insel wie kein anderer geprägt. Er lebte lange im mallorquinischen Kloster **Santuari de Cura** (s. S. 184) auf dem Berg Randa im Inselinneren. Mitunter saß er dort oben in einer Höhle und sinnierte über die Zeit. Die absolute Stille dieses Ortes faszinierte Llull und animierte ihn zum Denken. Er war stets auf der Suche nach Logik und Sinn des Lebens. Auch hier im Klostergarten erinnert heute ein Denkmal an ihn.

Ramon war von edler Herkunft. Sein Vater war ein katalanischer Ritter, der an der Seite von König Jaume I. von Aragón für die Eroberung Mallorcas kämpfte. Sie landeten mit ihrer Flotte in Santa Ponça und besiegten in der Schlacht von Porto Pi am 13. September 1229 die Mauren. Drei Jahre später, im Jahre 1232, wurde Ramon in Palma geboren.

Der Kleine wuchs bei Hofe auf. Er führte ein höfisches, weltliches Leben und machte als charmanter Troubadour auf sich aufmerksam. Da er intelligenter als seine gleichaltrigen Freunde war, stand einer Karriere nichts mehr im Wege. Noch jung an Jahren wurde Llull zum Erzieher der Prinzen ernannt. Als 25-Jähriger heiratete er. Aus der Ehe mit der attraktiven Blanca entstammten zwei Kinder.

Die Wende kam 1263. Ramon hatte eine Vision, in der ihm der gekreuzigte Jesus erschienen war. Dies veranlasste ihn zu einer radikalen Änderung seiner bisherigen Lebensweise. Er verließ Mallorca und seine Familie und ging auf Pilgerreise, bildete sich weiter, lernte Arabisch und stellte sich ganz in den Dienst des katholischen Glaubens. Llull wurde im gesamten Mittelmeerraum als Missionar tätig. Dabei beeinflussten ihn drei Kulturen: die christliche, die islamische und die jüdische. Er schrieb mehr als 280 Bücher, die meisten auf Lateinisch und Katalanisch. Llull gilt als Begründer der katalanischen Literatur.

Er wurde ein gefragter Gelehrter und unterrichtete an mehreren Universitäten, unter anderem an der Pariser Sorbonne. Auf dem Konzil von Vienne (Frankreich) setzte er sich für die Einrichtung von Lehrstühlen in Hebräisch und Arabisch an den Universitäten Paris, Oxford, Bologna und Salamanca ein – das machte ihn zum Vorreiter und Begründer der westeuropäischen Orientalistik. In dieser neuen Eigenschaft reiste er nach Tunesien und Algerien. Es war seine letzte Reise. Im algerischen Bougier überfiel ihn die aufgebrachte Menge und folterte ihn, er wurde gesteinigt. Zwar gelang ihm die Flucht, aber ein Jahr später (1316) starb er auf Mallorca an seinen schweren Verletzungen. Die katholische Kirche wertete dies als Märtyrertod: Papst Pius IX. sprach Ramon Llull selig. Seine Grabstätte befindet sich in der **Basilika Sant Francesc** in Palma.

Überall auf der Insel präsent: Ramon Llull

Informationen: Die **Grabstätte** von Ramon Llull hinter dem Altar der Basilika Sant Francesc in Palmas Altstadt, Plaça Sant Francesc 7, kann besichtigt werden (tgl. 9.30–12.30, 15–18, sonn- und feiertags 9.30–12.30 Uhr, Tel. 971 712695, Eintritt frei). **Weitere Infos** zu Llull: s. S. 184f.

INFO

91 Frédéric Chopin und George Sand – die abenteuerlichste Lovestory Mallorcas

Sie bescherten Mallorca die größte Liebesgeschichte aller Zeiten: die vitale Schriftstellerin George Sand und der sensible Komponist Frédéric Chopin. Beide waren im Jahre 1838 dem Tratsch der Pariser Salons entflohen und wollten ein paar unbeschwerte Wochen „im Angesicht des Himmels" auf der damals noch unbekannten Insel Mallorca verbringen. Was die beiden Abenteuerliches erlebten, beschrieb Sand in ihrem Buch **Ein Winter auf Mallorca**. Eine Geschichte, die auch heute noch täglich bis zu 800 Besucher an den Ort des Geschehens, in die Kartause von Valldemossa, lockt.

George Sand war zu jener Zeit die wohl prominenteste Frau Frankreichs: eine erfolgreiche Schriftstellerin mit stürmischen Äffären, die sich in den jüngeren Komponisten Chopin verliebt hatte. Als das Liebespaar am 8. November 1838 mit dem Schiff von Barcelona in Palma eintraf, schien die Sonne. Es herrschte herrliches Sommerwetter. „Ein Tag wie im Juni", schwärmte Chopin. Doch die euphorische Stimmung schlug schon bald in Enttäuschung um. Die Mallorquiner misstrauten ihnen. Sand und Chopin waren nicht verheiratet, sie war älter als er und ihre beiden Kinder entstammten einer anderen Verbindung. Beide gingen nicht in die Kirche – und zu allem Überfluss trug George Sand Männerkleidung und rauchte wie ein Schlot. Die Folge: Sie fanden keine Unterkunft.

Erst nach langem Suchen entdeckten sie in dem Dörfchen Establiments, ein paar Kilometer nördlich von Palma, das Landhaus **Son Vent**. Sie mieteten es für 50 Francs im Monat. Bereits eine Woche später hatten sie eine zweite Unterkunft ausfindig gemacht: „Drei Zimmer mit Garten in der **Kartause von Valldemossa**, in einem riesigen und prachtvollen, verlassenen Kloster in den Bergen", schrieb George Sand begeistert einer Freundin nach Paris. Die beiden Liebenden schienen ihr Paradies gefunden zu haben.

Doch schon schnell kündigte sich Unheil an. Eine lange, anstrengende Bergwanderung zu einer einsam gelegenen Eremitage brachte den gesundheitlich angeschlagenen Komponisten an den Rand der Erschöpfung. Chopin, der schon in Frankreich unter Hustenanfällen gelitten hatte, brach zusammen. Er bekam Fieber, die Ärzte diagnostizierten eine Tuberkulose. Eine Katastrophe für das Paar. Der Vermieter des Landhauses setzte sie vor die Tür und verlangte aus Angst vor einer Ansteckung die Reinigung sämtlicher Räume auf ihre Kosten. Sand und Chopin zogen ganz in die Kartause. Doch die Behausung war kalt und feucht, starker Winterregen machte das Leben in den Bergen fast unerträglich. George legte die

Geldmacherei

Heute streiten sich zwei mallorquinische Familien vor Gericht darüber, in welcher Zelle Frédéric Chopin und George Sand einst Quartier bezogen haben. Ist nun Nummer 2 oder Nummer 4 die richtige? Die Zellen gehören jeweils einer anderen Familie. Bislang haben beide Familien damit geworben, dass Chopin mit seiner Lebensgefährtin in „ihrer Zelle" gewohnt habe und dafür Eintrittsgeld kassiert. Als Dokumente liegen eine alte Zeichnung von Georges Sands Sohn Maurice und ein Dokument über den Standort des Klaviers vor.

Die Kartause war einen Winter lang zugige Heimstatt von George Sand und Frédéric Chopin

kalten Steinböden mit Matten und Fellen aus und beschaffte Öfen und Federbetten, sodass eine einigermaßen wohnliche Atmosphäre entstand.

Trotz seines schlechten Zustandes widmete Chopin sich ganz der Musik. Er arbeitete fleißig und redigierte sein Opus **24 Préludes** auf einem alten mallorquinischen Klavier, dessen Klang ihn fast in den Wahnsinn trieb.

Mitte Februar 1839 verschlechterte sich der Gesundheitszustand des Künstlers dramatisch. Er hustete Blut. In einer beschwerlichen Fahrt in einem alten Karren ging es nach Palma. Nur mit Mühe überstand Chopin die Schiffsreise nach Barcelona. Ein Arzt brachte ihn dort wieder auf die Beine. Sein Gesundheitszustand verbesserte sich, und die beiden konnten nach Paris weiterreisen. Das Abenteuer Mallorca war überstanden. Frédéric Chopin erholte sich nie ganz von seiner Krankheit, lebte nach seiner Rückkehr aber noch ein Jahrzehnt. Er starb am 17. Oktober 1849 in Paris. Die Mallorquiner, die ihn und seine Lebensgefährtin damals so sehr abgelehnt haben, verehren ihn heute als ihren prominentesten Gast und veranstalten jedes Jahr im Sommer ein **Chopin-Festival** (s. S. 200).

Anfahrt von Palma: Autobahn, Via Cintura (Ringautobahn), Ausfahrt Valldemossa, dann noch knapp 20 km. In Valldemossa gibt es einen Parkplatz (ausgeschildert). Bis zur Kartause sind es knapp zehn Minuten zu Fuß.
Informationen: Reial Cartoixa de Valldemossa, Camí Antic a Palma, Valldemossa, Tel. 971 612106, www.museo chopin.com, März–Sept. Mo–Sa 9.30–18.30, So 10–13 Uhr, Okt., Nov., Febr. Mo–Sa 10–16.30, So 10–13 Uhr, Dez., Jan. Mo–Sa bis 15 Uhr, 8 €. Neben den Zellen sind auch eine alte Apotheke, das städtische Museum, Museu Municipal, und ein Königspalast zu besichtigen. Schön sind auch die **Klostergärten (**Eintritt frei).

INFO

92 Mallorcas Mauern: eine Kunst aus vorchristlicher Zeit

Man sagt: Mallorca sei eine steinreiche Insel. Gemeint sind die endlosen **Trocken-mauern**, die Felder und Wege, Straßen und Terrassen begrenzen und sich viele tausend Kilometer durchs Land ziehen. Nur in der französischen Bretagne und auf den Britischen Inseln prägen Mauern auf ähnliche Weise das Landschaftsbild. Doch „steinreich" hat auf der Baleareninsel noch eine andere Bedeutung: Mallorcas Bauern sollen in den Mauern angeblich ihr Bargeld versteckt haben. Einst sollen es Milliarden Peseten gewesen sein, heute viele Millionen Euro. Schwarzgeld, das die pfiffigen Mallorquiner dem Zugriff des Finanzamtes auf diese Weise angeblich vorenthalten.

Wie auch immer, die Mauern sind ein **Kulturgut Mallorcas**. Lange Zeit galt es als gesicherte historische Erkenntnis, dass es die Mauren waren, die während ihrer fünfhundertjährigen Herrschaft die hohe Kunst des Trockenmauerbaus auf der Insel eingeführt und gepflegt haben. Doch heute hat sich die Erkenntnis durchgesetzt, dass bereits Mallorcas Ureinwohner die ersten Mauern errichteten. Sie seien es gewesen, die schon lange vor Christus Steine aufeinander geschichtet hätten. Die Mallorquiner besinnen sich wieder auf ihre Herkunft aus der Frühgeschichte, aus der **Talayot-Kultur** (s. S. 216).

Auch in der Sprache drückt sich der Stolz auf diese einheimische Kunst aus. Der mallorquinische Begriff *mages* für Mauer hat die spanische Bezeichnung *bancales* ganz verdrängt. *Magades* heißen die typischen Terrassen, die überall auf der Insel zu finden sind, und der Berufsstand des Mauerbauers ist der des *mager*. Es ist ein geschützter Beruf. Noch Mitte der Achtzigerjahre drohte dieser Berufsstand auszusterben. Es gab kaum noch alte, erfahrene Mauerbauer. Viele, von Rückenleiden geplagt, hatten vorzeitig aufhören müssen.

1986 wurde die **Escola de Magers**, die Trockenmauerschule, in Sóller gegründet. Damals aus aktuellem Anlass: der historische Pfad von **El Barranc de Biniaraix** sollte als Wanderroute wiederhergestellt werden. Mauerbauer vom Fach wurden gebraucht. Junge Männer mussten in dieser Branche ausgebildet werden. Zwei Jahre später übernahm die mallorquinische Inselregierung die Schule und erweiterte deren Aufgabenbereich. Damit begann der Aufschwung eines alten Berufsstandes.

Wie entsteht nun eine neue Mauer? Bei der täglichen Acker- und Feldarbeit trägt der Bauer die losen Feldsteine zusammen und schichtet sie auf. Die gro-

Die Mauern bestehen aus großen Felssteinen

Das Handwerk des Trockenmauerbauers ist heute wieder ein Ausbildungsberuf

ßen Steine auf einen Haufen, die kleinen auf einen anderen. Eine Reihe großer Steine wird als Basis ausgesucht und etwa 90 Zentimeter breit ausgelegt. Dann türmt der *mager* von beiden Seiten mittelgroße Steine zu schmalen Mauern auf, die sich nach oben hin einander zuneigen. Den Hohlraum füllt er mit kleinen Steinen und Geröll vorsichtig von Hand auf. Er verwendet keinen Beton, sondern verkeilt die Steine so geschickt ineinander, dass sie wie eine Kette zusammenhalten. Den Abschluss bildet eine etwa 80 Zentimeter breite Reihe großer Steine: Die „filade es dalt" deckt die Mauer ab. Querstehende Steine, die aus der Mauer herausragen, dienen als Trittstufen. Die Mauern sind unterschiedlich hoch: zwischen einem Meter und dreieinhalb Metern.

Die berühmteste Trockenmauer zieht sich durch die Serra de Tramuntana. Sie ist Teil des neuen Unesco-Weltkulturerbes. Die **Trockenmauerroute GR 221**, ein wahres Kunstwerk, ist Mallorcas bekanntester und längster Wanderweg.

Anfahrt von Palma: über die Ma-1040 Richtung Esporles fahren, dann weiter über die Ma-10 bis Banyalbufar. **Informationen:** Die schönsten und auch authentischsten Mauern gibt es in **Banyalbufar (92, s. Karte**; arab.: Weingarten am Meer). Das kleine Dorf liegt an einem Berghang des Tramuntana-Gebirges an der Westküste. Von der Höhe des Ortes staffeln sich hinab ins Tal etwa 2000 Terrassen, die von schweren Felssteinen gestützt werden. Heute wachsen auf den Terrassen Tomaten und anderes Gemüse. Wer von Palma über Esporles in Richtung Banyalbufar mit dem Auto fährt, nimmt als erstes den Blick auf die imposanten Terrassen mit ihren Trockenmauern wahr. Die Fahrt lohnt sich!

INFO

93 Insel der Burgen und Wehrtürme – Mallorcas Schutz vor Piraten

Eindringlinge aus fernen Ländern und Piraten haben Mallorquinern jahrhundertelang das Leben schwer gemacht. Um die Insel zu schützen, wurden Burgen und Wehrtürme gebaut. Heute sind sie eindrucksvolle Zeugnisse vergangener Zeiten.

Das **Castell de Bellver (93, s. Karte)** erhebt sich 112 Meter über der Bucht von Palma. Der traumhafte Blick von hier oben über Stadt und Meer hat ihm den Namen gegeben, denn Bellver bedeutet übersetzt „schöner Blick". Die Festung mit der schönen Aussicht liegt eingebettet in bewaldete Hügel am Nordwestrand der Stadt und ist schon von Weitem zu sehen. Es handelt sich um die einzige erhaltene Rundburg Europas. Gleich nach der Eroberung Mallorcas hatte König Jaume I. von Aragón ihren Bau in Auftrag gegeben. Er wollte die Insel sicherer machen, sie vor Piraten schützen. Das Castell, das im Jahr 1309 fertiggestellt wurde, diente in den ersten Jahrzehnten als Schutzburg und Residenz der Könige.

Die mächtige Feste wirkt auch heute noch uneinnehmbar. Sie besteht aus einem zweistöckigen Rundbau mit drei integrierten Türmen. Ein vierter Turm steht außerhalb und ist durch eine Steinbrücke mit der Festung verbunden. Die Burg wird von einem vier Meter breiten Graben umgeben. Später wurde Bellver als Gefängnis für politische Widersacher genutzt. Tief unter dem Gebäude ist eine Höhle, das Verlies für die Gefangenen. Sie wurden meist unsanft aus fünf Metern Höhe nach unten befördert. Prominentester Häftling war von 1802 bis 1808 ein Justiz- und Steuerminister. Seine Gefängniszelle kann heute besichtigt werden. Seit 1936 befindet sich im Erdgeschoss das **Museum zur Stadtgeschichte Palmas**. Als eine der schönsten Sommerveranstaltungen auf Mallorca gilt das alljährliche **Musikfestival Castell de Bellver** mit weltbekannten Solisten.

Die Reste zweier weiterer historischer Burgen stehen noch bei Felanitx und Alaró. Das **Castell de Santueri** ist eine Ruine auf einem über 400 Meter hohen

Vom Torre del Verger hat man eine traumhafte Aussicht

Berggipfel der Serres de Llevant sieben Kilometer südöstlich von Felanitx. Im 14. Jahrhundert ließ das spanische Königshaus zum Schutz vor Piratenüberfällen auf den Resten einer alten Burg eine neue Festung bauen. Doch seit dem 18. Jahrhundert verfiel sie Heute sind nur noch einige Mauern und Türme erhalten.

Die Reste der alten Festung auf dem **Puig de Alaró** stammen noch aus muselmanischen Zeiten. Bereits Anfang des 10. Jahrhunderts fanden hier heftige Kämpfe statt. Auch in späteren Jahrhunderten leisteten die Anhänger von König Jaume II. von hier aus energischen Widerstand gegen die Invasion von Alfonso II. von Aragón. Heute ist die Burg ein klassisches Ausflugsziel. Man gelangt zu Fuß oder mit dem Auto zur Ruine. Der Weg ist ab Alaró ausgeschildert.

Diente einst dem Schutz der Insel: das Castell de Bellver

Mallorcas schönster Wehrturm steht zwei Kilometer hinter dem Dörfchen Banyalbufar in Richtung Andratx. Der acht Meter hohe **Torre del Verger**, den die Mallorquiner auch Torre d'es Animes, Turm der Seelen, nennen, war 1579 auf einem Felsvorsprung erbaut worden. Ein idealer Platz, um von hier aus die Küste gegen Angriffe von Piraten zu überwachen. 1997 wurde er renoviert und unter Denkmalschutz gestellt. Heute führt eine schmale Eisentreppe nach oben auf eine Aussichtsplattform mit einem spektakulären Blick übers Meer. Es gibt kaum einen besseren Platz auf der Insel, um den Sonnenuntergang zu beobachten.

Anfahrt von Palma: zum **Castell de Santueri**, Autobahn (Ma-19) bis Campos, links auf die Ma-5120 nach Felanitx, Richtg. Santanyí, nach zwei Kilomtern geht's zur Festung (ausgeschildert); zum **Puig de Alaró**, Autobahn Richtg. Inca, Ausfahrt Consell/Alaró, weiter bis nach Alaró. Der Weg zur Festung ist ausgeschildert. 4 km steile Serpentinen bis zu Finca Es Verger, Wagen hier abstellen. Einstündiger Aufstieg bis Puig de Alaró (825 m).
Informationen: Das **Castell de Bellver** und das **Museum zur Stadtgeschichte** in der Carrer Camilo José Cela in

Palma sind ganzjährig geöffnet (im Sommer Mo-Fr 8-21 Uhr, Okt.-März Mo-Fr 8-20, sonn- und feiertags 10-17 Uhr, das Museum hat sonn- und feiertags geschl., 2 €, Tel. 971 730657).
Die aktuellen Termine des Festivals klassischer Musik auf Bellver im Juli **(Festival de Música Castell de Bellver)** werden auf der Internetseite von InfoMallorca veröffentlicht, dem offiziellen Tourismusportal der Insel. Es ist dem Netz der Tourismusbüros und dem Consell de Mallorca zugeordnet (www.infomallorca.net).

INFO

Aktivitäten

*Valldemossa ist das bekannteste Bergdorf
in der Serra de Tamuntana*

94 Spannend und abenteuerlich: die Tropfsteinhöhlen der Insel

Die Tropfsteinhöhlen auf Mallorca sind alle unterschiedlich und jede hat ihre eigene Geschichte.

Coves del Drac (94, s. Karte): Die vier „Drachenhöhlen" bei Portocristo an der Ostküste sind am bekanntesten und am meisten besucht. Sie liegen stellenweise bis zu 25 Meter unter der Erde und sind insgesamt 1,7 Kilometer lang. Das Besondere an diesem Höhlensystem ist der unterirdische See – einer der größten der Welt. Der 177 Meter lange, etwa 30 Meter breite und bis zu neun Meter tiefe **Martelsee** ist nach dem Entdecker der *coves* benannt. Der Franzose Édouard Alfred Martel erforschte das Höhlensystem bei Portocristo 1896. Martel, der erste professionelle Höhlenforscher der Welt, war von Erzherzog Ludwig Salvator speziell zu dieser Expedition nach Mallorca eingeladen worden.

Bereits 1922 kam ein Mallorquiner auf die Idee, die Höhlen für den beginnenden Tourismus zu vermarkten. Aber erst 13 Jahre später waren die Grotten erstmalig Urlaubern und Einheimischen zugänglich. Ein Rundgang dauert etwa eine Stunde. Einmal am Tag gibt ein Musikquartett ein **klassisches Konzert**. Die Künstler sitzen während der Veranstaltung in beleuchteten Booten, die auf dem See schwimmen. Nach der zehnminütigen Musikeinlage können die Besucher selbst eine kurze, aber eindrucksvolle **Bootsfahrt** auf dem See machen.

Coves dels Hams: Die „Angelhakenhöhlen", wie sie auf Deutsch heißen, sind die kleinsten mallorquinischen *coves*. Pedro Cladentey entdeckte die Höhlen, die eben-

Wer mag, kann auf dem unterirdischen See der Coves del Drac eine kleine Ruderpartie unternehmen

Die Drachenhöhlen sind eine der bedeutendsten Sehenswürdigkeiten Mallorcas

falls bei Portocristo liegen, am 2. März 1905 zufällig, als er auf der Suche nach Marmor war. Das stark verästelte Höhlensystem birgt ebenfalls einen kleinen, unterirdischen See. Auch diese Höhlen sind der Öffentlichkeit zugänglich. Die Strecke, die man besichtigen kann, ist 850 Meter lang. Für die Besichtigung sind circa 45 Minuten zu veranschlagen (nicht empfehlenswert für Menschen, die unter Platzangst leiden).

Coves d'Artà: Die Höhlen von Artà befinden sich an der Küste der Gemeinde Capdepera am Cap Vermett und sind von Bergen umgeben. Schon die Ureinwohner Mallorcas hatten die Höhlen entdeckt und nutzten sie für ihre Zwecke, ja wohnten hier zeitweise sogar. Durch einen hohen Zugang betritt der Besucher einen großen Raum. Das Imposante an dieser Eingangshalle sind die Stalaktiten, die eine von der Decke herabhängende Tropfsteinformation bilden. Die Besichtigung der Höhlen dauert zwischen 25 und 40 Minuten.

Coves de Campanet: In der Serra de Tramuntana an den südlichen Hängen des Monte de San Miquel befinden sich die Höhlen von Campanet. Sie liegen 50 Meter tief und sind etwa 400 Meter lang. Sie bestehen aus verschiedenen Stollen und Sälen, die alle fantasievolle Namen tragen wie „Verzaubertes Schloss", „Palmensaal" oder „Wohlklingender Wasserfall". Der Rundgang durch die Coves de Campanet dauert 40 Minuten.

Informationen: Die vier in diesem Kapitel vorgestellten **Höhlen** haben **eigene Websites** mit ausführlichen Informationen.

www.cuevasdeldrach.com,
www.cuevas-hams.com,
www.cuevasdearta.com und
www.covesdecampanet.com.

INFO

95 Kloster Santuari de Lluc – weit mehr als ein spirituelles Ziel

Ein Hirtenjunge namens Lluc hat Mallorcas bekanntestem Kloster **Santuari de Santa Maria de Lluc** in der Serra de Tramuntana seinen Namen gegeben. Einer Legende nach hatte der kleine maurische Hirtenjunge im 13. Jahrhundert zwischen den Felsen an einem Bach eine Marienstatue mit dunklem Teint gefunden. Er benachrichtigte seine Eltern, die die Figur noch am selben Tag zur Pfarrkirche des Dörfchens Escorca brachten. Am nächsten Tag allerdings war die Madonnenstatue aus dem Gotteshaus verschwunden und lag wieder an ihrem ursprünglichen Fundort. Dorfbewohner brachten sie abermals in die Dorfkapelle. Doch der Vorfall wiederholte sich. So beschloss der Pfarrer, am Fundort gleich neben dem Bach eine kleine **Marienkapelle** zu errichten. Das war im Jahr 1230, der Geburtsstunde des Klosters Lluc.

In den folgenden Jahrhunderten wurde das Kloster mehrmals zerstört, im 17. und 18. Jahrhundert umgebaut und vergrößert. Bis zum Beginn des Massentourismus war Lluc ein Ort der religiösen Andacht und Ruhe des Augustinerordens und nur schwer über kleine Wege zu erreichen.

Auch heute noch ist das Kloster ein **Wallfahrtsort**. Es gilt als spirituelles Zentrum der Insel. Das Wort Santuari übrigens bedeutet Heiligtum. Im Santuari de Lluc wird die Schutzheilige Mallorcas „Mare de Déu de Lluc", die „Gottesmutter von Lluc", in Form einer schwarzen Madonnenstatue verehrt. Sie hat in der zentralen Klosterkirche, dem wichtigsten Gebäude, einen Ehrenplatz. Besonders sehenswert sind der **Botanische Garten** und der Innenhof. In einem Flügel des Hauptgebäudes ist das **Museum von Lluc** untergebracht. In verschiedenen Räumen sind archäologische Funde aus Mallorca, Bilder, Textilien, Keramiken, Möbel und Handarbeiten ausgestellt. Einen guten Ausblick über Täler und Berge bekommen die Besucher, wenn sie den Hügel hinter dem Kloster besteigen.

Lluc gehört heute zu den beliebtesten Zielen der Tagesausflügler und Wanderer. Jedes Jahr zählt der heilige Ort etwa eine Million Besucher. Sie kommen zu Fuß, mit dem Rad, Auto oder Bus. Vor dem Kloster gibt es einen riesigen Parkplatz, die Küche des **Kloster-Restaurants** gilt als sehr gut. Zusätzlich haben sich außerhalb der Klostermauern einige Bars und Souvenirläden und sogar eine Apotheke angesiedelt.

Angenehm ist das Klima hier oben. Lluc liegt 500 Meter über dem Meer. Auch an heißen Sommertagen weht immer ein kühlender Wind. Das größte Ereignis ist der gemeinsame **Nachtmarsch** von Einheimischen und Urlaubern am ersten Samstag im August eines jeden Jahres, der Marcha des Güell a Lluc a peu. Die Wallfahrt führt von Palma 48 Kilometer weit direkt ins Tramuntana-Gebirge nach Lluc.

Im Kloster leben heute noch sechs Mönche, der älteste ist bereits über 90 Jahre alt und liest regelmäßig die Messe. Das Hauptgebäude des Santuari besteht aus mehreren Flügeln, in denen auch ein Gymnasium mit Internat, das Museum, eine Herberge für Wanderer, die Gemeindeverwaltung von Escorca sowie die Wallfahrtskirche untergebracht sind. Einen Besuch lohnt das Kloster insbesondere, wenn ein Konzert der **Els Blauets**, der Mädchen und Jungen der Chorschule, auf dem Programm steht – während der Schulzeit um 11.15 und 19.30 Uhr.

Traumhaft einsam gelegen: das Kloster von Lluc

INFO

Anfahrt: Mit dem Auto fährt man am besten zuerst nach Inca und dann die Straße über Selva und Caimari hinauf ins Gebirge. Von Caimari aus geht es zwölf Kilometer kurvenreich und steil nach oben, immer mit **Traumblicken** über die Ebene. Am Ende der **Passstraße** ist das Kloster ausgeschildert.

Informationen: Am Kloster befindet sich das Informationsbüro für das Tramuntana-Gebirge, Mallorcas **bestes Wandergebiet**. Die Mitarbeiter sprechen gut englisch und z. T. auch deutsch (Tel. 971 517070).

Kloster Lluc: tgl. 10–13.30, 14.30– 17.30 Uhr, www.lluc.net.

Botanischer Garten: tgl. 10–13, 15– 18 Uhr, Eintritt frei, Spende erbeten.

Museu de Lluc: So–Fr 10–14 Uhr, 4 €.

Klosterherberge: Übernachten im **Kloster Lluc** ist vor allem bei Wanderern sehr beliebt. Es gibt 81 Zimmer und 39 Apartments mit Küche. Die Herberge wird im Sommer ziemlich voll und sollte rechtzeitig reserviert werden: Tel. 971 871525, www.lluc.net.

Website des Klosters: www.lluc.net (hier auch Vorschläge für **Wander- und Radtouren** und das Programm des **Chors**).

Essen und Trinken: **Sa Fonda**, im Kloster, Tel. 971 517022, www.lluc. net, tgl. 8–10, 13–16, 19–21.30 Uhr, mallorquinische Spezialitäten, Lamm. Im und am Kloster weitere Restaurants, Bars, Bäckerei und Souvenirshop.

96 S'Albufera: das Biotop mit der größten Artenvielfalt der Balearen

Für jeden Naturliebhaber ist der Naturpark ein wahres Paradies: S'Albufera in der Bucht von Alcúdia. Auf über 1700 Hektar breitet er sich im Norden der Insel aus und ist das **größte Feuchtgebiet** der Balearen, entstanden aus einer alten Lagune, die vom Meer durch eine Dünenkette getrennt wurde. Der Name S'Albufera leitet sich von dem arabischen Wort für Lagune, „al-buhayara", ab. Entwickelt haben soll sich das Sumpfgebiet während einer Zwischeneiszeit vor etwa 100.000 Jahren. 1988 erklärte die Regierung der Balearen den **Parc Natural de S'Albufera de Mallorca** offiziell zum Naturschutzgebiet, dem ersten auf der Urlauberinsel. Ökologen, Umweltexperten und vor allem die Mallorquiner hatten sich jahrelang für den Schutz dieser einmaligen Region eingesetzt.

Das Biotop bietet die größte Artenvielfalt der Inselgruppe – Grund dafür ist der Wasserreichtum. Das Gebiet wird mit Süßwasser durch die Wildbäche von Sant Miquel und Muro sowie durch unterirdische Quellen gespeist. Das Wasser verteilt sich in den künstlich angelegten Kanälen. Wenn der Süßwasserstrom in den regenarmen Sommermonaten versiegt, dringt von der Bucht Meerwasser ein.

Der unterschiedliche Salzgehalt im Boden sorgt für eine wahre Explosion der verschiedensten Pflanzenarten. Mehr als 400 gibt es: von Sandgras und Meersenf, die auf dem kargen Boden nahe der Küste wachsen, bis zum dichten Schilf, das fast zwei Drittel der Fläche des Parks bedeckt. Es folgen Ulmen und Pappeln, die sich zu schattigen Galerien formiert haben, und als Höhepunkt grüßen schließlich die wunderschönen Blüten der Sumpforchidee, die hier eine Höhe von fast einem Meter erreicht.

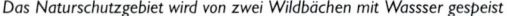

Das Naturschutzgebiet wird von zwei Wildbächen mit Wassser gespeist

Aber auch die Vogelwelt ist mit außerordentlich vielen Arten vertreten. Offiziell registriert sind 230 verschiedene Arten, von denen allein 47 nur in diesem Naturpark nisten. Zu ihnen gehören die Stockente, das Blässhuhn und die Rohrweihe. Das größte Kontingent bilden jedoch jene Vögel, die hier überwintern: Strandläufer, die Pfeif- und Tafelente, Fisch- und Seidenreiher, Rotkehlchen und Singdrossel. Im Frühling und Herbst gibt's dann Besuch von der großen internationalen Familie der Zugvögel. Etwa 100.000 machen hier Rast, erholen sich von ihrer weiten Reise von und nach Afrika und Nordeuropa. Unter ihnen auch seltene Spezies wie Fischadler, Eleonorenfalke und die traumhaft schönen Flamingos. Sie alle finden hier ideale Bedingungen: reiche Nahrung und ungestörte Ruheplätze.

Ein Paradies für Wasservögel

Auch in den Gewässern gibt's pralles Leben. Unter den verschiedenen Fischarten findet man Aale, Seebarsche, Seebrassen, Meeräschen, außerdem trifft man auf Schildkröten und Wasserschlangen. Im Licht der untergehenden Sonne jagen Libellen und Fledermäuse die Insekten, bunte Schmetterlinge sorgen für Farbtupfer.

Dies alles können Besucher von den schilfgesäumten **Wander- und Fahrradwegen** aus beobachten, ohne das Leben der Tiere zu stören. Vögel sind am besten aus den getarnten Beobachtungshütten in Augenschein zu nehmen. An den Hüttenwänden hängen Abbildungen von Tieren, die im jeweiligen Gebiet häufig zu sehen sind.

INFO

Anfahrt von Palma: Autobahn (Ma-13), Richtung Sa Pobla, kurz vor Alcúdia im Kreisverkehr erste Ausfahrt nehmen, rechts halten, noch knapp fünf Kilometer bis zum Naturpark (ausgeschildert). **Informationen:** Der Eingang zum **Naturpark S'Albufera** befindet sich an der Brücke Pont dels Anglesos an der Küstenstraße von Alcúdia bei Can Picafort (Autos auf dem Parkplatz abstellen). Von hier aus geht es geradeaus zum **Naturschutz- und Informationszentrum** (9–16 Uhr, Tel. 971 892 250, Eintritt frei). Dort erhält man eine Besuchserlaubnis und eine Übersichtskarte. Auf der Karte sind Rundgänge für Fußgänger und Radfahrer sowie mehrere **Beobachtungspunkte** verzeichnet (April–Sept. tgl. 9–18 Uhr, Okt.–März 9–17 Uhr, www.mallorca web.net/salbufera, in englischer und spanischer Sprache, die wichtigsten Infos gibt es auch auf Deutsch). Auf der **Website** kann ein PDF heruntergeladen werden, das den Besucher auch auf Deutsch mit den wichtigsten Regeln, Öffnungszeiten etc. vertraut macht.

97 Landgut La Granja – eine Zeitreise durchs ländliche Mallorca

Es ist das wohl lebendigste Museum Mallorcas: das **Landgut La Granja** bei Esporles südlich von Valldemossa. Während eines zweistündigen Rundgangs erlebt der Besucher eine einmalige Zeitreise durch den ländlichen Teil der Insel: eine perfekte Show mit Folterkammer, Volkstänzen und ein paar Leckereien zum Abschluss inklusive. Ein unbedingtes Muss für jeden Mallorca-Freund.

Die 3000 Quadratmeter große Finca liegt in einem von hohen Bäumen beschatteten Gebirgstal. Ihre Entstehung verdankt sie einer Felsquelle, deren Wasser das Land in ein fruchtbares Paradies verwandelte. Schon die alten Römer nutzten die sprudelnde Fontäne. Später, im 10. Jahrhundert, machten es ihnen die Araber nach. Sie bauten Mühlen, mit denen sie Korn mahlten und Olivenöl pressten. Noch heute sind die arabischen Einflüsse zu erkennen.

Nach der Eroberung Mallorcas im Jahre 1229 durch König Jaume I. wurde Graf Nuno Sans ein Viertel der Insel als Eigentum zugesprochen. Er ließ sich in La Granja nieder. Zehn Jahre später verschenkte er den kleinen Ort an den Zisterzienserorden, der hier sein erstes Kloster auf der Insel baute. Die Mönche waren dafür bekannt, sich in abgelegene Täler zurückzuziehen und eine mustergültige Landwirtschaft zu betreiben. Sie blieben 200 Jahre.

Danach fiel das Gut in weltliche Hände zurück. Adelsfamilien bewirtschafteten es. Heute ist La Granja in Privatbesitz. Die Finca wurde zum **Freilichtmuseum** ausgebaut und bietet einen imposanten Einblick in das frühere Ordensleben, aber auch in den Lebensstil der Gutsherren des 19. und frühen 20. Jahrhunderts. Wegweiser leiten den Gast durch den feudalen Bauernhof von einst. Immer wieder gibt es lohnende Fotomotive, sei es ein Pfau, ein Pferd oder ein mit Dampf betriebener Trecker. Rund 50 verschiedene Feldwerkzeuge lagern in einem Schuppen.

Dann führt der Weg durch einen **Felsengarten** mit Springbrunnen ins **Herrenhaus**. Im Salon erinnern französische Möbel an das 18. Jahrhundert, aus Lautsprechern ertönt klassische Musik. Weiter führt der Rundgang durch ein Musikzimmer, einen Bügelraum und schließlich durch ein Schlafzimmer mit Möbeln aus dem Barock. Alle Räume sehen aus, als wären sie gerade erst von ihren Bewohnern verlassen worden. Überall hängen Kleider, Spielzeug liegt verstreut im Kinderzimmer herum. Es folgen Küche und Wirtschaftsräume, ein fürstlich eingedeckter Essalon, Schreinerei und Schmiede. Wie von Geisterhand bewegen sich plötzlich die uralten Spinnräder und Webstühle. Doch den Höhepunkt des Rundgangs bilden eine kleine Gefängniszelle und eine Folterkammer mit furchterregend aussehenden Folterwerkzeugen. Fast meint man, die Schmerzensschreie der Gefangenen zu hören.

Der zentrale Platz des Museums ist der große Gutshof. Hier wird zu einer Weinprobe eingeladen, dazu werden Serranoschinken und leckere Käsehappen serviert. Zweimal wöchentlich zeigen ehemalige Handwerksmeister ihr Können und eine Tanzgruppe stellt historische Tänze vor. Hinter dem Herrenhaus liegt ein großer **Blumengarten** mit grünen Wiesen, rauschenden Bächen und heimeligen Bänken. In einer **Cafeteria** können sich die Besucher nach dem Rundgang für den Heimweg stärken.

Blick in den zentralen Gutshof von La Granja

Anfahrt von Palma: Richtung Norden über die Ma-1040 bis Esporles, durch den Ort fahren, dann nach links auf die Ma-1101, den Schildern zur La Granja folgen.

Informationen: Das ehemalige Landgut und heutige Museum **La Granja** in Esporles (Carrer Apartado, 68) präsentiert im Internet eine eigene Website mit ausführlichen Informatio- nen: www.lagranja.net, Tel. 971 610032, geöffnet im Sommer tgl. 10–19 Uhr, im Winter 10–18 Uhr, Vorführung der Handwerke und der Pferdedressur Mittwoch und Freitag 15–16.25 Uhr.

Das angeschlossene **Restaurant La Granja** ist ebenfalls tgl. geöffnet (Infos telefonisch unter 971 610032 oder 971 610655).

INFO

98 Pueblo Español: ein spanisches Dorf mitten in Palma

Es handelt sich um ein Dorf, das innerhalb einer großen Stadt ein Eigenleben führt: das **Pueblo Español** (katalanisch: Poble Espanyol) in der Balearenmetropole Palma. Das Spanische Dorf liegt im Stadtteil Son Espanyolet nördlich des Castell de Bellver und einen halben Kilometer vom Hafen entfernt. Es entstand Ende der Sechzigerjahre unter der Leitung des Architekten Fernando Chueca Gotilla. 900 Arbeiter waren mit dem außergewöhnlichen Bau beschäftigt. 1970 wurde die Anlage eröffnet und gehört seitdem zu Palmas attraktivsten Sehenswürdigkeiten.

Das **Spanische Dorf** ist eine Art Freilichtmuseum im Look des Mittelalters. 25.000 Quadratmeter groß, mit 72 Gebäuden, zwischen denen schmale Gassen mit Kopfsteinpflaster verlaufen. Man sieht kastilianische Paläste, einen Nachbau der Alhambra, bekannte Kirchen, historische Festungen und andere Monumente aus allen Teilen des Landes – die interessantesten historischen und architektonischen Gebäude Spaniens. Sie wurden originalgetreu im verkleinerten Maßstab nachgebaut. Für zusätzlich ausgefallene touristische Attraktivitäten sorgen allerlei Kunsthandwerksbetriebe, Textilboutiquen, originelle Souvenirshops und Folklorevorführungen.

Über eine Fußgängerbrücke gelangt der Besucher zum **Congress Palace Palma**, dem derzeit einzigen Kongresshaus auf Mallorca. Das Gebäude wurde im

neorömischen Stil errichtet: Der Hauptsaal, die Sala Magna, ist einer römischen Basilika nachempfunden. Sie hat eine Nutzfläche von 950 Quadratmetern und eine Deckenhöhe von imposanten zehn Metern. 1000 Personen finden im Saal Platz. Das deutschsprachige „Mallorca Magazin" feierte hier 2011 mit vielen internationalen Gästen sein 40-jähriges Jubiläum. Außerdem gibt es noch ein römisches Freiluft-Amphitheater für Konzerte und Präsentationen sowie weitere Innen- und Außenbereiche für Großveranstaltungen, zum Beispiel Fachkongresse. Und immer dann, wenn Thomas Gottschalk mit seiner Show „Wetten, dass …?" auf Mallorca gastierte, war das Pueblo Español mit der After-Show-Party anschließend Treffpunkt der internationalen Fernsehprominenz.

Mit einem neuen, modernen Konzept sollen nun vor allem die Gourmets unter den Mallorca-Besuchern angelockt wer-

Das Mittelalter lässt grüßen –
Pueblo Español in Palma

Das Spanische Dorf zeigt interessante historische und architektonische Gebäude

den. Im **Nuevo Pueblo Español** bitten verschiedene Restaurants zu einem besonderen, abwechslungsreichen kulinarischen Erlebnis. Das Restaurant **Alhambra
Lounge Café** präsentiert Leckeres aus der Fusion Cuisine, einer Mischung aus thai-
ländischen, japanischen und italienischen Kochkünsten. In der Tapa-Bar **La Bodega** werden authentische spanische Tapas und beste Weine serviert. Und das Restaurant **Los Arcos** bietet ein täglich wechselndes Mittagsmenü mit den unterschied-
lichsten Gerichten. Auf einen Aperitif geht es in die **Cocktailbar Torralba**. Und
immer donnerstags lädt das Nuevo Publo Español ganz zeitgemäß zur After-Work-
Party ein. Wer also Lust auf heiße spanische Nächte hat, der ist hier richtig.

Informationen: Pueblo Español
(Spanisches Dorf), Carrer Pueblo
Español, 39, Palma, Tel. 971 737075,
in der Hauptsaison Mo-Sa 9-20, sonst
10-18 Uhr, moderater Eintritt. Führungen können organisiert werden.
Congress Palace Palma: im Pueblo
Español, Tel. 971 737070,
www.congress-palace-palma.com.

Los Arcos: Preis für ein Hauptgericht
à la carte ohne Getränke um 25 €
(geöffnet mittwochs bis samstags von
20 bis 23 Uhr), Tagesmenü inkl.
Getränk 13,50 € (Mo-Fr von 12.30 bis
16 Uhr), sonntags: Brunch von 12.30
bis 16 Uhr.

INFO

99 Palma Aquarium – mit den Haifischen um die Wette tauchen

Fünftausend Liter Meerwasser in 55 Becken – das **Palma Aquarium** in der Nähe der Platja de Palma ist eines der beliebtesten Freizeitziele der Insel. Dieser Meerwasserpark bietet einen faszinierenden Einblick in die Welt des Meeres mit insgesamt 8000 Exemplaren und 700 Arten. Hier schwimmen, flitzen und paddeln tropische Eichhörnchenfische, Orgelkorallen, Kuhkofferfische, Feuerschwertgrundeln und natürlich Haie.

Das **Haifischbecken** ist eine der größten Attraktionen des Aquariums. Die Besucher durchqueren es in einem Tunnel und können die Raubfische so aus nächster Nähe noch beobachten. Wem das allerdings noch nicht genug ist, der kann den Haien auch noch näher kommen. Immer freitags gibt es für kleine Meeresforscher zwischen acht und zwölf Jahren einen besonders spannenden Termin: Sie können neben dem Haifischbecken in ihren Schlafsäcken übernachten, die Könige der Meere bis spät in die Nacht hinein beobachten und sie mit hinüber in ihre Träume nehmen.

Das **Big Blue** im Palma Aquarium ist das tiefste Becken für Haifische in Europa. 35 Tiere tummeln sich hier. Besonders Mutige können sogar **mit den Haien tauchen**. Voraussetzung allerdings ist ein Tauchschein. In Begleitung eines Tauchlehrers und nach intensiver Vorbereitung gleiten sie für eine halbe Stunde hinab ins Wasser und schwimmen mit den Raubfischen. So mancher Vater, dessen Jüngster am Beckenrand übernachtet hat, wagte am nächsten Tag den direkten Kontakt mit den bis zu zwei Meter großen Haien.

Der Besuch im Aquarium ist ohne Zweifel unterhaltsam und lehrreich zugleich. Er bietet eine Zeitreise durch die verschiedenen Meere, von der Alten Welt im

Ganz nah dran – der Haifischtunnel im Aquarium …

… erlaubt einen Blick aus nächster Nähe

Mittelmeer bis zu den Ozeanen der Neuen Welt und den Routen von Magellan, Cook und Kolumbus.

Bei allen Superlativen und Ah- und Oh-Effekten ist es den Betreibern des Aquariums ein besonderes Anliegen, beim Besucher Verständnis auch für den Umweltschutz zu wecken. So präsentiert das Palma Aquarium neben dem Innenbereich eine **weitläufige Gartenanlage** mit mallorquinischer und tropischer Pflanzenwelt sowie **interaktive Außenbecken**. Mit zahlreichen unterhaltsamen und lehrreichen Informationen über Wissenschaft und Forschung in der Meeresbiologie soll der Tag im Aquarium zu einem nachhaltigen Erlebnis möglichst für jeden Besucher werden.

House of Katmandu

Eine weitere Freizeitattraktion der Insel ist das House of Katmandu in Magaluf, eine **tibetanische Villa**, die auf dem Kopf steht. Das Haus erzählt spannende Geschichten und bietet interaktive Abenteuer voller Überraschungen. Auf dem zwei- bis dreistündigen Rundgang erleben die Gäste modernste Licht- und Tontechnik, aufwendige Tricks und fantastische mythische Figuren (Avinguda Pedro Vaquer Ramis, 9, Magaluf, gleich neben dem Hotel Magaluf Park, Autobahn Palma-Andratx, Ausfahrt 13, tgl. 10–22 Uhr, Tel. 971 134660, www.katmandupark.com, ca. 22 €).

Informationen: Das **Palma Aquarium** liegt zehn Minuten von der Innenstadt Palma und fünf Minuten vom Flughafen entfernt in Can Pastilla, Carrer Manuela de los Herreros i Sorà, 21. Bequem erreichbar mit dem Pkw über die Autobahn Palma-Llucmajor, Ausfahrt 10, oder mit Bussen der Linien 15, 23 und 25. Das Aquarium ist ganzjährig täglich von 10 bis 18 Uhr geöffnet (Tel. 902 702902, www.palma aquarium.com, Eintritt 20,50 €, Kinder unter zwölf Jahren 16 €, Kinder unter drei Jahren gratis).

INFO

100 Mit dem „Roten Blitz" nach Sóller: 27 spannende Kilometer

Die Passstraße über den Coll de Sóller war mühsam, im Winter häufig nicht passierbar und oft lauerten Banditen am Wegesrand. Sie überfielen die Bauern, die ihre Orangen mit Eselskarren von Sóller nach Palma schafften, um sie dort auf den Märkten zu verkaufen. Entweder raubten die Gangster das Obst oder auf dem Rückweg das eingenommene Geld. Da hatten die cleveren Obstbauern eine Idee: Sie gründeten eine Gesellschaft, verkauften die Aktien an die Bürger und bauten von dem Geld eine Bahn von der Orangenmetropole Sóller in die Hauptstadt. Am 16. April 1912 startete der **Rote Blitz**, wie der Zug wegen seiner geringen Geschwindigkeit ironischerweise genannt wird, zu seiner Jungfernfahrt. Die Mallorquiner standen entlang der Bahnlinie, ließen ihre Eisenbahn hochleben und weinten vor Freude. Auch heute noch verbindet die Bahn beide Städte und ist eine der spannendsten und **schönsten Ausflugsfahrten** für Mallorca-Urlauber.

Die **Schmalspurbahn** schlängelt sich durch die Serra de Tramuntana und bietet den Passagieren eine unglaublich schöne Naturkulisse mit Oliven- und Orangenhainen. Einige Zahlen: Die Strecke misst 27 Kilometer, der Zug durchfährt 13 Tunnel, die insgesamt fünf Kilometer lang sind und überquert einen 52 Meter langen Viadukt. Abfahrt in Palma ist direkt an der Plaça d'Espanya. Vom Bahnhof führt die Trasse durch die Vororte von Palma, bis man über die Serra de Alfàbia

Mit der Straßenbahn geht es von Sóller nach Port de Sóller

nach Bunyola kommt. Nun wird das Tal immer enger. Die Strecke überwindet einige hundert Höhenmeter in einem alpin anmutenden Gelände. Die Fahrtzeit in den holzverkleideten Waggons dauert insgesamt etwa eine Stunde. Bei bestimmten Fahrten ist sogar ein kurzer Stopp eingeplant. Die Fahrgäste können aussteigen, den Blick ins Tal genießen und fotografieren.

1927 wurde die Strecke elektrifiziert. Viele Fahrgäste hatten sich wegen der Rauchbelästigung durch die Dampfloks in den Tunneln beschwert. Das deutsche Unternehmen Siemens führte die Elektrifizierungsarbeiten durch.

Das Städtchen **Sóller** mit seinen knapp 14.000 Einwohnern erlebte durch die Bahn einen starken Besucherzuwachs. Bis zu eine Million Fahrgäste benutzen jährlich den „Roten Blitz". Besonders sehenswert im Zentrum des Städtchens ist die **Pfarrkirche Sant Bartomeu**.

Sie wurde um 1236 erbaut und im Laufe der Jahrhunderte mehrfach verändert. Heute präsentiert sich die Kirche in barocker Struktur mit einem neugotischen Glockenturm. Die Fassade wurde Anfang des 20. Jahrhunderts von Joan Rubió i Bellver konzipiert, einem Schüler Gaudís.

Die meisten Besucher fahren im Anschluss an die Stadtbesichtigung mit der **Straßenbahn** von Sóller nach **Port de Sóller**. Die fünf Kilometer lange Strecke wurde gleichzeitig mit der Bahnlinie gebaut, und die Fahrt mit der Tram ist heute noch immer ein großes Ereignis. Sie fährt vom Bahnhofsvorplatz im Schneckentempo direkt durch die Innenstadt, vorbei an den Cafés und Restaurants. Passanten bleiben stehen und winken den Fahrgästen fröhlich zu. Dann geht es durch Zitronenhaine direkt bis an die Hafenmole.

Informationen: Der **Rote Blitz** verkehrt mehrmals am Tage zwischen Palma und Sóller. Die aktuellen Abfahrtszeiten hängen an der Bahnstation an der Plaça de Espanya in Palma aus. Aber man findet sie auch im Internet unter **www.trendesoller.com** (einfache Fahrt Palma–Sóller 10 €, Hin- und Rückfahrt 17 €, Fahrt mir der Tram je Strecke 4 €, Tickets in der Tram). Ausführliche Infos über das Städtchen

Sóller inklusive aller Verkehrsverbindungen gibt es zusätzlich unter **www.soller1.com**. **Einkehren: Cafe Sóller**, Plaça Constitució 13, gegenüber der Pfarrkirche, Tel. 971 630010 (s. auch S. 174). **Übernachten: El Guia**, Carrer Castanyer, 2, Tel. 971 630227, www.sollernet.com/elguia, DZ inkl. Frühstück im Zwei-Sterne-Hotel 90 €, ab zwei Nächten 85 €.

INFO

⑩ Cap de Formentor – der „Treffpunkt der Winde"

Landeanflug auf Mallorca. Der Blick aus dem Flugzeugfenster ist immer wieder faszinierend. Tief unten liegt das **Cap de Formentor** mit seiner spektakulären Steilküste, mit den Buchten Cala Figuera, Cala Murta und Cala Pi de la Posada und dem 384 Meter hohen Fumar, der höchsten Erhebung des nördlichsten Punktes der Baleareninsel. Er gilt bei den Mallorquinern als der „Treffpunkt der Winde". Die rauen Gesellen gehören sozusagen zur Inselfamilie. Schon die Ureinwohner gaben den vier großen Brüdern Namen: Tramuntana, Ponenet, Migjorn und Llevant. Zwei von ihnen sind auch die Namensgeber der beiden Gebirge Serra de Tramuntana und Serres de Llevant.

Auf einer Insel, deren Bewohner über Jahrhunderte nur vom Fischfang und der Landwirtschaft lebten, war es wichtig, die Winde gut zu kennen. Welcher Wind bringt den lang ersehnten Regen? Welcher türmt das Meer zu lebensgefährlichen Wellen auf? Welcher trocknet das geschnittene Getreide zum Dreschen und welcher bringt die Fischer wieder sicher in den Hafen? Die Antworten fanden die Inselbewohner immer hier oben am Kap. Schon lange, bevor es Wetteraufzeichnungen gab, zogen die Mallorquiner die Winde zu Rate, wenn sie etwas über das Wetter am kommenden Tag wissen wollten.

Wind und Wasser haben der Landzunge im Norden bizarre Formen gegeben. 1892 entstanden in den Felsen Treppen, Mauern und Wege und der **Leuchtturm** wurde gebaut. Das Landgut Formentor gehörte der Familie des mallorquinischen Dichters Miquel Costa i Llobera. 1919 wurde der Besitz verkauft und in Parzellen aufgeteilt. Zehn Jahre später beschloss der argentinische Kunstliebhaber Adán Diehl, an der **Platja de Formentor**, einem langen Sandstrand mit kristallklarem Wasser, das **Hotel Formentor** zu bauen. Es wurde zu einem Treffpunkt der Reichen und Schönen aus der ganzen Welt und gehört heute als Fünf-Sterne-Haus immer noch zu den luxuriösesten Hotels der Insel.

Zum Cap de Formentor führt von Port de Pollença aus eine dreizehn Kilometer lange kurvenreiche Straße. Sie wurde von dem italienischen Ingenieur Antonio Paretti gebaut – sein zweites Meisterwerk auf Mallorca. Noch berühmter ist die **Gebirgsstraße** in die Bucht von **Sa Calobra** (s. S. 50). Paretti stellte sich beim Bau der Straße ganz auf die Naturgewalten am Kap ein, er berücksichtigte Windstärke und Windrichtung. Wo ein Abhang zu steil war, schlug er einen Bogen. Wo

Cap de Formentor vom Wasser aus

Richtungswechsel: Einen Blick vom Wasser hinauf auf das Kap, statt vom Kap hinunter auf die Wellen erlaubt eine **Kajaktour** – eine spannende Alternative zum Auto oder Fahrrad. Mit dem Kleinbus des Veranstalters **Kayak Mallorca** geht es vom Strand Sa Gola bei Port de Pollença zum Strand von Formentor. Hier warten die Kajaks schon. Auf geht's nach einer kleinen Einführung zur Punta Avanzada, einer schmalen Landzunge, wo die Borges-Höhle besichtigt wird. Nach dem Weiterpaddeln heißt es dann am kleinen Strand von **La Platjola**: „Stopp! Badepause!" Nun wird die Bucht gekreuzt und der Rückweg angetreten. Auch wenn eine Kajaktour nicht ohne ist, der Spaß ist garantiert!

Spektakuläre Steilküste am Cap de Formentor

er Felsen wegnahm, schüttete er den Abraum an anderer Stelle wieder auf. Das Ergebnis: Beide Gebirgsstraßen schmiegen sich, wie die Mallorquiner stolz vermerken, wie fallengelassene Seidenbänder in die Bergmassive ein.

Das Cap de Formentor gehört heute zu Mallorcas beliebtesten Ausflugszielen. Auf der Landzunge gibt es mehrere Aussichtspunkte mit spektakulären Ausblicken. Am bekanntesten ist der **Mirador del Mal Pas**. Der Rundblick reicht bis nach Menorca, zur Cala Figuera und im Süden nach Alcúdia. Der Blick den Felsen hinunter jedoch lässt manchen Besucher weiche Knie bekommen, denn in 300 Meter Tiefe tost das Meer. Ungefähr acht Meter über dem Wasser befinden sich zwei Eingänge in den Felsen, die in eine Höhle mit 90 Metern Länge führen. Sie ist eine wichtige **Fundstelle der Talayot-Kultur** (s. S. 216) – hier fanden bereits die Ureinwohner Mallorcas Unterschlupf.

Anfahrt von Palma: Autobahn (MA-13) an Inca vorbei nach Pollença, dann weiter über Port de Pollença Richtung Nordosten über die MA-2210 zum Kap. **Übernachten:** Das Hotel **Barceló Formentor** liegt etwa 70 Kilometer von Palma entfernt. Man muss etwa mit anderthalb Stunden Fahrtzeit rechnen (mehr Infos: Tel. 971 899100, www. barcelo.com/BarceloHotels/de-DE/Hotels/Spain/Majorca/Formentor/Home).

Kayak Mallorca: Kiosk am Hafen von Port de Pollença, Tel. 648 111618, www.kayakmallorca.com, im Sommer tgl. ab Sa Gola/Port de Pollença um 10 Uhr, Dauer: drei Stunden, 30 € pro Person. **Weitere Touren** im Angebot.

INFO

Anhang

Mallorca in Zahlen

Allgemeines

Geografische Lage	Östlich des spanischen Festlands zwischen 39°15'40 und 39°57'40 nördlicher Breite und 2°19'38 und 3°28'42 östlicher Länge
Entfernungen	Ost-West-Ausdehnung: 98 km, Nord-Süd-Ausdehnung 78 km
Inselfläche	3603 Quadratkilometer
Sonnentage	etwa 300
Serra de Tramuntana	90 km lang, Fläche: 1067 Quadratkilometer, fast ein Drittel der Fläche der Insel
Länge der Küste	581 Kilometer
Höchste Erhebung	Puig Major 1443 m
Wirtschaft	75 Prozent Tourismus, 10 Prozent Bauindustrie, 2,5 Prozent Landwirtschaft
Gemeinden	53
Arbeitslosenquote	schwankt um 20 Prozent
Einwohner auf der Insel	ca. 870.000
davon Ausländer	170.000
Einwohner in Palma	knapp über 400.000
Mallorca-Deutsche (leben immer oder zeitweise hier)	ca. 80.000

Touristisch relevante Daten

Touristen	ca. 9 Milllionen pro Jahr
davon deutsche Urlauber	ca. 3,8 Millionen
Fluggäste	ca. 24 Millionen pro Jahr
Hotels & Pensionen	über 1600 mit etwa 286.000 Betten
Hostals	180 mit über 8000 Betten
Restaurants	zwischen 2500 und 3000
Chiringuitos (Strandbars)	ca. 70
Museen	ca. 35
Strände & Badebuchten	208

Häfen	43 mit ca. 14.500 Liegeplätzen
Golfplätze	21 öffentliche, 3 private
Golftouristen	ca. 130.000 pro Jahr

Verkehr

Straßennetz	1250 km, 20 Prozent davon sind Gebirgs-strecken
Autobahnen	5
Bahn	109 Kilometer
Schmalspurbahn (Palma–Sóller)	27 Kilometer
Straßenbahn (Sóller–Port de Sóller)	5 Kilometer
Mietwagen	ca. 30.000

Wohnen mit Aussicht – auf Mallorca kein Problem

Geschichtlicher Abriss

Etwa 4000 v. Chr.	Erste Besiedlung der Insel. Aus dieser Zeit stammen erste prähistorische Spuren.
Etwa 1300 v. Chr.	Beginn der Talayot-Kultur. Aus dieser Zeit gibt es heute noch zahlreiche Steinbauten.
Etwa 600 v. Chr.	Erster Handel mit Phöniziern und Griechen.
123 v. Chr.	Die Römer erobern die Balearen und gründen die Städte Pollentia (heute Alcúdia) und Palma, damals unter dem Namen Palma Palmensis. Die Insel profitiert von den landwirtschaftlichen, architektonischen und bautechnischen Kenntnissen der Römer. Straßen, Brücken, Theater und Befestigungen werden gebaut. Damit beginnt eine friedliche Blütezeit auf Mallorca, die mehrere hundert Jahre andauert.
455 n. Chr.	Die Vandalen erobern die Balearen und zerstören große Teile der Insel. Sie hinterlassen keine kulturellen Spuren auf der Insel.
533	Soldaten des Oströmischen Reichs besiegen die Vandalen und vertreiben sie von den Balearen.
903	Die Mauren erobern Mallorca. Mehr als drei Jahrhunderte dauert der arabische Einfluss. Maurische Hinterlassenschaften sind Bewässerungssysteme und die Terrassierung der Obst- und Gemüseplantagen, die Orangen- und Mandelbaumkulturen sowie die Gartenanlagen der Villen und Paläste, wie sie noch heute in Esporles (La Granja) oder Alfabia existieren.
1229	Jaume I. von Aragón besiegt die Mauren und nimmt Mallorca ein. Er gründet das Königreich Mallorca. Nachfolger wird sein Sohn Jaume II.
1348	Die Pest bricht auf Mallorca aus. Ein Drittel der Inselbevölkerung stirbt.
1349	Jaume III. kommt in der Schlacht von Llucmajor ums Leben. Mallorca wird aragonische Provinz und vom Festland aus regiert.
15. Jh.	Die Insel wird immer wieder von Piraten überfallen. Überall an den Küsten entstehen Wehr-

türme. Der Hafen von Palma gewinnt an wirt-
schaftlicher Bedeutung. Der Handel blüht. Es
gibt erste Aufstände zwischen der armen Land-
bevölkerung und den reichen Stadtbewohnern.

17. Jh.   Die Bevölkerung der Insel leidet unter
            Hungersnöten, viele wandern aufs Festland aus.

1711–1715   Im Spanischen Erbfolgekrieg steht Mallorca auf
            Seiten Österreichs, wird jedoch von Spanien
            erobert.

1812   Die Insel gibt sich eine eigene, liberale Verfassung.
            Doch schon nach drei Jahren hat sie keine
            Gültigkeit mehr.

19. Jh.   Auf der Insel wird die Agrarnutzung ausgebaut.
            Wichtigster Wirtschaftszweig ist der Weinanbau.
            Aber auch der Zitrusexport steigt. Leder- und
            Schmuckgewerbe erleben einen Aufschwung.

1905   Gründung des mallorquinischen Fremdenver-
            kehrsverbandes Fomento de Turismo.

1936–1939   Spanischer Bürgerkrieg. Heftige Kämpfe bei
            Portocristo. 3000 politische Gegner werden
            von den Faschisten ermordet. Unter Franco wird
            Spanien für 36 Jahre zu einem diktatorischen
            Staat. Mallorca unterstützt offiziell die Diktatur,
            aber die meisten Mallorquiner sind dagegen.

1947   Franco stimmt dem „Nachfolgegesetz" zu, das
            Spanien zur Monarchie erklärt. Es wird jedoch
            kein König eingesetzt. Erst 1969 ernennt Franco
            den Bourbonen Juan Carlos zum Thronfolger.

1950   Die ersten Charterflugzeuge mit englischen
            Urlaubern landen auf Mallorca.

Ab 1960   Mit der Eröffnung des neuen Flughafens von
            Palma setzt der Massentourismus ein und ver-
            ändert das Gesicht der Insel grundlegend.
            Jährlich meldet das Tourismusministerium neue
            Rekordzahlen.

1975   Francos Todesjahr. Juan Carlos I. wird spanischer
            König. Der Demokratisierungsprozess wird ein-
            geleitet. Der König verbringt künftig all seine
            Sommerferien auf Mallorca.

1983	Die Balearen erhalten ihren Autonomie-Status.
2002	Der Euro löst die Peseta ab.
2008	Mallorcas erste U-Bahn wird in Betrieb genommen.
30. Juli 2009	Bei einem Bombenanschlag der ETA sterben zwei Polizisten.
2011	Die Tourismusbranche erlebt einen neuen Boom. Alle Hotels sind während der Sommersaison ausgebucht.
2012	Im Januar entdeckten Astronomen der Sternwarte Costitx im Inselinneren einen urzeitlichen Kometen. Der Himmelskörper ist 564 Millionen Kilometer von der Erde entfernt. Er befindet sich in einem Asteroidengürtel zwischen Mars und Jupiter. Seine Entdeckung gilt als Meilenstein in der spanischen Astronomie (Planetarium tgl. 9.30–13.30 Uhr, www.mallorcaplanetarium.com).

An langen Tafeln feiern die Einwohner von Binissalem die gelungene Weinernte

Festivals, Events und Feiertage

Januar

Neujahr: Der 1. Januar ist auch auf Mallorca ein gesetzlicher Feiertag.

Heilige Drei Könige: Am 6. Januar findet die Bescherung anlässlich des Dreikönigsfestes statt (s. auch S. 204).

Sant Antoni: Fest zu Ehren des Schutzheiligen Antonius am 16. und 17. Januar (s. auch S. 206).

Sant Sebastian: Am 19. Januar wird in Palma der Heilige Sebastian gefeiert (s. auch S. 206).

Februar

Den Februar prägen der **Karneval** und die **Mandelblüte.** Die beliebtesten Umzüge finden in Palmas Stadtteil Sa Rua und in Calvià statt. Die Mandelblüte ist in diesem Monat in ihrer vollen Pracht zu bewundern.

März

Tag der Balearen: Der 1. März ist offiziell Feiertag. An diesem Tag feiern die Balearen ihre Unabhängigkeit. Der Autonomie-Status trat am 1. März 1983 in Kraft.

April

Ostern: Gründonnerstag, Karfreitag und Ostersonntag sowie Ostermontag sind auf Mallorca gesetzliche Feiertage. In der Heiligen Woche (Semana Santa) von Palmsonntag bis Ostersonntag gibt es zahlreiche Prozessionen (s. auch S. 208).

Vuelta Mallorca: Ende April findet die große Inselrundfahrt mit mehr als 5000 Bikern aus aller Welt statt.

Mai

Tag der Arbeit: Der 1. Mai ist ein gesetzlicher Feiertag.

Es Firó: Am zweiten Sonntag im Mai wird in Port de Sóller der Überfall durch türkische Piraten im Jahr 1561 nachgestellt und inszeniert (s. auch S. 201).

Juni

Aprikosenfeier: Am 13. Juni feiert Artà den hl. Antonius von Padua.

Sonnenwendfeiern: Die kürzeste Nacht wird zwischen dem 23. und 24. Juni in vielen Gemeinden der Insel ausgiebig gefeiert.

Sant Pere i Sant Paul: Am 29. Juni wird das Sankt-Petrus-Fest mit Schiffsprozessionen und Feuerwerksspektakel in den Häfen von Palma, Alcúdia, Andratx, Port de Sóller und Cala Rajada gefeiert.

Juli

Festival in Pollença: Anfang Juli beginnt das Musikfestival in Pollença, das bis Ende August dauert (s. auch S. 200f.).

Festival de Música: Musikfestival im Castell de Bellver in Palma (s. auch S. 200).

Sommerserenaden: Konzertreihe – von Gospels bis Klassik – in Cala Rajada Anfang Juli.

Nostra Senyora: Mitte Juli finden Paraden zu Ehren der Schutzheiligen der Seefahrer statt und die Fischerboote werden gesegnet. Feiern gibt es in Port d'Andratx, Es Capdella, Portocolom und Portocristo.

Festa de Sant Jaume: Das Fest zu Ehren des hl. Jakob wird am 25. Juli in Alcúdia, Algaida, Randa, Banyalbufar, Binissalem, Calvià, Es Capdella, Cala Figuera und Santanyí gefeiert.

Santa Ana: Fest zu Ehren der hl. Anna am 26. Juli in Algaida, Randa und Moscari.

Cavalcada de la Beateta: Feierliche Prozession zu Ehren der Schutzheiligen Mallorcas, Santa Catalina, am 28. Juli in Valldemossa.

Sommer-Musikfestivals: ab Ende Juli. Die bekanntesten finden in Valldemossa, Palma, Deià und Pollença statt.

August

Chopin-Festival: Internationales Musikfestival in Valldemossa (s. auch S. 200).

Fest La Patrona und **Moros i Cristians:** Zu Ehren des Schutzheiligen von Pollença wird am 2. August eine faszinierende Inszenierung der Schlacht von 1550 zwischen Sarazenen und Mallorquinern gegeben.

Marcha des Güell a Lluc a peu: Am ersten Samstag im August findet die berühmte Nachtwanderung von Palma zum Kloster Lluc statt (48 km lang).

Copa del Rey: Internationale Segelregatta in Palma (s. auch S. 26f.).

Maria Himmelfahrt: Gesetzlicher Feiertag, der mit einem großen Fest begangen wird.

Sant Bartomeu: Am 23. und 24. August wird in Algaida und Montuïri der Schutzheilige mit historischen mallorquinischen Tänzen geehrt.

September

Processio de la Beata: Am ersten Sonntag im September begehen in Trachten gekleidete Einwohner den Tag zu Ehren Santa Catalinas mit einer Prozession.

Festa des Vermar: Größtes Weinfest der Insel in Binissalem (s. auch S. 210).

Festa del Melo: Das Melonenfest findet am letzten Septembersonntag in Vilafranca de Bonany statt.

Oktober

Nationalfeiertag: Der 12. Oktober ist ein gesetzlicher Feiertag (Día de la Hispanidad). Er erinnert an die Entdeckung Amerikas durch Christoph Kolumbus und damit dem Beginn der Verbreitung der spanischen Sprache und Kultur.

Bei vielen Inselfesten wird noch stets die traditionelle Kleidung angelegt

TUI-Marathon-Lauf: Das größte Lauf-Event auf Mallorca findet Mitte des Monats in Palma statt (s. auch S. 160).

Festa dies Butifarro: Das Fest, bei dem große Mengen an Würstchen verdrückt werden, findet am dritten Sonntag im Oktober in Sant Joan statt.

November

Allerheiligen: Der 1. November ist ein gesetzlicher Feiertag.

Dijous Bo: Die Messe ist das größte Ereignis in Inca und wird am dritten Donnerstag im November veranstaltet (s. S. 112).

Dezember

Tag der Verfassung: Der 6. Dezember ist ein gesetzlicher Feiertag.

Maria Empfängnis: Der 8. Dezember ist ein gesetzlicher Feiertag.

Heiligabend: Am 24. Dezember gehen die Mallorquiner traditionell zur Mitternachtsmesse. 25. und 26. Dezember sind gesetzliche Feiertage (s. auch S. 212).

Día de los Santos Inocentes: Der 28. Dezember ist in Spanien und auf Mallorca der Tag der unschuldigen Heiligen oder Kinder.

Silvester: Überall auf Mallorca wird gefeiert (s. auch S. 212).

Mallorca, Balearen, Katalonien, Spanien – Versuch einer Einordnung

Katalonien und die Balearischen Inseln (Mallorca, Menorca, Ibiza und Formentera) sind Teil des spanischen Staates, genießen aber beide als Autonome Gemeinschaft einen Sonderstatus. Die im Mittelmeer gelegene Inselgruppe – auf Spanisch *Islas Baleares,* auf Katalanisch *Illes Balears* – besitzt auf Mallorca als Hauptinsel eine eigene Verwaltung und eine eigene Regierung mit bestimmten Kompetenzen, vergleichbar etwa mit einem deutschen Bundesland. Zusätzlich gibt es auf Mallorca noch eine kommunale Verwaltung und eine Inselregierung. Mit Katalonien haben die Balearen vor allem eines gemein: die katalanische Sprache.

Katalonien liegt im Nordosten der Iberischen Halbinsel, seine Hauptstadt ist Barcelona, seine Einwohner heißen Katalanen. Offizielle Amtssprachen sind Katalanisch, Spanisch und Aranesisch (die Bewohner im Val d'Aran, einem Tal in den Pyrenäen, nennen sich Aranesen). Katalonien genießt ein hohes Maß an eigenen Befugnissen in Gesetzgebung und Verwaltung. Es ist weitaus selbstständiger als die Balearen und verfügt sogar über eine eigene Polizeieinheit.

Die Sprache der Insel

Playa de Palma oder Platja de Palma? Handelt es sich um denselben Strand oder um zwei verschiedene? Wie heißt denn nun die Straße: *calle* oder *carrer?* Oft stellt sich der verunsicherte Urlauber auf Mallorca diese Fragen. Die Antwort ist ganz einfach: *playa* und *calle* sind spanische, *platja* und *carrer* katalanische Vokabeln. Doch damit nicht genug: Auf der Insel gibt es noch eine dritte „Sprache": das **Mallorquí**, einen Dialekt des Katalanischen. Viele Einheimische sprechen Hochspanisch (s. u.), Katalanisch und Mallorquinisch, das sich vom Katalanischen nur durch einzelne Wörter und den Tonfall unterscheidet.

Katalanisch wird in Barcelona und im Nordosten Spaniens gesprochen. Seit der Rückeroberung Mallorcas im 13. Jahrhundert durch Jaume I. ist es auch die Sprache der Inseln. Im 18. Jahrhundert jedoch erlebte das Katalanische einen herben Rückschlag: Das kastilische Spanisch oder Hochspanisch, auch *castellano* genannt, wird Amtssprache. Franco schließlich verbot das Katalanische ganz. Er wollte in Spanien eine einheitliche Sprache durchsetzen: das Spanische. Auch *mallorquí* war während der Franco-Diktatur auf der Insel verboten. Wer es sprach, musste mit hohen Strafen rechnen. Die Mallorquiner unterhielten sich innerhalb der Familie heimlich in ihrem Dialekt. In den Bars schwiegen sie, wenn ein Fremder kam, dem sie nicht vertrauten und der sie - hätte verraten können.

Nach Francos Tod demokratisierte sich die Sprache. Mit der Verfassung von 1978 gilt Spanisch zwar als Amts- und Staatssprache, doch das Katalanische ist auf Mallorca und im Nordosten Spaniens gleichberechtigt. Aus diesem Grund bekamen alle Straßen, Plätze und Orte auf Mallorca wieder ihre alten Namen. Aus dem spanischen *puerto* beispielsweise wurde *port.* Die Einheimischen verständigen sich heute untereinander fast ausschließlich in ihrem mallorquinischen Dialekt. Die Festlandspanier dagegen sprechen Spanisch auf der Insel, ebenso ein immer größerer Teil von ausländischen Residenten. Viele Mallorquiner können darüber hinaus heute fließend Deutsch und Englisch.

Allgemeine Reiseinformationen

Ärzte

Auf Mallorca besteht eine ausgezeichnete Infrastruktur für die medizinische Versorgung. In allen Ferienorten gibt es **Ärztezentren**, in denen deutsch oder englisch gesprochen wird. Außerdem praktizieren viele deutsche Ärzte auf der Insel. Ihre Adressen findet man im „Mallorca Magazin" oder in der „Mallorca Zeitung". Geleistete Dienste müssen **sofort bar bezahlt** werden. Wer eine **Reisekrankenversicherung** hat, bekommt das Geld in der Regel zurück. Patienten, die sich nicht privat abgesichert haben, können sich in den Gesundheitszentren der staatlichen Krankenversicherung kostenlos behandeln lassen. Sie sollten aber vor dem Urlaub kontrollieren, ob Sie alle notwendigen Dokumente (Auslandskrankenschein oder Auslandskarte EHIC) bei sich führen.

Anreise

Die meisten Urlauber kommen mit dem **Flugzeug**. Sie landen auf Palmas Flughafen Son Sant Joan, elf Kilometer südöstlich der City. Pauschaltouristen werden mit Bussen direkt in ihre Hotels gebracht. Individualreisende nehmen den Flughafenbus in die Stadt, ein Taxi oder einen Mietwagen. Die **Mietwagenbüros** befinden sich in der Ankunftshalle. In der Hochsaison empfiehlt es sich, das Auto vorab zu reservieren. Neuerdings kommen immer mehr Reisende mit **Kreuzfahrtschiffen**. Ihre Beförderung ist fast immer organisiert. Die **Fahrpläne** der Busse und Bahnen stehen unter http://www.consorcidetransports.org nun auch auf Deutsch zur Verfügung.

Apotheken

Man erkennt sie am grünen Kreuz. Sie sind während der normalen Geschäftszeiten geöffnet, haben aber einen Notdienst.

Informationen über die Insel

Spanische Fremdenverkehrsämter

Hier können Sie vorab Infomaterial anfordern **(www.tourspain.es)** oder anrufen:

10707 Berlin, Kurfürstendamm 63, Tel. 030 8826543

40237 Düsseldorf, Grafenberger Allee 100, Tel. 0211 6803981

60323 Frankfurt/M., Myliusstraße 14, Tel. 069 725038

80051 München, Schubertstraße 10, Tel. 089 5307460

1010 Wien, Walfischgasse 8/Mzz, Tel. 0810 242408

8008 Zürich, Seefeldstraße 19 (keine allgemeine Telefonnummer)

Onlineportal

Umfassende Informationen über die Insel bietet **InfoMallorca**, auch in deutscher Sprache. Es handelt sich um das offizielle Tourismusportal Mallorcas und ist die beste Informationsquelle über alle Bereiche der Insel: Hotels, Wandern, Hütten, Klöster, Sehenswürdigkeiten, Urlaub auf dem Bauernhof, Sport und vieles andere mehr. Zu finden im Internet unter: **www.infomallorca.net**.

Touristeninformation

In den meisten Touristenzentren und Dörfern entlang der mallorquinischen Küste gibt es **Fremdenverkehrsbüros**. Oft wird hier auch deutsch gesprochen, in jedem Fall aber englisch. In allen Büros gibt es ausführliches Informationsmaterial zu den jeweiligen Orten. Die Balearenregierung hat eine eigene Website. Hier finden Sie alle Informationen, auch die Adressen der einzelnen Fremdenverkehrsbüros: **www.illesbalears.es**.

Konsulate

Deutsches Konsulat, Carrer Porto Pi, 8, 3°, Edificio Reina Constanza, 07015 Palma, Tel. 971 707737, www.spanien.diplo.de

Österreichisches Honorarkonsulat, Carrer Sindicato, 69, 10, 07002 Palma, Tel. 971 728099, www.aussenministerium.at

Schweizer Konsulat, Carrer Antonia Martinez Fiol, 6, 3°, 07010 Palma, Tel. 971 768836, www.eda.admin.ch

Notruf und Pannenhilfe

In allen Notfällen die Nummer 112 des Notfalldienstes der Balearen wählen. Über diese Telefonnummer werden alle Anrufe koordiniert und an Krankenwagen, Feuerwehr und Sicherheitskräfte weitergeleitet. Man spricht auch deutsch. Haben Sie eine Panne mit dem Mietwagen, rufen Sie unbedingt Ihr Mietwagenunternehmen an. Fast alle Autovermieter bieten eine **24-Stunden-Pannenhilfe** an. Die Telefonnummer steht im Mietvertrag. Sollten Sie Probleme mit ihrem eigenen Pkw haben, rufen Sie den **ADAC** in Barcelona unter der Nummer 93 508 28 28 an. Der ADAC organsiert dann von Barcelona aus Hilfe.

Öffnungszeiten

Üblicherweise haben die Geschäfte von 9 oder10 Uhr bis 13 oder 14 Uhr und dann wieder von 16 oder 17 Uhr bis 20 Uhr geöffnet. Die Supermärkte sind meist durchgängig von 10 bis 22 Uhr geöffnet. Banken und die Büros der Post haben montags bis freitags von 9 bis 14 Uhr geöffnet.

In diesem Souvenirladen kann man hübsche Rennwagen schon für die Kleinsten erstehen

Viele der alten Stadtpaläste in Palma beherbergen heute Gäste aus der ganzen Welt

Radio

Es gibt einen deutsprachigen Sender auf Mallorca: Das **Inselradio** ist zu empfangen auf der Frequenz 95,8 FM. Es sendet täglich 24 Stunden: Musik, News zum Wetter, Nachrichten aus der ganzen Welt und lokale Informationen.

Restaurants

Die größte und aktuellste Auswahl an Restaurants auf Mallorca mit vielfältigen Informationen stellt das Internetportal **www.skybluemallorca.com** vor.

Mallorquinische Tapas

Das bekannteste und einfachste Gericht ist **Pa amb oli i tomatiga**, geröstetes Brot mit Knoblauch eingerieben, mit einer halbierten, zerdrückten Tomate bestrichen und mit Öl beträufelt – einfach, aber lecker. Dieses Brot darf bei keinem Tapa-Buffet fehlen. Zu den Basics gehören auch Oliven, Käse sowie Schinken und Wurst, die in Scheiben oder Stücke geschnitten sind, beispielsweise der **Sobrasada de Mallorca**, einer Spezialität auf der Insel, die aus rohem und an der Luft getrocknetem Schweinehack hergestellt wird. Achtung: Sie ist ordentlich mit Paprika gewürzt.

Weitere beliebte Tapas sind die **Boquerones**, marinierte Sardinen. Es werden nur kleine Fische verwendet, da diese besonders lecker schmecken. Beliebt sind auch die *trui-*

tas (tortillas) der Insel, die spanischen Omeletts. Beliebt ist die **Truita d'esparecs silvestres** mit grünem Spargel. Wer's selbst ausprobieren möchte: Der wilde, grüne Spargel wird überall an den Straßen und auf den Märkten verkauft. Diese Tortillas schmekken wirklich köstlich. Die Mallorquiner lieben auch die typische **Truita de verdures**. Bei diesem Omelett wird verschiedenes Gemüse mitgegart, unter anderem Kartoffeln, Möhren, Zwiebeln, Artischocken, Blumenkohl und natürlich Knoblauch. Die **Croquetes de pollastre** (Hühnerkroketten) stehen nicht nur bei den Kindern hoch in der Gunst. Zu den Klassikern zählen die **Gambas al ajillo**. Vorsicht: Die Gambas mit Knoblauch, die gerne auch mal mit Chili und Petersilie variiert werden, kommen kochend heiß auf den Tisch. Dazu passt ein trockener Sherry übrigens ausgezeichnet. Und schließlich – last but not least – sind noch die **Calamars amb ceba** zu erwähnen. Zum Tintenfisch mit Zwiebeln trinken die Mallorquiner gerne einen trockenen, gut gekühlten Weißwein.

Die Liste ließe sich beliebig fortsetzen – aber probieren Sie selbst, Sie können eigentlich gar nichts falsch machen!

Strände

Alle mallorquinischen Strände kann man sich bereits vor Beginn der Reise im Internet unter **www.illesbalears.es** ansehen.

Noch ein Tipp: Mallorcas Strände werden immer mal wieder von **Quallen** heimgesucht. Die Behörden tun einiges, um ihre Gäste vor den lästigen Nesseltieren zu schützen. Sie versuchen, sie draußen auf dem Meer abzufangen. Hin und wieder gerät aber doch ein Schwarm der unangenehmen Feuerquallen in die Badebuchten. Sie stoßen eine giftige Substanz aus, die schmerzhafte Hautreizungen auslösen kann. Jetzt heißt es richtig handeln: Waschen Sie das Gift auf keinen Fall mit Wasser ab – das Mittel der Wahl ist Essig. Reiben Sie damit die betroffene Hautstelle ein, die Schmerzen lassen sofort nach. Fast jedes Strandrestaurant hat Essig da und hilft gerne aus. Im Zweifelsfall sollten Sie einen Arzt aufsuchen.

Telefonieren

Von Mallorca aus nach Deutschland wird die Landeskennzahl 0049 gewählt, dann die Vorwahl der Stadt ohne Null und im Anschluss die Telnehmernummer (Beispiel Hamburg: 0049 40 111111). Weitere Landeskennzahlen: für Österreich 0043, für die Schweiz 0041 und für Spanien 0034. **Mobilfunknummern** in Spanien beginnen mit einer 6, hier muss immer die spanische Landeskennzahl mitgewählt werden.

Ferngespräche sind in Spanien nicht günstig. Ins europäische Ausland kann man von Mallorca aus von jeder Telefonzelle telefonieren. Am einfachsten telefoniert man mit **Telefonkarten** *(targetes telefòniques),* die Sie in Tabak- und Zeitungsläden erwerben können. Telefonieren mit dem eigenen Handy ins Ausland ist ebenfalls nicht billig, fragen Sie vor der Reise Ihren jeweiligen Handy-Anbieter nach den günstigsten Tarifen oder nutzen Sie auf der Insel eine **spanische SIM-Karte** (prepaid) für Ihr Mobiltelefon.

Weitere Infos rund ums Telefonieren gibt es unter: http://www.super-mallorca.
com/tipps/telefonieren.php.

Unterkünfte

Wer keinen Pauschalurlaub buchen möchte, kann Unterkünfte über die offizielle Website für Online-Reservierungen der Hotel-Unternehmensvereinigung Mallorca reservieren. Man findet sie in deutscher Sprache unter **www.mallorca
hotelguide.com**.

Eine weitere Buchungsmöglichkeit für Fincas wird angeboten unter:
www.topfincas.com/de.

Hilfreich beim Buchen einer Reise nach Mallorca können auch die verschiedenen
Buchungsportale sein – und oftmals günstiger als eine Direktbuchung. Sie bieten eine breite Übersicht über die Preise von Hotels, Flügen und auch Mietwagen. Hier eine Auswahl an Portalen: www.trivago.de, www.holidaycheck.de, hotel.check24.de,
www.ab-in-den-urlaub.de, www.hotel.de, www.hrs.de, www.expedia.de oder www.
venere.com.

Unterwegs auf der Insel

Die **Plaça d'Espanya** ist der zentrale Verkehrsknotenpunkt der Stadt. Wer mit dem
Bus, mit der U-Bahn oder mit dem Zug von Palma aus eine Inselreise antreten möchte, findet hier das passende öffentliche Verkehrsmittel. Alle lokalen und überregiona-
len **Buslinien** machen an der Plaça Halt. Die modernen, klimatisierten Busse parken
alle in demselben Busbahnhof. Sie fahren bis in die kleinsten Dörfer der Insel. Die Ziel-
orte kann man an den Schildern hinter den Windschutzscheiben ablesen.

Außerdem gibt es auf Mallorca zwei **Zugstrecken**. Eine führt von der Plaça
d'Espanya nach Sóller, eine zweite in die Lederstadt Inca. In Inca teilt sich die Strecke.
Eine Route geht in die Perlenstadt Manacor weiter, eine zweite nach Sa Pobla, dem landwirtschaftlichen Zentrum der Insel. Der Zug nach Sóller ist eine Touristenattraktion.
Die Fahrt mit dem „Roten Blitz" dauert etwa eine Stunde. Von Sóller aus fährt eine alte Straßenbahn nach Port de Sóller (s. auch S. 240).

Die **U-Bahn** von der Plaça d'Espanya zur Universität der Balearen wird überwiegend
von Studenten genutzt. Wer mit seinem Auto zu den Stationen kommt, findet ausreichend Parkraum in der Tiefgarage unter dem Platz (ausgeschildert).

Wandern

Wer die Insel per Rad oder zu Fuß erkunden will, findet zahlreiche Vorschläge,
wiederum unter **www.illesbalears.es**.

Weitere Infos

Alle Ferienhotels versorgen ihre Gäste gerne mit Informationen und helfen in
Notfällen weiter. Ebenso haben alle Reiseveranstalter eigene Büros und Ansprechpartner auf der Insel, die den Urlaubern hilfreich zur Seite stehen.

Wochenmärkte auf der Insel

Die Wochenmärkte beginnen in den Städten und Dörfern Mallorcas in der Regel zwischen 9 Uhr und 10 Uhr und enden zwischen 13 und 14 Uhr.

Montag: in Biniamar, Caimari, Calvià, Lloret de Vistalegre, Manacor, Mancor de la Vall und Montuïri.

Dienstag: in Palma in Pere Garau, im Stadtviertel Santa Catalina (Carrer de Soler) und in Can Pastilla; in Alqueria Blanca, Arenal, Artà, Campanet, Pina, Porreres, Portocolom und Santa Margalida; in der Altstadt von Alcúdia (8–15 Uhr) und in Llubí auf der Plaça de la Carretera (8–13.30 Uhr).

Mittwoch: in Andratx, Arenal, Bunyola, Capdepera, Cas Concos, Llucmajor, Petra, Port de Pollença, Santanyí, Sa Cabana, Sa Ràpita, Selva, Sencelles, Sineu, Vilafranca de Bonany.

Donnerstag: in Palma in Pere Garau, im Stadtviertel Santa Catalina und in Can Pastilla; in Arenal, Ariany, Calonge, Campos, Consell, Inca, Pòrtol, Sant Joan, Sant Llorenç de Cardassar, Sa Torre und Ses Salines.

Freitag: in Algaida, Arenal, Binissalem, Can Picafort, Es Pont, Inca, Llucmajor, Maria de la Salut, Son Carrió, Son Ferrer und Son Servera.

Samstag: in Alaró, Arenal, Artà, Badia Gran/Pedrafort, Búger, Bunyola, Cala Millor, Cala Rajada, Campos, Costitx, Es Llombards, Esporles, Lloseta, Manacor, Polígono de Son Bugadelles, Portocolom, Sa Ràpita, Santa Eugènia, Santa Margalida, Sa Cabaneta, S'Arracó, S'Horta, Santanyí, Sineu und Sóller.

Sonntag: in Consell, Felanitx, Inca, Llucmajor, Muro, Polígono de Marratxí, Pollença, Portocristo, Sa Pobla, Santa Maria del Camí und Valldemossa; in der Altstadt von Alcúdia (8–15 Uhr).

Auf den Wochenmärkten gibt es das beste Obst und Gemüse – ein Besuch lohnt sich

Register

Ausgewählte Hotels und Fincas

Ausgewählte Restaurants und Cafés

Die Autoren

Jürgen Bungert ist Journalist und war in den vergangenen Jahrzehnten für verschiedene Zeitungen und Magazine weltweit unterwegs. Er berichtete über aktuelle Ereignisse, menschliche Schicksale und über Deutsche, die im Ausland leben. Seine zweite Heimat fand Bungert, der in Hamburg zu Hause ist, auf Mallorca. Er lebte dort mit seiner Frau zeitweise auf einer Finca und lernte das mallorquinische Leben hautnah kennen. Über Mallorca berichtet er seit mehr als zehn Jahren regelmäßig im „Hamburger Abendblatt". Mit seinem Buch möchte er die Leser vor allem für das „andere Mallorca" begeistern.

Simon Mensing, der Enkelsohn des Autors, ist mit seinen 17 Jahren noch ein recht junger Fotograf. Die Begeisterung zur Fotografie hat er offensichtlich von seinem Vater geerbt, der als Profifotograf arbeitet. Mallorca ist Simon mindestens so vertraut wie seine Heimatstadt Ahrensburg in Schleswig-Holstein, denn den größten Teil seiner Schulferien verbrachte er auf der Finca seiner Großeltern. Simon besucht zurzeit noch das Gymnasium. Für das Mallorca-Buch fuhr er mit dem Autor mehrere Wochen lang kreuz und quer über die Insel, unterwegs zu den schönsten Zielen.

Abbildungsverzeichnis

Alle Bilder **Simon Mensing**, außer:

Auf nach Mallorca GmbH: S. 66, 67
Jörg Bajewski: S. 13, 36, 37, 53, 126, 226/227, 257
Bens d'Avall: S. 127
Bon Sol: S. 80
Jürgen Bungert: S. 150/151
Stefan Bungert: S. 265
Ca Na Toneta: 132, 133
Coves del Drac: S. 228, 229
Es Recó de Randa: S. 82, 83
Festival Chopin: S. 201
www.flickr.com: Jorge Brazil: S. 102, Chiara Cabrera: S. 27, Civilon: S. 213, DarkB4Dawn: S. 144, Patrick G.: S. 231, Jesus Jimenez: S. 14, John und Christina: S. 110, Pablo Rodríguez Madroño: S. 35, Ferran Pestana: S. 233, Hans Seaor: S. 161
Marc Fosh Restaurant Group: S. 134, 135
www.fotolia.com: André Bonn: S. 232, Wolfgang Eichentopf: S. 65, fotoping: S. 8/9, M. Grossmann: S. 180, Jürgen Fälchle: S. 247, haspil: S. 188/189, Stefan Hoppe: S. 154, Katrin Lantzsch: S. 42, lunamarina: S. 46, 49, Ray: S. 6/7, 12, Juanjo Tugores: S. 34, 244/245, VRD: S. 50, wasfuersauge: S. 95
La Granja/Toni Coll: S. 235
Hotel Tres: S. 84

www.istockphoto.com: Harries Art Direction: S. 153, shocknshares: S. 113, tempic: S. 106/107
Boris Jakob und Ehefrau: S. 114, 115
Will Kauffmann: S. 190, 191
Janina Kluge: S. 136/137
Mallorca Magazin: S. 103, 140, 205, 206, 209
Palma Aquarium: S. 238, 239
Mega Park: S. 142, 143
www.pixelo.de: Anfängerfotograf: S. 141, A. Dreher: S. 243, Manfred Boelke: S. 60, 158, Oliver Haja: S. 199, Rainer Sturm: S. 10/11
Pueblo Español: 236, 237
Purohotel: S. 138, 139
RIU-Hotel Playa de Palma: S. 33
ROBINSON Club Cala Serena: S. 155
Sa Pedrissa: S. 62/63, 77
Son Vida: S. 78
Son Olive: S. 69
Son Pont: S. 76
St. Regies Mardavall: S. 79
Prinzessin Astrid zu Stollberg: S. 163, 171, 182, 183, 210, 211, 250, 253,
TUI AG: S. 160
Turismo de Mallorca: S. 16, 101, 108, 109, 157, 159, 192, 210
Zaranda: S. 131

Fährbuchungen
übersichtlich, direkt & schnell

www.ocean24.com

Ihr Portal zur Onlinebuchung von Fähren

- Direkte Buchung von Fährtickets

- Unkomplizierte, sichere Zahlung per Kreditkarte

- Fährverbindungen aller namhaften Reedereien innerhalb Europas und Nordafrikas

- Strecken, Abfahrtszeiten und Preise europäischer Fähranbieter auf einen Blick

- Sofortige Verfügbarkeitsabfrage

- Suche nach Länderverbindung bzw. nach Start- und Zielhafen

- Übersichtlicher Preis-Leistungs-Vergleich

- Darstellung von Überfahrtsdauer/schnellsten Fährverbindungen

- Ticketzustellung bequem per Post, natürlich frei Haus

ocean24.com
FÄHRTICKETS ONLINE
Ein Programm von DERTOUR